U0432649

大国治理经验与智慧

杜艳华　主编

復旦大學出版社

序

习近平总书记说："一个国家选择什么样的治理体系，是由这个国家的历史传承、文化传统、经济社会发展水平决定的，是由这个国家的人民决定的。我国今天的国家治理体系，是在我国历史传承、文化传统、经济社会发展的基础上长期发展、渐进改进、内生性演化的结果。"[①]这就揭示了中国共产党治国理政的特色所在。治国理政是任何执政党在国家治理过程中达成秩序与发展的最为重要的维度。一般来说，国家诞生之初所铸就的历史起点，往往会成为日后国家治理赖以遵循的轨迹与路径。即便国家治理的体系、技术与能力经历多次革命性改造，都难以改变其内在的传承与因循。中国共产党的治国理政实践，既承袭了传统中国国家治理的历史规律，又体现了马克思主义政党的创造，是对中国国家治理大历史脉络的传承与创新。

习近平总书记同样关心治国理政与青年大学生的关系。他说："现在在高校学习的大学生都是20岁左右，到2020年全面建成小康社会时，很多人还不到30岁；到本世纪中叶基本实现现代化时，很多人还不到60岁。也就是说，实现'两个一百年'奋斗目标，你们和千千万万青年将全过程参与。"[②]中国共产党作为执政党，在治国理政的过程中十分重视青年

---

① 习近平：《习近平谈治国理政》，外文出版社2014年版，第105页。

② 同上。

的力量与作用。习近平新时代中国特色社会主义思想，对中国的国家治理能力与治理体系现代化提出了新的要求，新要求中的一个面向便是治国理政的新生力量，毫无疑问，这一新生力量指向的是中国的青年，尤其是大学生。随着中国的发展与崛起，越来越多的大学生将成为中国治国理政过程中的主力军。当代大学生是有责任意识和使命担当的一代，他们高度关注国家发展现状，积极探索中国发展的规律，他们必将为推进国家治理体系和治理能力现代化，为实现中华民族的伟大复兴作出应有的贡献。作为教育工作者，我们有责任将青年大学生培养成治国理政的栋梁，这便是我们编写和出版这本辅导教材的目的之所在！

目录

政治与政党篇

经济与社会篇

文　化　篇

政治与政党篇

第一专题　治国必先治党

中国的特殊国情决定了政党与国家、治党与治国的关系具有独特性。如何把握这两者之间的关系，事关国家的前途命运及中国共产党的执政成败。一个堪当大任和能够承载执政使命的政党必须具备处理好这两者关系的能力。在中国共产党带领人民将历史推进新的伟大时代，并为建成社会主义现代化强国而奋斗的历史条件下，更需要进一步探索和准确把握治党与治国的关系。

一、治国必先治党符合中国的特殊国情

"治国必先治党，治党务必从严"，这句话既涵盖政党与国家的一般关系原理，更涵盖中国国家与政党的特殊逻辑关系。

（一）政党与国家的一般关系

政党作为人类现代化进程中的产物，是"一定社会利益集团借以代表和表达其利益，并通过参与国家政治生活或掌握国家权力以实现其利益的政治组织"。[①] 显然，政党与国家具有无法分割的联系。具体而言，可以从两个方面来理解：一方面，政党的产生缘起于现代国家。而政党的生存和发展以对国家权力的运行施加影响为目标。现代国家与古代国家

---

① 林尚立：《政党、政党制度与现代国家——对中国政党制度的理论反思》，《中国延安干部学院学报》2009 年第 5 期。

的重要分野是国家与社会的二元分离，政党在此过程中，凝聚社会力量，代表社会不同阶级的利益，或通过暴力革命，或通过民主选举来取得国家政权，从而将党的意志上升为国家意志，实现党所代表的阶级和人民的利益。可以说，政党的生存和发展就是以对国家政治权力的运行施加影响为目标的，也只有在这个过程中，才能体现政党的价值。另一方面，国家权力需要政党来运作。孙中山曾就此论述道："民主之国有政党，则能保持民权自由，治一致而无乱。君主之国有政党，亦能保持国家秩序，监察政府之举动。若无政党，则民权不能发达，不能保持国家，亦不能谋人民之幸福，民受其毒，国受其害。是故无政党之国，国家有腐败，民权有失败之患。"[①]政党作为有组织的政治力量，因其明确的政治纲领、有效的政治动员，成为现代民主国家建设的核心力量。

总之，从政党的本质看，政党与国家是不可分割乃至互动的关系，即政党以获取国家权力为目标，而国家权力又需要政党来运行。

（二）中国共产党与国家的特殊关系

对于资产阶级国家而言，政党产生于国家。而这个国家是在资产阶级充分发展，经历资产阶级革命洗礼后，由古代国家成功转型的现代国家。不同的党派在国家规定的权力框架下进行议会斗争，并不断演化，形成一套符合本国传统、适合本国发展的政党制度。然而，"中国迈向现代国家是以传统的帝国体系全面崩解为历史前提的"。[②] 而帝国体系的崩解，使中国在具有政党与国家一般关系的前提下又具有了其独特的逻辑。

19 世纪中叶，在西方资本主义全球化浪潮的冲击下，中华民族于痛苦和屈辱中开启了现代化历程。然而，中国现代化一开始就面临着多重障碍：传统的家国一体的帝国体系严重阻碍了现代化因素的生长；外国资本帝国主义的侵略和间接统治不仅使中国失去了民族独立，而且造成了中国内部长期不统一。四分五裂、政治动荡的中国要走向现代化，其前

① 《孙中山全集》（第三卷），中华书局 1984 年版，第 43 页。
② 林尚立：《中国共产党与国家建设》，天津人民出版社 2017 年版，第 24 页。

提条件是需要有一个强大的政治力量，即政党的诞生，以构建近代民族国家，凝聚全民族的力量。否则，现代化无从谈起。这就决定了中国具有不同于英美等西方国家那种先有现代国家、后有政党执政的政治逻辑，而是先有政党，然后构建民族国家，再发展现代化。这个历史逻辑决定了政党在国家建设和治理中的核心地位，进而也决定了治国必先治党成为中国国情的一个重要特点。

近代以来，从洋务派到资产阶级改良派，再到资产阶级革命派，无数仁人志士前赴后继探索中国现代化道路，但直到孙中山先生才找到了中国现代化的一条重要规律——“以党治国”。受多种历史条件的制约，孙中山的思想尽管未能获得实践上的成功，但为中华民族的伟大复兴开辟了路径。这也是孙中山作为伟大的民主革命的先行者为后人留下的宝贵思想财富。事实上，1912 年成立至 1949 年的中华民国与 1949 年成立的中华人民共和国都体现了党建国家的特征。这种特征内含了治国必先治党的内在机理。

总之，在中国，党在建设和治理国家中始终处于核心地位，从而决定了中国共产党与国家独特的政治逻辑，即治国必先治党。

二、国共两党治党、治国的历史充分验证了治国必先治党这一中国现代化的规律

对于中国现代化道路的探索，应该说中国的政党包括国民党，都为之付出过努力，但国共两党探索与实践的结果却完全不同，原因何在？

孙中山逝世后，国民党很快背离了孙中山的三大政策，成为代表极少数剥削阶级利益的政党；同时，又将“以党治国”异化为“一党独裁”，这决定了其无法将中国各个阶级和阶层的力量凝聚起来，形成强大的合力。特别是其不能解决农民的土地问题，无法将占中国人口大多数的农民吸纳到中国现代化的序列中。而且国民党在大陆期间治党未获得显著成效，这就注定了其失败的命运。相比之下，中国共产党在治国治党方面则显示了极大的优势。如果对比地回顾近代以来国共两党治国治党的历史，就可以从中获得清晰的认识。

(一) 从思想建设看

民主革命时期，以毛泽东为代表的共产党人，不仅始终把自身建设视为中国革命的法宝，而且坚持从实际出发，根据党和军队长期生长和活动于农村游击战争的环境，以及大量农民、小资产阶级入党，需要克服非无产阶级思想影响的实际，坚持把思想建设放在首位。1945 年，毛泽东在总结中国革命经验时指出，“我们党在自己的二十四年奋斗中，克服了和正在克服着这些错误思想，使得我们的党在思想上极大地巩固了”。同时指出，“掌握思想教育，是团结全党进行伟大政治斗争的中心环节。如果这个任务不解决，党的一切政治任务是不能完成的”。[①] 正因为中国共产党始终掌握思想教育的武器，才使共产党人牢固树立了共产主义的理想、信念，形成了区别于其他政党的先进品格和突出优势。例如，在军队建设上，将思想政治工作视为生命线。为此，首先，对政工人员进行严格训练，使之成为优秀的革命军人，相较于国民党的政工人员，共产党的政工人员由于受到严格的政治训练，能够保持优良的生活作风，容易与群众打成一片。对此，蒋介石曾反思道，中国共产党的军队“里面一切组织、训练、考核、监察工作，都是他们‘政工人员’来负责。这不是加大政工人员的权限，提高政工人员的地位就可以做到的。主要的是由于他们‘政工人员’训练严格、组织确实、思想彻底，因而他本身的信仰坚定，认识清楚，具有与他的党和军队同荣辱共存亡的决心，无论对上对下，能负责任，守纪律，故能取得官兵的信任，以增加其在部队中的信仰和权威！”[②]其次，在政治文化教育、文艺宣传等方面，采取“接地气”的方式方法，即以马克思主义大众化方式进行思想政治教育，提高了部队官兵，尤其是高级将领的政治、文化水平；另外，通过开展拥军爱民运动和尊干爱兵运动，促进了军民团结和官兵团结。例如，抗战时期，中国共产党实施著名的军队政治工作三项原则，即：“第一、官兵一致的原则，这就是在军队中肃清封建主义，废除打骂制度，建立自觉纪律，实行同甘共苦的生活，因此全军是团结一致

---

① 《毛泽东选集》(第三卷)，人民出版社 1991 年版，第 1094 页。
② “国军政工史编纂委员会”编：《国军政工史稿》(下册)，台北 1960 年版，第 1409 页。

的。第二、军民一致的原则，这就是秋毫无犯的民众纪律，宣传、组织和武装民众，减轻民众的经济负担，打击危害军民的汉奸卖国贼，因此军民团结一致，到处得到人民的欢迎。第三、瓦解敌军和宽待俘虏的原则。我们的胜利不但是依靠我军的作战，而且依靠敌军的瓦解”。[①] 官兵一致的原则体现了军队中只有职务高低，而无贵贱之分。在纪律严明的军队中少了一份国民党军的官僚气，多了一份官兵团结的战友情；军民一致的原则体现了军队与人民群众的鱼水之情，有效地吸引了广大群众投身人民战争中，这也绝不是国民党通过“抓壮丁”的方式补充兵力可比的。而瓦解敌军和宽待俘虏的原则更是从政治和组织上有效地分化了敌军，争取到了更广泛的统一战线。三大原则既贴近现实，又符合战斗需要，因而，效果显著。

比较而言，国民党也有政治工作。早在黄埔军校成立之初，孙中山就效仿苏联，在军校中引入政治工作制度。北伐时期，“军、师、团、营、连各级均有党部和党代表，军、师、旅设有政治部，团、营、连有政治工作人员”。[②] 然而，看似一番新气象的军人政治教育却始终收效甚微，其原因至少有以下三个方面：其一，国民党的思想宣传停留于传统“智、仁、勇”的范畴，内容空洞晦涩，并未结合社会实际进行贴近农民、贴近大众的思想教育，很难在军队和民众中引起共鸣。其二，有绘画、音乐等特长的青年被招收为政工人员后并未接受过完整的革命精神教育，自身革命信仰的坚定性有待考验。1926 年年底，随着北伐局势趋稳，军队也制定了宣传计划，印了不少画报、小册子、传单等。然而，最后也是最重要的是，国民党的政治工作始终被高层的派系斗争所左右。各派系虽以孙中山正统自居，但却依仗自身政治、军事实力，恣意解释歪曲三民主义的理论。由此形成的政工宣传也成为一些空洞的口号，在军人看来，这些政工人员不过是些“卖狗皮膏药的”。[③] 总之，国民党自身的种种局限性导致其思想

---

① 《毛泽东选集》(第二卷)，人民出版社 1991 年版，第 379 页。

② 罗敏：《民国时期的社会、法律与军事》，社会科学文献出版社 2016 年版，第 260 页。

③ 同上书，第 269 页。

建设无力，因此，这个党就无法在精神和思想上强大起来。

总之，思想建设是革命政党的灵魂。中国共产党长期以来将思想政治工作作为一切工作的“生命线”，并采取正确的思想政治工作方法，获得了思想建设的成功。国民党在败退中国台湾之后对此进行反思时认识到，共产党“之所以有今日的发展和胜利，他主要的是要归功于他们的军队政治工作”。[①]

（二）从国共两党的组织建设看

如果说思想建设是革命政党的“灵魂”，那么组织建设就是革命政党的“骨骼”和“血脉”。中国共产党在长期的革命实践中，始终坚持治党与治国有机统一，建立起了庞大而坚实的组织基础。民主革命时期，以毛泽东为代表的中国共产党人在准确把握中国国情的基础上，探索出一条“农村包围城市”的革命道路，实现了治党与治国的有机结合，即将党的建设与土地革命、根据地建设、武装斗争紧密结合，通过土地改革的方式将占人口约80%的农民组织动员起来，不断扩大自身的组织基础，到1937年年底，全国的党员达到四万多名。以抗战时期为例，中国共产党根据抗战爆发后的形势和任务，为了加强党的组织力量，提出了“两个先锋队”的思想，1938年3月，中共中央发出《关于大量发展党员的决议》，决议提出要“大量的十百倍的发展党员”。[②] 于是，各地党组织改正了发展党员的“关门主义”的倾向，除了工人、贫雇农、知识分子外，按照党员标准，吸收了要求进步的国民党党员、三青团员、中间势力的爱国知名人士和优秀帮会分子等。到1938年年底，“全国的中共党员人数就从四万多增加到五十多万，许多原来没有党组织的地区建立起党的组织和领导机构”。[③] 当时，在党员数量急剧增长的情况下，为了解决党员思想入党的问题，时任中组部部长的陈云对此进行了深入思考，他在《怎样做一个共产党员》一文中，比较完整地提出了共产党员应有的“六条标准”，即：“第一，终身为共产主

---

① “国军政工史编纂委员会”编：《国军政工史稿》（下册），台北1960年版，第1409页。

② 《中共中央文件选集》（第十一册），中共中央党校出版社1991年版，第466—468页。

③ 《陈云传》（上卷），中央文献出版社2015年版，第243页。

义奋斗。""第二,革命的利益高于一切。""第三,遵守党的纪律,严守党的秘密。""第四,百折不挠地执行决议。""第五,群众模范。""第六,学习。"[①]这六条标准,明确了一个党员应有的基本素质。这样,不仅使党组织规模得到了不断的扩大,也保证了党的先进性。1939 年,毛泽东在《〈共产党人〉发刊词》中指出,"我们党已经走出了狭隘的圈子,变成了全国性的党"。[②] 同时,他还提出,要将党的组织真正锻造成"掌握统一战线和武装斗争这两个武器以实行对敌冲锋陷阵的英勇战士"。[③] 因此,抗战时期党的组织力量得到了空前发展。到抗日战争胜利前夕,"共产党员由 4 万名发展到 120 万名",党的基层组织更是"遍及全国大部分地区"[④],这为党带领人民战胜敌人,建立新中国奠定了坚实的组织基础。

相比之下,国民党的组织基础则是极为脆弱的。早在北伐时期,国民党的党员人数一度"增至 100 万",而在清党之后,党员人数"大约减少了 1/3"。[⑤] 而且看似通过"清党"排除了大部分国民党左派和共产党员,"净化"了党员身份,但却使得农村成为"党务工作的薄弱环节",且这一问题"一直延续到国民党逃离大陆"。[⑥] 例如,进入抗战时期,国民党观察到共产党在乡村迅速发展的情况,也开始重视农村中党组织发展问题。1939 年,国民党五届五中全会通过的党务问题决议案中指出,"过去本党组织仅偏重城市而忽略乡村,致广大之农民群众易为异说所乘","今后亟应以乡村为发展组织与宣传之主要对象,于乡村社会中深植本党之势力,并于工作进程中吸收其忠实勇敢者为党员,以建立本党的农村干部"。[⑦] 但是,由于国民党的阶级局限性决定其无法解决农民的土地问题,尽管国民党有反思和检讨,以至于采取一定的具体措施发展乡村组织,但最终在农

---

① 《陈云文选》(第一卷),人民出版社 1995 年版,第 137—142 页。
② 《毛泽东选集》(第二卷),人民出版社 1991 年版,第 602 页。
③ 同上书,第 613 页。
④ 《中国共产党组织史资料》(第三卷上),中共党史出版社 2000 年版,第 1 页。
⑤ 王奇生:《党员、党权与党争》(修订增补本),华文出版社 2010 年版,第 293 页。
⑥ 崔之清主编:《国民党结构史论》(上册),中华书局 2013 年版,第 479 页。
⑦ 荣孟源编:《中国国民党历次代表大会及中央全会资料》(下),光明日报出版社 1985 年版,第 553—554 页。

村党组织建设上依然不可能有大作为。于是，蒋介石从军队入手，恢复了军队中的党部，并采用集体入党的方式发展党员，试图以“全军党化”推动“全国党化”，并密令“所有官兵员生完全吸收为党员”，“凡不愿加入本党经一再劝导无效者，即证明其思想动摇，应予免职与开革”。[①] 这种措施必然带来了国民党党员成分中军人比例的突增，但因国民党军队政治工作薄弱，其组织则成为一个空架子。军队中集体入党后的党员也只是挂了一个党员的空名而已。

总之，抗日战争期间，国民党曾试图将党的组织从城市精英阶层扩展到社会普通大众，由精英党转变为大众党。事实证明，这一转变并未成功。到抗日战争胜利前，国民党的党员人数达 6 730 416 人，其中普通党员只占 255 万多人，其余均在军队和海外。而这 255 万名党员中，也只有 143 万多名参加了基层组织工作，另有 112 万多名党员游离在组织外。[②] 究其根本，国民党在大陆不能代表下层民众的利益，更不能解决农民的土地问题，无法建立起庞大坚实的组织基础。

(三) 从纪律建设看

检验一个政党是否强大，除了考察组织规模外，关键还要看其组织是否巩固。这又取决于其思想建设和组织原则科学与否。中国共产党在成功运用马克思主义思想教育武器的同时，始终坚持民主集中制这一马克思主义建党的组织原则。中国共产党从创立起就规定了严格的组织纪律。1928 年党的六大正式将民主集中制原则写入了党章。党章明确规定：党员个人服从党的组织，少数服从多数，下级组织服从上级组织，全党各个组织和全体党员服从党的全国代表大会和中央委员会。民主集中制以及严格的组织纪律成为共产党区别于其他政党的显著标志。党的纪律是维护党的团结统一的法宝，也是完成党的任务和克敌制胜的武器。中国共产党始终清醒地认识到，“我们党是高度集中统一的马克思主义政党，思想上的统一、政治上的团结、行动上的一致是党的事业不断发展壮

---

① 刘健清：《社团志》，上海人民出版社 1998 年版，第 395 页。
② 崔之清主编：《国民党结构史论》(下册)，中华书局 2013 年版，第 895 页。

大的根本所在"。[1] 因而，党的历届领导人都十分注重党的组织纪律建设。毛泽东在党和军队建设开始就抓住纪律建设这个关键环节。红军初创时期，军队中就形成了铁的纪律，即"三大纪律六项注意"，后根据军事斗争的实际，增加为"三大纪律八项注意"。而对于违犯纪律者，党组织采取积极果断的措施，不断进行批评教育；对于情节严重者则开除党籍。例如，抗日战争时期轰动一时的"刘力功"事件就是一个典型案例。刘力功是个知识分子，在 1938 年入党，他在抗大（中国人民抗日军事政治大学）毕业后又参加了党的训练班，专门学习党的建设课程。在本应以所学理论去投身党的基层建设之时，刘力功却不服从党组织分配，甚至扬言要退党。"党组织曾经与他谈过七次话"[2]，但他仍然拒绝。中央党务委员会由此决定开除刘力功的党籍，并在全党通报。这一事件的处理，在当时的延安还掀起了一场大讨论。时任中组部部长的陈云同志为此专门撰写《为什么要开除刘力功的党籍》一文。文中详细描述了这个事件的经过，并以此为典型，特别强调了共产党员加强党的纪律的重要性，他写道，"中国革命是长期艰苦的事业，共产党及其党员没有意志行动的统一，没有百折不回的坚持性和铁的纪律，就不能胜利"。"要保障我们的党能有组织和统一，这就需要有严格的纪律。""如果中国共产党没有严格的纪律，将无法防止小资产阶级意识侵入党内。如果党不是有铁的纪律的队伍，就不能去团结最大多数的人民群众。"[3]这一事件发生后，许多同样提出重新安排工作要求的同志也撤回了申请，而那些分配到岗位却还在观望的干部也立刻出发了。一时间延安出现了"三多三少"的现象："讲个人要求的少了，服从组织分配的多了；图安逸比享受的人少了，要求到前线和艰苦地方锻炼的人多了；自由主义现象少了，严守纪律的人多了。"[4]抗战时期，中国共产党一方面贯彻"两个先锋队"的思想；另一方面，严守党的纪

---

① 《习近平谈治国理政》（第二卷），外文出版社 2017 年版，第 157 页。
② 《陈云文选》（第一卷），人民出版社 1995 年版，第 123 页。
③ 同上书，第 127 页。
④ 《缅怀陈云》，中央文献出版社 2000 年版，第 638 页。

律,“把我们党的一切力量在民主集中制的组织和纪律的原则之下,坚强地团结起来”。[①] 这样,既大量吸收了各个阶级、阶层的先进分子进入党,扩大了党组织的规模,同时又在实施铁的纪律的前提下,使党更加巩固、更加坚强有力。

邓小平曾总结说,“我们这个军队有好传统。从井冈山起,毛泽东同志就为我军建立了非常好的制度,树立了非常好的作风。我们这个军队是党指挥枪,不是枪指挥党”。[②] 中国改革开放之初,为了增强党的战斗力,邓小平反复强调“有了理想,还要有纪律才能实现。……没有理想,没有纪律,就会像旧中国那样一盘散沙”[③];习近平更是反复强调纪律建设的极端重要性,他明确提出,党内绝不允许搞团团伙伙、结党营私、拉帮结派,搞了就是违反政治纪律。加强纪律建设,始终保持团结和统一,是中国共产党组织蓬勃发展和具备强大战斗力的根本原因。

与共产党不同,长期以来,国民党党内派系林立,中央与地方离心离德,高层派系之间斗争接连不断,更是将党纪抛诸脑后。例如,抗战期间,在蒋介石被确立为“最高领袖”后,其附庸派系逐渐炙手可热。这些派系主要包括了 CC 系(The Central Club,中央俱乐部)、力行社、政学系等,他们以蒋介石为最高领袖,将其置于“超然”地位,导致各个派系之间斗争异常尖锐。而他们之间的斗争也不是出于之前那种对于“三民主义”等意识形态的热忱,更多的则是盘算如何在整个国家治理体系中安插本派系人员,使得自己的派系攫取更多的利益,是一种十足的“派系分肥”。某一派系一旦掌握着党权,就必须应对来自其他派系对于党权的挑战,因此无论其进行何种治党措施,都会导致其他派系的反对,而他们反对的出发点也并不是为了所谓“党国”的利益,实则是触动自己利益后的反弹。而当两派利益一致时,他们又会联手倾轧其他派系的利益。因此,派系作为行为体自身是无法稳定整合其他派系的,反而激化了各个派系之

① 《毛泽东选集》(第三卷),人民出版社 1991 年版,第 1097 页。
② 《邓小平文选》(第二卷),人民出版社 1983 年版,第 1 页。
③ 《邓小平文选》(第三卷),人民出版社 1993 年版,第 111 页。

间的矛盾，引起反复的斗争和内耗。这就导致了国民党内部的长期分裂和不统一。

作为革命政党，党的团结是核心要素。而“国民党是一个复杂的政党。它虽被这个代表大地主、大银行家、大买办阶层的反动集团所统治，所领导，却并不整个儿等于这个反动集团。它有一部分领袖人物不属于这个集团，而且被这个集团所打击、排斥或轻视。它有不少的干部、党员群众和三民主义青年团的团员群众并不满意这个集团的领导，而且有些甚至是反对它的领导的。在被这个反动集团所统制的国民党的军队、国民党的政府机关、国民党的经济机关和国民党的文化机关中，都存在着这种情形。在这些军队和机关里，包藏着不少的民主分子。这个反动集团，其中又分为几派，互相斗争，并不是一个严密的统一体”。[①] 事实上，国民党正是在四分五裂的状态中最后走向灭亡的。

（四）从治理腐败看

执政党发生腐败是一种普遍现象，关键是能否治理腐败。是否具备预防和治理腐败的能力，是检验政党自身治理能力的一个重要指标。

“腐败是社会毒瘤。如果任凭腐败问题愈演愈烈，最终必然亡党亡国。”[②]国民党的历史充分证明了这一点。人所共知，国民党在大陆期间，在治理腐败方面是失败的。抗战时期，国民党大发国难财，其腐败已达到了十分严重的程度。例如，入缅作战的远征军，“部队一到腊戍，许多部队长及军需人员就以大量的外币（当时入缅军都是发的缅币卢比）购买布匹、化妆品、高级食品（如饼干、咖啡、牛奶、白兰地酒等等），一车一车地装到昆明出售，获利十倍到二十倍”。[③] 抗战胜利后，国民党腐败的病症更是到了无法治愈的地步。据宋希濂回忆，蒋介石在兵败大陆前的最后一次军事会议上痛批接收带来的恶劣影响，他说，“我们的失败，就是失败于

---

① 《毛泽东选集》（第三卷），人民出版社 1991 年版，第 1047 页。

② 《习近平关于党风廉政建设和反腐败斗争论述摘编》，中央文献出版社、中国方正出版社 2015 年版，第 5 页。

③ 《文史资料选辑》（第八册），中国文史出版社 1986 年版，第 44—45 页。

接收”。[①] 这是“近代以来最大的一次资产接收，最大的一次集团腐败，也是国民党最大的政治败笔”。[②] 国民党的接收最后变成了“劫收”，“劫收”的行为极大地刺激了国民党的各级官员，他们争先恐后地加入这个队伍，试图多分一杯羹。党纪在他们面前成了空话，国法在他们心里也早已荡然无存。面对这一严峻的腐败形势，虽然蒋介石多次抨击腐败以至于试图采取必要的手段打击腐败，但是腐败的毒瘤却难以割除。

内战爆发后，国统区不仅政治腐朽，而且经济几近崩溃，通货膨胀，民不聊生。面对这种形势，国民党注入了“金圆券”这一强心针，试图抑制飞涨的物价。然而，由于此时国民党腐败已深入骨髓，要在这种生态环境中进行币制改革，实在比登天还难。1948 年 8 月 20 日，《中央日报》的社论中表明，“这次币制改革具有社会改革的性质”。而那些囤积居奇的大户则如“盲肠上面化脓的发炎菌”。社论还说，“改革币制譬如割去的盲肠，割得好则身体从此康强，割得不好则同归于尽”。“倘如盲肠已割，而败脓尚存留腹中，则下次再开刀时，整个生命必无幸免之理。”[③]当晚，蒋经国就离开南京前往上海，负责“经济管制”相关工作。他的工作主要包括了两个方面：一是通过“金圆券”收兑百姓的黄金、白银等；二是管制物价，打击不法商人囤积居奇和哄抬物价的违法行为。蒋经国一到上海就组建了近万人的“大上海青年服务总队”。这个队伍分布在上海各区，通过设立告密箱等方式，鼓励广大百姓举报那些不法商人。蒋经国在成立仪式上鼓舞人民要拿出武松打虎的勇气，来对付那些抵制币制改革的不法商人，“打虎”这一说法也由此而来。

很快，上海滩上多只“老虎”纷纷落网。9 月 2 日，蒋经国接到南京的电话，“要从速处理违犯经济法令的各种案件，并主张严办大的投机商人”。[④] 而这些不法商人也被押送到了特种刑庭等待审判，其中就有杜月

---

① 《文史资料选辑》(第十三册)，中国文史出版社 1986 年版，第 15 页。
② 崔之清主编：《国民党结构史论》(下册)，中华书局 2013 年版，第 997 页。
③ 《财政经济紧急处分——币值改革与社会改革之并行》，《中央日报》1948 年 8 月 20 日。
④ 《蒋经国日记》，中国文史出版社 2010 年版，第 159 页。

笙之子杜维屏。面对儿子的被捕，杜月笙虽表面服软，但却在上海工商业巨头会上实名举报了扬子公司的孔令侃。虽然蒋经国也立刻逮捕了孔令侃，但随后在蒋介石、宋美龄的干预下，该事件最终以杜维屏、孔令侃二人的释放告终。蒋经国在日记中写道，“XX 公司的案子，未能彻底处理，因为限于法令，不能严办，引起外界的误会。同时自从此事发生之后，所有的工作，都不能如意地推动了，抵抗的力量亦甚大”。[①] 显然，此时国民党官商勾结到如此地步，反腐一旦触及统治集团的利益就寸步难行，蒋经国的“打虎”也注定要失败。

总之，国民党败退大陆前夕，本想通过币制改革这棵救命稻草挽救经济，挽回与共产党对垒的败局，最终这场改革却成为压垮国民党政权经济的“最后一根稻草”。这场“打虎”运动的首将也不得不感慨，“七十天来的努力，已一笔勾销”。[②] 国民党最后就是伴随蒋经国“打虎”的彻底失败而逃离大陆的。

中国共产党对于自身发生腐败问题，一是始终保持高度的警醒，二是采取零容忍的态度。革命战争时期，中国共产党就提出了人民军队的“三大纪律八项注意”。“三大纪律”，即一切行动听指挥；不拿群众一针一线；一切缴获要归公。这些言简意赅的内容，却将腐败杜绝于源头；同时，也成为人民军队区别于其他一切军阀军队的显著标志。早在延安时期，毛泽东就开始思考如何跳出“历史周期率”的问题；全国革命胜利前夕，毛泽东在七届二中全会上提出了著名的“两个务必”思想，要求全党在取得全国革命胜利后，“务必使同志们继续地保持谦虚、谨慎、不骄、不躁的作风，务必使同志们继续地保持艰苦奋斗的作风”。[③] 就在离开西柏坡进北京之际，毛泽东又提出进京“赶考”的思想。“两个务必”和“赶考”的思想，可谓是中国共产党即将在全国执政的关键时刻，忧患意识和反腐防变意识的集中体现。

---

① 《蒋经国日记》，中国文史出版社 2010 年版，第 177 页。
② 同上书，第 183 页。
③ 《毛泽东选集》（第四卷），人民出版社 1991 年版，第 1438—1439 页。

在全国执政以后，作为执政党，中国共产党始终坚定不移地遏制腐败。新中国成立初期，处理的第一桩腐败案是刘青山、张子善案。时任中共河北省天津地委书记的刘青山与担任天津地委副书记、天津专署专员的张子善，目无党纪国法，“苛剥以工代赈救灾粮款”，“违反国家法规，私自挪用建设专款”，“违法经营，倒买倒卖，投机倒把”。两人在“半年内贪污挥霍的‘特支费’高达 3.78 亿多元”，其中，用于贿赂他人的就占“1.6 亿多元”。[①] 1951 年 11 月，此案引起了毛泽东的高度重视。毛泽东迅速作出决策，将张、刘二人的贪腐问题处理情况转发全党，要求对于干部的贪污腐败问题，“须当作一场大斗争来处理”。[②] 最终，经过调查和审讯，刘青山和张子善被判处了死刑。后来薄一波在《若干重大决策与事件的回顾》中写道，“严惩刘青山、张子善的决定的果断作出，实际上是再一次用行动向全社会表明，我们党决不会做李自成！决不会放任腐败现象滋长下去！”[③]

面对高级干部的腐败问题，中国共产党能够以壮士断腕的决心和勇气加以惩治。在此过程中，中国共产党增强了自我净化、自我完善、自我革新、自我提高的能力，这是中国共产党始终保持先进性和纯洁性的根本原因。在改革开放的新时期，中国共产党一方面带领全国人民开辟中国特色社会主义现代化的宏伟事业，另一方面坚持反腐倡廉，加大力度全面从严治党，制定了《关于新形势下党内政治生活的若干准则》《中国共产党党内监督条例》等一系列党内法规，以制度治党，形成了比较系统完备的反腐倡廉法规制度体系。特别是在实施“四个全面”战略的过程中，中国共产党以抓铁有痕、踏石有印的气魄治理腐败。这是中国共产党能成功推进现代化，并以先进政党的姿态走进新时代的重要原因。

综上所述，在中国近现代史上，没有任何党派像中国共产党一样提出和形成了系统完整的治国治党理论和具体方案，其治国治党的实践充分

---

① 王少军、张福兴：《反腐风暴——开国肃贪第一战》，中共党史出版社 2009 年版，第 59—72 页。（旧币 1 亿元等于 1953 年后的 1 万元）

② 同上书，第 55—57 页。

③ 薄一波：《若干重大决策与事件的回顾》（上卷），中共党史出版社 2008 年版，第 108 页。

体现了遵循治国必先治党的中国现代化发展规律，因此才有其执政地位的巩固。历史经验证明，管党治党不仅关系党的前途命运，而且关系国家和民族的前途命运，一个执政党如果管党不力、治党不严，迟早会失去执政资格。执政党要成就“伟大事业”，就必须以更大的决心、更大的勇气、更大的气魄全面从严治党。而“管党治党，必须严字当头，把严的要求贯彻全过程，做到真管真严、敢管敢严、长管长严”。[①] 只有这样，才能始终保持强大的生命力，进而在治国中有所作为。

三、历史的启示

党的十九大报告指出，“伟大斗争，伟大工程，伟大事业，伟大梦想，紧密联系、相互贯通、相互作用，其中起决定性作用的是党的建设新的伟大工程。推进伟大工程，要结合伟大斗争、伟大事业、伟大梦想的实践来进行，确保党在世界形势深刻变化的历史进程中始终走在时代前列，在应对国内外各种风险和考验的历史进程中始终成为全国人民的主心骨，在坚持和发展中国特色社会主义的历史进程中始终成为坚强领导核心”。[②]“四个伟大”的思想虽然是中国共产党在新时代到来之际提出的，但它内含治国与治党关系的逻辑，是对历史经验的科学总结，而历史经验表明，执政党要获得治国、治党的成功，必须明确以下几点。

（一）治党旨在治国

大凡政党，特别是执政党，都无法绕开治国问题。但并不是所有政党的创立及自身治理都是以治理国家为目的的。

首先，中国共产党的性质决定，其建立的目的在于治国。对于中国共产党而言，所谓治国，具有双重含义：一是打碎旧的剥削阶级的国家机器，建立全新的国家；二是以社会主义和共产主义为目标建设和治理国家。显然，西方的现代资产阶政党是在现有国家体制内，以竞争的方式获

① 《习近平谈治国理政》（第二卷），外文出版社 2017 年版，第 43—44 页。
② 习近平：《决胜全面建成小康社会 夺取新时代中国特色社会主义伟大胜利——在中国共产党第十九次全国代表大会上的报告》，《人民日报》2017 年 10 月 28 日。

取政权，其建立和执掌政权的使命是巩固资产阶级统治，完善资本主义国家制度。因此，资产阶级政党始终以获取权力为目的。中国共产党革命的目标虽然包含夺取政权，但夺取政权的目的并不在于权力本身，而在于破坏一个旧世界，建立一个新世界，给人民以幸福。所以，中国共产党是为重塑国家而生。这一目标从中国共产党创立第一天就已经确立了。党的第一次代表大会的纲领明确规定："革命军队必须与无产阶级一起推翻资本家阶级的政权，必须支援工人阶级，直到社会的阶级区分消除为止……"[①]尽管这个纲领还没有切中中国革命的实际，但从中可见中国共产党创立的目标不同于资产阶级政党。党的第二次代表大会宣言则明确提出"中国共产党是中国无产阶级政党。他的目的是要组织无产阶级，用阶级斗争的手段，建立劳农专政的政治，铲除私有财产制度，渐次达到一个共产主义的社会"。[②]

总之，中国共产党作为无产阶级政党，其建立的目的首先在于治国，在于建立共产主义社会。事实上，今天对于中国共产党而言，不管是"两个一百年"的目标，还是要实现"中国梦"，都没有离开建设社会主义及共产主义的理想。

其次，中国共产党的全部理论都围绕建立和建设新的国家而展开。中国共产党诞生后，经过理论与实践探索，逐步确立了中国革命两步走的战略。因而其理论包括新民主主义革命、社会主义革命和社会主义建设理论。新民主主义理论，包括中国革命具体道路、新民主主义政治、新民主主义经济、新民主主义文化等内容，这些理论内容回答了如何结束半殖民地半封建的旧中国，建立新民主主义国家；社会主义革命的理论，回答的是如何使中国由新民主主义过渡到社会主义；社会主义建设理论，特别是中国特色社会主义建设理论回答了如何建设社会主义和怎样建设社会主义的问题。在社会主义时期，中国共产党在探索社会主义建设道路中不论成功还是失败，都没有离开社会主义和共产主义社会的目标。也可

① 中央档案馆编：《中共中央文件选集》(第一册)，中共中央党校出版社1989年版，第3页。
② 同上书，第115页。

以说，中国特色社会主义理论体系，是中国共产党全面探索和回答国家建设和治理问题的伟大成果。

再次，治国理政是中国共产党实践活动的一个总概括。毛泽东在《新民主主义论》中指出，“我们共产党人，多年以来，不但为中国的政治革命和经济革命而奋斗，而且为中国的文化革命而奋斗；一切这些的目的，在于建设一个中华民族的新社会和新国家”。[①] 中国共产党经过 28 年艰苦卓绝的新民主主义革命，终于在 1949 年建立起一个全新的国家。中华人民共和国的建立可谓是中国共产党治国成就的集中展现。中华人民共和国成立后，中国共产党领导人民在废墟上建政、治乱、理财，使古老的中国焕发出勃勃生机；在执政 70 多年的实践中，中国共产党又突破重重障碍，克服种种困难，开辟了治国理政的新途径。改革开放的伟大成就是中国共产党治国水平提升和成就显著的佐证。

总之，中国共产党生存、发展的过程，也是建设和治理国家的过程。其理论和实践表明，中国共产党的创立及自身建设旨在治国。

（二）治党与治国两者需要有机统一

从近代以来中国的历史以及中国共产党成立以来中国社会变革的历史中可以看出，中国共产党在治党治国方面的一个突出优势，在于其不仅始终遵循了治国必先治党的历史逻辑，而且还实现了两者的有机统一。

首先，“治国必先治党”的表达内含三个关键点。一是治党是治国的前提，没有中国共产党治党的成功及强有力的领导，国家治理就不会成功。二是治党与治国两者不可分割，离开治国，治党则无意义；离开治党，治国则无保障。三是治党与治国之间可以形成互动。良性的互动表现为：“治党始终坚强有力，治国必会正确有效。”[②]而治国又推动治党理论与实践的发展。治党治国对于治党必然起到促进作用。在中国共产党的理论与实践中清楚地体现了中国共产党对这种逻辑机理的正确把握。因此，不论是在革命还是建设时期，中国共产党始终明确自己的使命和责

---

① 《毛泽东选集》（第二卷），人民出版社 1991 年版，第 663 页。

② 《江泽民文选》（第二卷），人民出版社 2006 年版，第 496 页。

任，在任何情况下都毫不动摇地坚持和改善党的领导。在民主革命时期，中国共产党把自身建设视为一大法宝；在社会主义时期，始终强调“办好中国的事情，关键在我们党”。[1] 由此，自然将治党与治国统一起来。

其次，治党必须适应国家治理的客观需要。否则，两者都不会成功。治党需要准确把握治国的要义与核心任务。在这一点上，中国共产党与国民党相比则表现出突出优势和先进性，中国共产党对于自身建设，始终坚持与治国的具体实际相统一。例如，在民主革命时期，中国共产党治党的一大特色就是通过思想教育改造农民。这种改造途径和方式并非单一的，而是与解决农民的土地问题，进而与解放生产力这一近代中国国家治理的重大课题紧密结合，从而这一改造获得了治党与治国的双倍功效。相比而言，国民党在大陆的失败根本在于其治党的失败，而这种失败，其中就包括它无法将农民这一中国社会的主体力量作为其阶级基础。因为它的性质决定其不能代表农民阶级的利益。共产党可以高呼“打土豪、分田地”的口号；国民党则不敢触动农民的土地问题。所以，国民党既无法建立起强大的组织基础，又无法承担起近代中国国家治理所面临的主要任务，最终出现了治党与治国的双重不力。

纵观新的历史时期，中国共产党自身建设的每一个重大理论问题的提出，每一个重要举措的实施，无不是为应对社会主义市场经济的考验、改革开放的考验、外部环境的考验而提出和实施的。

总之，中国共产党治党的目标、治党的内容和途径都体现了与国家治理相适应。

再次，治党与治国有机统一关键在于两者的良性互动。习近平总书记说，“四个全面”相辅相成、相互促进、相得益彰。[2] 这是治党与治国有机统一及其良性互动的最清楚的诠释。

中国共产党治党和治国的理论与实践，处处体现了这种互动的特征。例如，1939 年，毛泽东在《〈共产党人〉发刊词》中总结道：“十八年的经验

① 《江泽民文选》(第三卷)，人民出版社 2006 年版，第 271 页。
② 《习近平谈治国理政》(第二卷)，外文出版社 2017 年版，第 28 页。

告诉我们,统一战线和武装斗争,是战胜敌人的两个基本武器。统一战线,是实行武装斗争的统一战线。而党的组织,则是掌握统一战线和武装斗争这两个武器以实行对敌冲锋陷阵的英勇战士。”这段表述,形象地揭示了治党与治国关系的一种良性互动。改革开放的历史过程更为生动地体现了中国共产党治党与治国关系的良性互动。1978 年十一届三中全会以来,一方面是中国共产党的思想解放、理论创新、执政理念创新、执政方式调整、组织发展壮大、从严治党;另一方面则是中国现代化的迅速发展,人民生活水平的迅速提高和小康社会成就的展现。这其中所包含的是:中国社会主义建设遭受的挫折迫切要求中国实行改革开放,重启现代化。正是在此背景下,中国共产党开始反思历史,纠正错误,实现了自我革新。随着中国共产党自身建设的发展,中国取得了改革开放和社会主义现代化的伟大成就。习近平指出,“我们党作为一个有 8 800 多万名党员、440 多万个党组织的党,作为一个在有着 13 亿多人口的大国长期执政的党,党的建设关系重大、牵动全局”。[①] 这段话也表明了治党与治国关系互动的内在逻辑,这种互动能否是一种良性互动,取决于党的自身建设的水平。事实上,今天中国共产党贯彻实施的“四个全面”战略布局就是治党与治国相统一及其互动的实践。其中,全面依法治国是带动治党与治国两者良性互动的关键。为此,习近平明确提出“依法治国是党领导人民治理国家的基本方略,法治是治国理政的基本方式,要更加注重发挥法治在国家治理和社会管理中的重要作用”。[②]

最后,国家建设与治理的客观现实要求中国共产党必须遵循“治国必先治党”的逻辑。党的十九大为中国擘画了从全面建成小康社会到基本实现现代化,再到全面建成社会主义现代化强国的宏伟蓝图。这是中国共产党在新时代下的历史使命,这一使命伟大而艰巨。实践证明,中国共产党是领导建设有中国特色社会主义伟大事业的核心力量。“当今中国的事情办得怎么样,关键取决于我们党,取决于党的思想、作风、纪律、组

① 《习近平谈治国理政》(第二卷),外文出版社 2017 年版,第 43 页。
② 《习近平谈治国理政》,外文出版社 2014 年版,第 138 页。

织状况和战斗能力、领导水平。”[1]这是被实践反复证明的结论。要把建设中国特色社会主义这一伟大而艰巨的事业推向前进，实现中华民族伟大复兴的中国梦，必须把我们党建设好。因为在中国特色社会主义建设中，需要我们应对重大挑战、抵御重大风险、克服重大阻力、解决重大矛盾。这就要求中国共产党始终保持先进性和战斗力，正所谓“打铁还需自身硬”。在世情、国情、党情不断变化的今天，中国共产党面临着“四大考验”“四大危险”，如果我们党不能以自我革命的政治勇气，着力解决党自身存在的突出问题，就会失去先进性和生命力，中国特色社会主义事业就失去了坚强的领导和政治保障。

综上所述，党的性质、党在国家和社会生活中所处的地位、党肩负的历史使命，要求我们治国必先治党，治党务必从严。中国共产党作为执政党，要完成治国的伟大使命，需要始终恪守治国必先治党，治党务必从严，以及治国与治党有机结合的理念和原则，遵循中国现代化的特殊规律。

---

① 《江泽民文选》（第二卷），人民出版社 2006 年版，第 496 页。

第二专题　协商民主的优势

中国将协商民主作为人民民主实践的重要形式，既与协商民主与中国社会转型与发展具有内在契合性有关，也与中国共产党努力用协商民主来运行党的领导、人民当家作主和依法治国三者相统一的中国民主政治发展模式有关。因此，协商民主在中国的成长，既有历史与社会基础，又有战略与实践需求。协商民主与中国国家建设历程相契合，形成了我国协商建国的建国模式。中华人民共和国成立之后，协商民主又融入国家治理的历程之中，成为推进国家治理的重要方式和渠道。

一、社会主义协商民主的政治逻辑

民主的本质就是人民当家作主。人民当家作主最为直接的表现形式就是共议，有什么问题大家一起来讨论，秩序是共同维护的，目的就是实现你我共存。很多时候，自治往往会采用乡规民约的方式来实现，这也是一种民主。美国人比较自豪的一点是，它的民主是从“根”里长出来的，就是从自治慢慢长出来的，然后变成地方政治，最后形成国家政治。因此，美国是自治政治生成地方政治，地方政治再生成国家政治。但美国今天两党竞争的选举政治已大大偏离其初衷。由此，我们可以得出一个结论，与选举相比，协商是更为直接的民主呈现方式，民主的原生态不是选举，而是共议和协商。因此，不要认为中国是因为搞不了选举民主而采取协商民主的方式，中国选择协商民主，是力图从民主的原生态来开发适合中国发展的新型民主。

从协商这一原生态的民主方式去发展中国民主，这个方向符合民主的本意，符合民主的真谛。从这个角度来说，我们对中国搞协商民主不论从理论还是实践来看，没有理由质疑，相反应该促其积极成长和健康发展。中国确定了协商民主，并且将协商民主与选举民主相配合，这仅仅是开始，我们后面面临的重要任务是如何使协商民主完善起来，系统化、程序化、规范化，实现广泛多层制度化发展，使它真正发挥作用，真正呈现给世界一种有效的、全新的民主文明。

任何国家的民主建构不能只考虑一维，一定要考虑两维，一维是人，一维是国家。民主最重要的是要维系人民的统治或者人民作主。之所以强调这点，是因为我们必须生活在国家这个共同体里面，没有国家，社会没办法延续，因而所要建构的一种人民统治，不仅要使每个人得到自由发展，而且要使得自由发展所离不开的国家共同体能够保存。共同体是安全的、和谐的，每个人自由发展就是有保障的，因此，真正的民主的建构，既要能保证每个人的发展，还应该保障这个国家的共同体是稳定、有序、可持续的。因此，任何国家的民主的建构不能只考虑一维，一定要考虑两维：一维是人，一维是国家，两者要平衡在一起。

邓小平在20世纪80年代提出的关于评价政治体制的三个标准是正确的。好的政治就是要解决三个问题：人的发展、社会的进步、国家的稳定。现在很多人考虑民主只考虑人，不考虑能否解决社会的进步问题，不考虑能否解决国家稳定的问题，这是错误的，这三者要统一在一起，不统一在一起的民主是有形式而没有质量的，我们称之为“劣质民主”。劣质民主既不能创造社会进步，也不能创造国家稳定，最后贻害的是所谓有自由但没有生存能力的人。劣质民主给了人民所谓的自由，但是无法保证他们的生存与发展。因此，民主一定要建立在人、社会与国家三者共同发展的基础之上。当然其立足点和出发点在人，不在国家，但不能因此否定民主必须去平衡这三者关系，必须在这种平衡的基础上发展。

很多人可能会问，为什么西方选择的是选举民主，而我们最后会选择协商民主？这里有一个非常重要的理论问题。实际上，在古希腊，民主政体不是最好的选项，因为古希腊政体的选择是基于维护城邦的需要，基于城邦的结构来选择政体的。比如，如果社会结构中贵族力量比较强，就选择贵族政体形式。政体的好坏，取决于是否符合城邦的内在需要，是否维护公共利益。因此，西方将古希腊的民主称为"古典民主"。现代民主从另外一个维度出发，也就是从人出发，从人的发展出发。

马克思认为，人之所以为人，是因为要追求自由发展。但是人的发展就像一个婴儿，在年幼的时候是依赖于母体的，依赖于他人的，因而人最初的时候是作为共同体一员而存在的，马克思把这种人称为"共同体的人"，类似我们说的"单位人"，只有隶属一个阶级或共同体才能在社会中存在，但是人的发展和对自由的追求让他们逐渐摆脱对共同体的依赖，寻求独立和解放。寻求独立和解放的最重要的变化就是：人从单位人、共同体的人变化为独立的个人，这个独立个人的出现，是人类历史上一个重大的变化，在马克思看来，这是类本质的变化，这个变化产生了一场重大的历史运动，这个历史运动就是现代化。

今天西方所谓的现代民主是在这个基础上展开的：从人的个体权利出发构建现代民主，西方就是由此构建出现代民主形式的。尤其是到了20世纪普选时代，民主制度与以个人为主体的权利政治衔接在一起，就形成了今天所说的代议制民主。这种衔接仅仅强调个人权利的神圣性，国家要保障个人权利，国家是保证每一个人发展的重要工具，但西方最初的代议制以及与之相伴的选举制，并不是以每个人都有平等的权利为前提的，当时就有"两票制"，强调富人应该比穷人有更大的决定权。

到了20世纪末，西方在代议制民主之外，兴起协商民主，其原因就出在代议制上。在代议民主下，作为权利主体的选民选举议员，议员凭借委托的权力进行决策，因此人们委托给议员的实际上是决策权力，议员拿到这个权力之后就进行运作。人们不能控制议员在任职期间的决策行为，人们只能通过定期选举更换议员来监控。这种监控是对人的监控，对议员在任职期间的权力和运作可以表达却不能监控。因此西方代议民主运行到一定程度以后就出现了一个问题：选民选举议员，议员看起来能够听取选民意见，但选民的意志无法进入政治过程当中。在政治过程中运行的意志实际上是议员本身的意志，很多的公共事务是与选民直接相关的，而选民却不能直接参与其中。于是，选民决定要参与其中，从而在议员和选民、在政府与民众以及社会与民众之间生成了一种民主的机制，这就是协商民主。西方协商民主是因为代议制民主本身的不足而产生的，它和选举民主不是并列的关系，选举民主是解决大的政治问题，协商民主是弥补代议制民主不足而运行的民主机制，解决的是公民参与问题。

中国现代民主逻辑也是从人出发，但一开始就不是从独立的个人出发，而是从人民出发的。今天的中国不仅仅是 1949 年新成立的中国，也不仅仅是 1911 年辛亥革命之后的中国，就像习近平总书记经常讲的，是五千年以来的中国。在当今的人类文明史上，国家两千年维系大一统的，唯有中国；拥有五千年的文明而今天依然兴盛的国家，也唯有中国。

中国现代民主的逻辑还在中国现代化本身。中国开启现代化历史过程，是以整个传统政治体系被彻底摧毁为历史前提的。中国有两千多年君主专制统治史，但中国没有留下君主立宪。而英国的君主查理一世被杀了，最后英国人还是请回一个君主，建立君主立宪。中国君主专制延续那么长，却没有建立起君主立宪，而西方的君主制起伏不定，却建立起了君主立宪。这巨大的历史反差与中西社会结构的基因有关。西方是贵族社会，贵族是需要君主来代表和整合的；在秦废分封、统一国家之后，中国就告别了贵族社会，形成了以自耕农为主体的官僚统治社会。传统政治体系解体的最直接的后果往往就是整个国家分崩离析。近代中国在分崩离析之后迅速又重新聚合起来，维系住了大的国家版图和结构。这其中的关键是我们很快重建了一套新的现代体系与之相匹配。中国人之所以能在比较短的时间里解决这个问题，非常重要的一点是中国在建构现代制度体系的时候，不是从人的自由出发，而是从人民的团结统一和整体利益出发。

在这个过程当中，孙中山先生居功至伟。旧的体系解体后，中国也搞过西方的民主政治，也搞过选举，但现代民主共和一直无法真正建立。对此，孙中山先生反思后指出：俄国革命比中国晚，革命却成功了，中国革命不能成功最大的问题之一是没有把整个社会聚合为一个整体，并且用整体的力量去建构民主共和。为此，孙中山提出："我们要用主义来凝结人民。"因为中国传统帝国形成的政治结构是官和民的结构，中间是读书人。整个帝国体系解体以后，官僚这个系统就没有了，整个社会呈现出的主体是广大民众。原来民众是通过传统制度凝聚成一个整体的，现在传统制度崩解了，民众就直接呈现为社会的主体力量，他们最大的弱点，就是分散性。所以孙中山先生也说：中国是一盘散沙。这种分散性过去常常被看作国民性，其实这应该是政治性的分散，因为原来是在一个体系中存在的，体系没了，就自然以分散形式呈现出来。在一盘散沙的社会之上重新建立一个整体的国家，就需要一个有效的核心力量，把社会聚合为一个整体。这个核心力量就是孙中山发起组织的革命党。革命政党与西方政党不一样，它的使命是把所有民众凝聚成整体，并建构一套把国家维系下去的政治体系和发展模式。正因为这个政党要承载这样的历史使命，所以孙中山认为这个政党要用主义来引领人民；因为政党要负责建立新国家，所以这个政党要有军队，这样，党、国、军、民就形成了特殊的结构关系，这种结构关系保证了我们这个古老文明国家在现代化的过程中实现了整体转型，创造了人类发展奇迹。

在社会制度选择上，孙中山先生也好，中国共产党也好，都选择社会主义。孙中山讲的民生主义就是社会主义。社会主义的特点是国家的权力应该掌握在民众手里，这就是孙中山的平民政治。毛泽东说平民政治是对的，但是中国共产党在这里面必须加上一句，即这个平民政治应该有一个核心主体，也就是工人阶级，工人阶级的代表就是中国共产党，中国共产党建立了这套体系。这套体系的出发点是让人们得到解放，人民成为国家的主人，因而我们是从人民来建构民主的。这就使我们形成的整个制度体系与西方是不一样的，有我们自己的一套逻辑，这套逻辑的核心是人民民主。由此可见，同样是民主，同样都以人民主权为出发点，但中国与西方的民主却有本质区别，其根本区别在于：西方是从个人出发的，我们是从人民整体出发的，我们如果也从个人出发，就没有今天的国家。

美国人非常自豪的一点，是认为美国的政治制度是深思远虑的结果，是在充分考虑了欧洲经验教训以及美国现实状况的基础上建构起来的。作为美国政治经典的《联邦党人文集》开篇就提出这样的问题："人类社会是否真正能够通过深思熟虑和自由选择来建立一个良好的政府，还是他们永远注定要靠机遇和强力来决定他们的政治组织。"中国的现代政府与政治确实是革命的结果，但其得以最终确立，不仅是中国人自主选择的，也是中国人长期深思远虑而建构的，具体来说，是经过了两个政党的探索和实践而形成的：第一个是以孙中山先生为代表的国民党，因为孙先生确实深思远虑过整个国家的制度体系和发展战略；第二个就是中国共产党。

中国共产党要建立新国家，就必须完成一个使命，就是把分散的社会、不同阶层的民众凝结成一个有机整体。什么是人民？毛泽东说得很清楚，就是各阶级联合。什么是人民民主？就是各阶级联合统治的民主。这样的政治构想及其相应实践，使得中国整个社会在大变革、大转型的过程当中得以重新聚集起来。中国现代制度体系之所以拥有自信的基础，关键在于它是自主探索的结果，是在历史实践中成长起来的。

二、协商建国：中国政治制度中的协商基因

在抗日战争时期，中国共产党在抗日民族统一战线的旗帜下，在建国模式上偏向于代议制民主，但是并不仅仅局限于这种建国模式，同时也对人民代表大会制的建国模式进行了探索。1940 年毛泽东在《新民主主义论》中就指出了要建设一个新民主主义的新中国，在政权组织形式和建国模式上，他说，"中国现在可以采取全国人民代表大会、省人民代表大会、县人民代表大会、区人民代表大会直到乡人民代表大会的系统，并由各级代表大会选举政府。但必须实行无男女、信仰、财产、教育等差别的真正

普遍平等的选举制，才能适合于各革命阶级在国家中的地位，适合于表现民意和指挥革命斗争，适合于新民主主义的精神。这种制度即是民主集中制。只有民主集中制的政府，才能充分地发挥一切革命人民的意志，也才能最有力量地去反对革命的敌人。'非少数人所得而私'的精神，必须表现在政府和军队的组成中，如果没有真正的民主制度，就不能达到这个目的，就叫做政体和国体不相适应。国体——各革命阶级联合专政。政体——民主集中制。这就是新民主主义的政治，这就是新民主主义的共和国，这就是抗日统一战线的共和国，这就是三大政策的新三民主义的共和国，这就是名副其实的中华民国。我们现在虽有中华民国之名，尚无中华民国之实，循名责实，这就是今天的工作"。[①] 毛泽东在这里明确指出新民主主义的国家是各革命阶级联合专政的国家，这个国家是通过人民代表大会来产生的，贯穿这个国家的基本政治组织原则就是民主集中制。后来建立中华人民共和国的基本框架在这里已经诞生。

1945年，在党的七大上，毛泽东同志在论述政权组织形式的时候进一步指出了人民代表大会制的建国模式，他说，"新民主主义的政权组织，应该采取民主集中制，由各级人民代表大会决定大政方针，选举政府。它是民主的，又是集中的，就是说，在民主基础上的集中，在集中指导下的民主。只有这个制度，才既能表现广泛的民主，使各级人民代表大会有高度的权力；又能集中处理国事，使各级政府能集中地处理被各级人民代表大会所委托的一切事务，并保障人民的一切必要的民主活动"。[②] 从政治的视角来看，中国共产党在抗日战争即将取得决定性胜利的关键时刻提出建立联合政府是为了向国民党分权，结束国民党一党专政，同时建立包括各政党和各阶级的民主联合政府，然后制定宪法，进入民主宪政轨道，这表明中国共产党也愿意在国民党为主导的建国模式框架中与国民党谈判，按照国民党的建国模式来建立代议制民主政府。但是中国共产党作为代表无产阶级利益的列宁主义政党，并没有放弃自己的建国模式和建

---

① 《毛泽东选集》(第二卷)，人民出版社1991年版，第677页。
② 《毛泽东选集》(第三卷)，人民出版社1991年版，第1057页。

国理想，上述这段话表明中国共产党又希望按照人民代表大会制的建国模式来建国。可以说，整个抗日战争时期，这两种建国模式杂糅在一起，基于政治现实，中国共产党愿意在代议制民主的建国模式下与国民党和各民主党派合作建立民主宪政国家，基于政治理想，中国共产党愿意在人民代表大会制的建国模式下建立民主联合政府，建设新民主主义国家。

1946 年，国民党撕毁政协决议向解放区发动全面进攻之后，中国共产党就明确放弃了代议制民主的建国模式，回到人民代表大会制的建国模式中来。1947 年，在粉碎了国民党的重点进攻之后，以开辟大别山革命根据地为标志，中国人民解放战争进入战略反攻阶段，战场中心从解放区向国统区转移，战场优势和战略主动权开始向共产党方向转移。1947 年 10 月 10 日，中国共产党以中国人民解放军总部的名义发布了《人民解放军宣言》，提出了联合各民主党派和全国各界同胞“组成民族统一战线，打倒蒋介石独裁政府，成立民主联合政府”[①]的主张。1948 年，中国共产党认为已经能够彻底打败国民党，同时建立新中国的时机也已经成熟。1948 年 4 月 30 日，中共中央发表了《纪念‘五一节’口号》，提出了 23 条口号，经过毛泽东修改的第 5 条口号指出，“各民主党派、各人民团体、各社会贤达迅速召开政治协商会议，讨论并实现召集人民代表大会，成立民主联合政府”。[②] 从口号的内容来看，它指出的建国程序是：先召开政治协商会议，各党派和团体在中国共产党领导下协商议定召开人民代表大会的基本方案之后就由人民普选产生人民代表，然后召开全国人民代表大会制定新宪法，成立新的民主联合政府。这一程序是人民代表大会制的建国模式。从这个建国模式来看，召开政治协商会议只是召开全国人民代表大会的前奏，其主要任务就是商讨如何召开全国人民代表大会，然后由全国人民代表大会产生政府，建立新国家。因此，相对于全国人民代表大会而言，政治协商会议只是一个小规模的各党派民主协商会议，并不存

---

① 《毛泽东选集》（第四卷），人民出版社 1991 年版，第 1237 页。

② 政协全国委员会办公厅、中共中央文献研究室编：《人民政协重要文献选编》（上），中国文献出版社、中国文史出版社 2009 年版，第 1 页。

在后面的协商建国问题。有读者可能会问，根据前面的模式，标准的人民代表大会制的建国模式是直接召开全国人民代表大会产生政府，没有前面的政治协商会议这一环节。这是因为我国的国体是各革命阶级联合专政，而不是无产阶级专政。在无产阶级专政的情况下，只有一个无产阶级政党而没有其他政党，不需要在召开全国人民代表大会之前举行各党派的政治协商会议。而中国的社会现实是社会分散化和多党的合作协商，所以中国共产党作为主要的革命政党，要团结其他党派来建立民主联合政府，这样就需要先召开有各党派参加的小规模的政治协商会议，各政党协商确定全国人民代表大会召开方案之后再正式召开全国人民代表大会。

根据这种思路，1948 年 5 月 1 日，中共中央向中共上海局和香港分局作出了《关于邀请民主党派来解放区协商召开新政协问题给沪局港分局的指示》（以下简称《指示》），提出“拟邀请李济深、冯玉祥、何香凝、李章达、柳亚子、谭平山、沈钧儒、章伯钧、彭泽民、史良、邓初民、沙千里、郭沫若、茅盾、马叙伦、章乃器、张絅伯、陈嘉庚、简玉阶、施存统、黄炎培、张澜、罗隆基、张东荪、许德珩、吴晗、曾昭抡、符定一、雷洁琼及其他民主人士来解放区开会”。[①] 从《指示》来看，政治协商会议也只是一个由各党派代表参加的小规模会议，会议拟邀请人数还不到 30 人，会议时间也是在 1948 年秋而不是后来确定的 1949 年 9 月，会议主题也只是两项，以讨论召开人民代表大会并成立民主联合政府为主。正如章伯钧所说，“新政协最初筹备时，规模是很小的，只提了高岗、李富春、朱学范、李德全在哈尔滨筹备”。[②]

“五一口号”发布之后，长期遭到国民党打击和压制的各民主党派迅速响应了中国共产党的号召。“五一口号”获得各民主党派和群众团体的热烈拥护，这意味着建国程序已经能够启动，建国模式和建国程序问题从

① 中共中央文献研究室编：《中华人民共和国开国文选》，中央文献出版社 1999 年版，第 135—136 页。

② 农工民主党派中央研究室编：《中国农工民主党派内部参考资料》（第一辑至第五辑），内部研究资料，第 343 页。

以往的规划蓝图逐步转变为政治现实，毛泽东也开始从两种建国模式的高度来全面考虑建国模式和建国程序问题。1948 年 9 月，毛泽东在中共中央政治局会议上的报告中指出，“我们政权的制度是采取议会制呢，还是采取民主集中制？过去我们叫苏维埃代表大会制度，苏维埃就是代表会议，我们又叫‘苏维埃’，又叫‘代表大会’，‘苏维埃代表大会’就成了‘代表大会代表大会’。这是死搬外国名词。现在我们就用‘人民代表会议’这一名词。我们采用民主集中制，而不采用资产阶级议会制。议会制，袁世凯、曹锟都搞过，已经臭了。在中国采取民主集中制是很合适的。我们提出开人民代表大会，孙中山遗嘱还写着要开国民会议，国民党天天念遗嘱，他们是不能反对的。外国资产阶级也不能反对，蒋介石开国两次‘国大’他们也没有反对。德国、北朝鲜也是这样搞的。我看我们可以这样决定，不必搞资产阶级的议会制和三权鼎立等”。① 毛泽东在这里比较了资产阶级议会制、苏维埃制和人民代表大会制这三种建国模式，认为资产阶级议会制和苏维埃制都不适合中国国情，适合中国国情的建国模式是人民代表大会制的建国模式。从这里也可以看出，截至 1948 年 9 月，中国共产党也还是主张人民代表大会制的建国模式，在建国程序上也没有进入协商建国的轨道。在建国程序上进入协商建国的轨道是中国共产党在采纳民主人士建议后而实施的。

“五一口号”获得了各民主党派和群众团体拥护，在中国香港的民主人士在原则上完全拥护中国共产党的主张，但是在政治协商会议召开的具体时间、地点和程序上有了不同意见。1949 年，章伯钧在向农工民主党派汇报人民政治协商会议筹备经过时说，中国共产党“提出了召开新政治协商会议的口号，我们在香港同意了。在原则上可以说完全一致，在具体办法上，有了三个不同意见：一是‘时’，二是‘地’，三是‘人’。关于‘地’有人主张在华北——关以内召开，藉以扩大政治影响，有人主张在东北——沈阳或哈尔滨召开。一般绝对没有估计到军事发展这样快，因此

① 中共中央文献研究室编：《中华人民共和国开国文选》，中央文献出版社 1999 年版，第 13 页。

有人主张把联合政府放在东北；有人为了东北太靠近苏联，为了顾全国际反响，主张把联合政府放在关内。主张前者的人，以为国际反响不值得顾虑。研究召开时间问题，有人主张去年冬在东北召开。关于参加新政协的出席人问题，有人主张以9个党派为基础，再加上人民团体，无党派代表。有的人主张的人数更少，从五六十人到一百人为度；也有人主张以三百人为宜的。关于程序上也有种种不同意见：有人主张马上成立联合政府；也有人同意中共的主张：先召开全国人民代表会议，然后成立联合政府。……总之各有所见，这些意见一起转到中共讨论”。[①]

自1948年8月开始，中国共产党开始陆续组织在香港、上海等地的民主党派代表人士北上哈尔滨。民主人士到达哈尔滨之后，就召开政治协商会议的相关问题进行了进一步的讨论，在建国程序问题上也继续展开了讨论，据胡乔木回忆，“在哈尔滨的民主人士讨论中共中央提出的关于召开新政协诸问题草案时，对如何成立中央政府一项，产生不同意见，有人主张新政协即等于临时人民代表会议，即可产生临时中央政府”。[②]“‘一些民主人士’是谁呢？胡乔木没有点出来。对此，有的学者讲得更为具体：10月下旬，在哈尔滨的民主人士章伯钧、蔡廷锴提出，新政协即等于临时人民代表会议，即可产生临时中央政府，现在对内对外均需要。”[③]民主人士在香港和哈尔滨的讨论及建议将改变中国的建国程序。我们知道，按照人民代表大会制的建国模式，政治协商会议是召开全国人民代表大会的基础，建国程序的核心在于召开全国人民代表大会，然后由全国人民代表大会制定宪法，选举产生政府。民主人士建议把两个程序合二为一，以政治协商会议为全国人民代表大会，由政治协商会议全体会议代行全国人大职权选举产生政府，由于政治协商会议的参与成员是协商产生而不是选举产生的，这就进入协商建国的轨道，而不是原有的人民代表大

---

① 农工民主党派中央研究室编：《中国农工民主党派内部参考资料》(第一辑至第五辑)，内部研究资料，第342页。

② 胡乔木：《胡乔木回忆毛泽东》，人民出版社1994年版，第555页。

③ 杨火林：《新中国建国程序的调整与中国人民政治协商会议的过渡性特点》，《中共党史研究》2004年第6期。

会选举建国的轨道。从现代政治的基本原理来看，协商建国面临着政治合法性问题，因为要获得政治合法性只能通过选举，在选举这一点上人民代表大会制和西方议会制是一致的，所以协商建国之后还是要召开全国人民代表大会通过人民选举来赋予政权合法性。因此，从民主人士的建议来看，我国建国模式总体上还是坚持人民代表大会制的建国模式，但是在具体的建国程序上实行协商建国，由协商产生的社会各界代表人士选举产生政府，然后等时机成熟之后再召开人民代表大会制定宪法，由人民代表选举产生新一届政府。我们把中间这一过渡时期称为协商建国时期，因为按照人民代表大会制的建国模式，只有全国人民代表大会召开之后才标志着建国的正式完成。

民主人士的建议承认了人民代表大会制的建国模式，但是在具体的建国程序上进行了调整，实行协商建国，突出了建国的协商性质，实际上也彰显了民主人士在我国政治体系中的地位和在建国中的巨大作用。在以中国共产党为主导的新的政治协商体系中，这种突出民主人士在建国中作用的做法能否实现，关键在于这种建国程序能否得到中国共产党的赞成。中国共产党基于新民主主义和建立民主联合政府的政治主张，以及现实的社会政治考虑，接受了民主人士的建议。胡乔木回忆道，"中共中央赞同这种意见，在 11 月 3 日给东北局指示电中说：依据目前形势的发展，临时中央人民政府有很大可能不需经全国临时人民代表会议，即径由新政协会议产生"。[①] 1948 年 12 月 30 日，毛泽东在为新华社写的新年献词《将革命进行到底》中正式宣布："一九四九年将要召集没有反动分子参加的以完成人民革命任务为目标的政治协商会议，宣告中华人民共和国的成立，并组成共和国的中央政府。这个政府将是一个在中国共产党领导之下的、有各民主党派各人民团体的适当的代表人物参加的民主联合政府。"[②]这就正式向外宣布了我国建国程序的调整，即由政治协商会

① 胡乔木：《胡乔木回忆毛泽东》，人民出版社 1994 年版，第 555 页。
② 中共中央文献研究室编：《中华人民共和国开国文选》，中央文献出版社 1999 年版，第 105 页。

议直接产生政府。此后毛泽东在邀请民主人士参与建国的信函中都坚持这种提法。此后的建国实践也是按照协商建国的程序进行实际操作。

中国共产党接受民主人士的建议调整建国程序之后，就开始在协商建国的轨道上进行国家建设。所谓协商建国，就是指中央政权是协商产生的代表选举产生，而不是由人民普选产生的代表选举产生，也就是由人民代表大会制的建国模式转到协商建国模式，建国模式的调整和协商建国的确立突出了政治协商会议的政治地位和政治意义，所以必须根据新的建国程序改变原有的规划设计。

首先，在建国实践中，扩大了参加政协的成分、单位和名额，突破了原有的党派协商范围，即中国共产党和各民主党派协商的范围，把参加单位扩大到“包括全中国各民主党派、各人民团体、人民解放军各野战军、各解放区、国内各少数民族及海外华侨”。[①] 其次，政治协商会议全体会议代行全国人民代表大会职权，而召开全国人民代表大会是无产阶级标准的建国模式的核心，因而召开人民政治协商会议全体会议在协商建国中处于异常重要的位置。为了开好政治协商会议全体会议，在会议之前召开了长达三个多月的筹备会议。随后召开中国人民政治协商会议第一届全体会议，由全体会议代行全国人大职权选举产生新政府。会议从 1949 年 9 月 21 日起至 9 月 30 日止。10 月 1 日，选举产生的中央人民政府委员会举行第一次会议，中央人民政府委员宣誓就职，同时任命了人民政府各机构负责人，宣告中央人民政府正式成立。在协商建立政权的过程中，主要包括扩大参加单位、召开新政治协商会议筹备会和召开新政治协商会议第一届全体会议三个程序，完成这三个程序的主体是协商产生的各界代表。按照经典的人民代表大会制的建国模式，其程序应该是选举代表、召开全国人民代表大会、颁布宪法、选举产生政府。因此，从中央层面建立政权的过程体现了鲜明的协商建国的特色。

从政治协商制度建设的角度来看，协商建国激活了政治协商制度，形

---

① 中共中央文献研究室编：《中华人民共和国开国文选》，中央文献出版社 1999 年版，第 157 页。

成了政治协商制度的内在结构。如果按照经典的人民代表大会制的建国模式,人民代表要由广大人民群众普选产生,民主人士能否担任人民代表要以民众的选票多少为依据。如果选票多,就能顺利地当选人民代表;如果选票少,即使再有名望的民主人士也不能当选人民代表。而普通民众也可能由于与民主人士关系较疏远而不选择民主人士,反而选择自己熟悉的身边的人士担任自己的代表,从而难以保证民主人士都参与建国进程,这对民主人士参与建国和中华人民共和国成立后参加国家政权都不利①,但是按照协商建国的程序,代表是协商产生的,不存在广大人民群众选举的问题,只要拥有社会名望和一定的社会代表性,就能参与建政工作,从而推动了民主人士广泛参与协商建国,参加国家政权,进入新建立起来的民主联合政府。"在中央人民政府的 6 个副主席中,有共产党 3 人,民主党派、无党派 3 人;56 个委员中,有共产党 27 人,民主党派、无党派 29 人。"②民主党派和无党派人士在新政权中稳稳占据了半壁江山。

民主党派和无党派人士参与国家政权之后就在人民政府中激活了政治协商制度,建构了政治协商制度的结构。一是决定了我国的政权是统一战线政权,政权内部存在统一战线工作。李维汉指出,"各级政府机关的工作人员中都有统一战线工作。认为政府工作人员中只有工作关系,没有统一战线关系,那自然不对"。③ 二是在政府内建立了政党关系,政

---

① 事实上,第一次全国人民代表大会召开前中国共产党就意识到了这个问题,1953 年中国共产党在第四次全国统战工作会议上专门讨论了人民代表大会条件下民主人士的安排问题,并制定下发了《关于实行人民代表大会制时安排民主人士的意见》,1954 年中央统战又召开了关于人事安排的专业会议,研究制定了关于省、市人民代表大会和省、市人民委员会中民主人士安排的意见。经过研究,中国共产党决定人大代表的选举不采用国外自由竞选的方式,而是由共产党和各民主党派按统筹规划、全面安排的精神协商提名,通过协商提名这样的政治安排,与选民提名相结合,才最终在第一次全国人民代表大会召开后妥善地做好了党外人士的政治安排工作。但是即便如此,党外人士在政府担任实职的数量还是比协商建国时期有所减少,国家副主席和国务院副总理中都没有了党外人士,国务院三十名部长和五名委员会主任中,共产党员二十二人,民主党派和无党派人士十三人,从原来总数的二分之一左右减少到总数的三分之一左右。以后历次人大选举,都按照协商提名和选民提名相结合的模式,保证人大代表和政府中有一定的党外人士,但是都没有回到协商建国时期党外人士占半壁江山的状况,这是由人民代表大会制建国模式所决定的,即使在实际操作中没有彻底地按照普遍、平等、直接和无记名投票的方式进行。

② 《当代中国》丛书编辑部编:《当代中国的人民政协》,当代中国出版社 1993 年版,第 48 页。

③ 李维汉:《回忆与研究》,人民出版社 1981 年版,第 36 页。

府中既有中国共产党，又有民主党派，中国共产党是领导党和执政党，各民主党派接受中国共产党的领导。民主党派成员进入政府担任领导职务后，中国共产党就不能仅仅通过召开党内干部会议进行决策，还要与民主党派领导成员召开会议，协商讨论工作，制定公共政策，在政府中处理好与民主党派的关系。三是在政府内形成了多党合作的政治局面。在政府日常工作中，共产党员既要主动地团结非共产党员，帮助民主党派人士开展工作，又要保证他们有职有权。四是形成民主党派人员参政的局面。民主人士参与政府，担任政府职务，就揭开了民主党派参加国家政权的活动。总之，民主党派人士参加中央人民政府，就形成了政治协商制度的内在结构的一部分，包括政党领导、多党合作和参政。

另一方面，新政治协商会议第一届全体会议选举产生了新政协全国委员会，新政协全国委员会第一次会议"选举毛泽东为第一届全国委员会主席，周恩来、李济深、沈钧儒、郭沫若、陈叔通为副主席"①，李维汉为秘书长；选举毛泽东等 28 人为常务委员。6 个副主席中，党外人士占 5 人，28 个常务委员中，党外人士占 17 人，民主党派和无党派人士在人民政协全国委员会中占大多数，这就推动了人民政协成为政治协商的重要政治平台。这一时期，党际协商也广泛开展，但是还没有制度化。这样就使得政治协商成为政治协商制度内在结构的一个重要组成部分。综上所述，中央层面的协商建国建立了政治协商制度的基本框架，形成了政治协商制度的基本结构，这个结构包括政党领导、多党合作、参政议政、政治协商和政治监督五个方面。

三、协商民主与新中国成立初期的国家治理

土地改革中的协商。在新中国成立初期，中国共产党要建立社会主义社会，就要改变封建土地制度，从而需要进行土地改革。但是地主作为土地改革的斗争对象，又与民主党派有着千丝万缕的联系，因而在土地改

① 《当代中国》丛书编辑部编：《当代中国的人民政协》，当代中国出版社 1993 年版，第 65—66 页。

革过程中，地主必然会向民主党派求援，“在土地改革运动开始的一段时间里，黄炎培收到了许多地主的告状信，由于不明事实真相，他怀着不安的心情向中共中央和毛主席转达了这些意见。毛泽东对黄炎培并未加以简单的批评和指责，而是从爱护的立场出发，耐心地让事实来修正他的认识。1950 年下半年，毛泽东多次写亲笔信，将各地土改材料送黄炎培参阅，还介绍当时任中共苏南区委书记的陈丕显与他见面交谈。黄炎培的作风一向是‘理必求真，事必求是’。在他初步了解基本情况之后，决定下乡去苏南考察。毛泽东对此十分重视和支持，特地致函中共华东局第一书记饶漱石和陈丕显，关照黄炎培到苏南后，望将全面情况和他详谈”。[①] 1951 年 1 月 13 日，黄炎培临行前，毛泽东会见了他，“毛泽东说：你们去看看很好，可以选择好的、差的一二处考察，可以听到各级领导干部、农民、地主富农三方面的意见”。[②] 1 月 19 日，黄炎培一行离开北京，来到苏南农村，深入农村进行土改考察，半个多月的实地调查之后，黄炎培撰写了《访察苏南土改报告》，向中共中央和毛泽东报告考察结果，认为土改基本是办得好的，同时坦率而诚恳地指出，“‘苏南土改不是没有问题’，由于群众在几千年专制高压下一旦解放出来，行动往往容易过火，短期内曾出现过‘乱打乱杀’的现象。所幸的是政府发现后政府立即作了纠正”。[③]

私营工商业社会主义改造中的协商。私营工商业社会主义改造就是要消灭民族资产阶级，而民主党派恰恰是我国民族资产阶级的代表，因而私营工商业的社会主义改造，实际上就是要改变民主党派的阶级属性，剥夺民主党派成员中的剥夺者，使民主人士最终实现“阶级消灭，个人解放”。由于直接牵涉民主人士的自身利益，与三大运动相比，私营工商业的社会主义改造要获得民主党派支持与合作的难度也越大。与此同时，

① 杨荣华主编：《中国民主党派史丛书·中国民主建国会卷》，河北人民出版社 2001 年版，第 141—142 页。
② 《毛泽东年谱》（一九四九——一九七六）（第一卷），中央文献出版社 2013 年版，第 280 页。
③ 杨荣华主编：《中国民主党派史丛书·中国民主建国会卷》，河北人民出版社 2001 年版，第 142—143 页。

取得民主党派的支持与合作更是改造成功的关键，在这种情况下，毛泽东与民主党派中的工商界人士的约谈协商也最多。

早在 1950 年 10 月，毛泽东就致信陈叔通，指出"全国有五百万工商户，其中商业行户大约有三百万，在整个经济事业由旧的轨道转入新民主主义轨道中，当有一大批商行和手工业需要转业和改组，这是不可避免的"[①]，为私营工商业社会主义改造造势。在进行私营工商业社会主义改造的过程中，毛泽东多次与黄炎培、陈叔通等通信，并多次与工商界的民主人士约谈。1953 年 9 月 7 日，在大范围进行私营工商业社会主义改造之前，毛泽东在中南海颐年堂同民主党派和工商界的部分人士李济深、陈叔通、黄炎培、张治中、傅作义、李烛尘、章伯钧、程潜、章乃器、盛丕华谈话，"毛泽东系统说明经过国家资本主义完成对私营工商业社会主义改造的形式、方法、时间和利润分配等"[②]，回答了工商界民主人士心中的疑惑。9 月 15 日，毛泽东又"约盛丕华、荣毅仁、胡厥文、郭棣活、包达三五人在中南海怀仁堂谈话并共进晚餐"。[③] 毛泽东说："我过去在重庆说过一句话：'中国民族资产阶级和无产阶级具有同一命运'，他们均受帝国主义、封建主义的压迫。过去在革命中中立过、参加过，从历史上看，现在从企业情况看，我们没有理由排斥他们。"[④]阐明了中国共产党与民主党派一道进入社会主义的立场。经过反复协商解释，有的民主人士把私营工商业的社会主义改造概括为"像剃头一样，只要不乱动，不会流血"。

在中国的政治体系中，协商民主不是孤立存在的，它既与中国近代以来的共和民主传统和人民民主实践形成了深刻的契合关系，又与中国共产党的统一战线、群众路线相伴相随、荣辱与共；既与中国共产党领导的多党合作和政治协商制度的运行互为表里，又与中国基层民主的实践有

① 《毛泽东年谱》(第一卷)，中央文献出版社 2013 年版，第 263 页。
② 《毛泽东年谱》(第二卷)，中央文献出版社 2013 年版，第 159 页。
③ 同上书，第 165 页。
④ 同上书，第 166 页。

机统一。这决定了在中国国家建设和政治发展中，协商民主既是一种人民民主的实践形式，同时也是党的领导、国家建设与社会发展的重要平台与机制。因此，协商民主在中国所承载的功能必然要大大超越协商民主本身，成为同时支撑党、国家与社会的制度力量。

第三专题　为什么要依法治国

学习中国共产党的治国理政经验，一方面，能够借助历史学的研究方法，将我们党治国理政过程中一些具体做法还原到当时的历史场景中，从而理解为什么会有这样的历史选择；另一方面，透过这些具体的经验，找到蕴含其中的治国理政的一般性经验，将其放置到当下的语境中，为当下转型提供有益的思考，回应我们可以向何处去的问题。党的十八届四中全会进一步确立和重申了“法治”作为治国理政的基本方式。事实上，改革开放以来，我们党一贯高度重视法治。1978 年 12 月，邓小平同志就指出：“应该集中力量制定刑法、民法、诉讼法和其他各种必要的法律，例如工厂法、人民公社法、森林法、草原法、环境保护法、劳动法、外国人投资法等等，经过一定的民主程序讨论通过，并且加强检察机关和司法机关，做到有法可依，有法必依，执法必严，违法必究。”[①]党的十五大提出依法治国、建设社会主义法治国家，强调依法治国是党领导人民治理国家的基本方略，是发展社会主义市场经济的客观需要，是社会文明进步的重要标志，是国家长治久安的重要保障。党的十六大提出，发展社会主义民主政治，最根本的是要把坚持党的领导、人民当家作主和依法治国有机统一起

① 习近平：《关于〈中共中央关于全面推进依法治国若干重大问题的决定〉的说明》（2014 年 10 月 28 日），中国人大网，http://www.npc.gov.cn/zgrdw/npc/zt/qt/sbjszqh/2014－10/29/content_1883447.htm，最后浏览日期：2022 年 8 月 16 日。

来。党的十七大提出，依法治国是社会主义民主政治的基本要求，强调要全面落实依法治国基本方略，加快建设社会主义法治国家。党的十八大提出，法治是治国理政的基本方式，要加快建设社会主义法治国家，全面推进依法治国。十八届四中全会通过的《中共中央关于全面推进依法治国若干重大问题的决定》进一步指出，依法治国，是坚持和发展中国特色社会主义的本质要求和重要保障，是实现国家治理体系和治理能力现代化的必然要求，事关我们党执政兴国，事关人民幸福安康，事关党和国家长治久安。全面建成小康社会、实现中华民族伟大复兴的中国梦，全面深化改革、完善和发展中国特色社会主义制度，提高党的执政能力和执政水平，必须全面推进依法治国。在十九大报告中，习近平总书记进一步强调了依法治国的重要性，他指出，全面依法治国是中国特色社会主义的本质要求和重要保障。必须把党的领导贯彻落实到依法治国全过程和各方面，坚定不移走中国特色社会主义法治道路，完善以宪法为核心的中国特色社会主义法律体系，建设中国特色社会主义法治体系，建设社会主义法治国家，发展中国特色社会主义法治理论，坚持依法治国、依法执政、依法行政共同推进，坚持法治国家、法治政府、法治社会一体建设，坚持依法治国和以德治国相结合，依法治国和依规治党有机统一，深化司法体制改革，提高全民族法治素养和道德素质。

一、新时代社会主要矛盾与法治

中国共产党第十九次全国代表大会指出，新时代我国社会主要矛盾是人民日益增长的美好生活需要和不平衡不充分的发展之间的矛盾，必须坚持以人民为中心的发展思想，不断促进人的全面发展、全体人民共同富裕。伴随着中国经济取得举世瞩目的成就，中国社会在不断发展的同时也面临新的问题：蛋糕做得足够大之后，如何分配蛋糕等社会正义问题凸显。习近平总书记指出，我们中国共产党人干革命、搞建设、抓改革，从来都是为了解决中国的现实问题。面对新时代的主要矛盾，法治作为治国理政的基本方式有其独特的治理优势。法治对于现代公共领域的最大价值在于，不论人们的思想有多么多元，观念有多少差异，利益有多少分歧，由于法律的公开性、稳定性、科学性、公平性、公正性，事实上构建了一套建立在“权利”基础上的共同话语体系，使得不同的社会主体有了对话的可能性，使得多元的利益能够在法律规则的调整下实现有序共存。正如习近平总书记在《关于〈中共中央关于全面推进依法治国若干重大问题的决定〉的说明》中所指出的，法律是治国之重器，法治是国家治理体系和治理能力的重要依托。全面推进依法治国，是解决党和国家事业发展面临的一系列重大问题，解放和增强社会活力、促进社会公平正义、维护社会和谐稳定、确保党和国家长治久安的根本要求。要推动我国经济社会持续健康发展，不断开拓中国特色社会主义事业更加广阔的发展前景，就必须全面推进社会主义法治国家建设，从法治上为解决这些问题提供制度化方案。

伴随着党对法治工作的重视，我国的法治建设取得了长足的进步。截至 2020 年 8 月，我国现行有效法律 279 件、行政法规 600 余件；制定国家安全法、网络安全法等，坚决维护国家安全与核心利益；赋予所有设区的市地方立法权。从中央到地方的完整立法体系日渐形成，2020 年 5 月，被誉为“新时代人民权利宣言书”的中国民法典诞生。以良法促善治，助推国家治理体系和治理能力不断跃升。同时，依据《中共中央关于全面推进依法治国若干重大问题的决定》，我国进行了广泛的法治建设改革措施，积极发展社会主义民主政治，推进全面依法治国，党的领导、人民当家作主、依法治国有机统一的制度建设全面加强，党的领导体制机制不断完善，社会主义民主不断发展，党内民主更加广泛，社会主义协商民主全面展开，爱国统一战线巩固发展，民族宗教工作创新推进。科学立法、严格执法、公正司法、全民守法深入推进，法治国家、法治政府、法治社会建设相互促进，中国特色社会主义法治体系日益完善，全社会法治观念明显增强。国家监察体制改革试点取得实效，行政体制改革、司法体制改革、权力运行制约和监督体系建设得到有效实施。以上成果的背后是中国共产党在法治发展过程中积累的众多经验，其中坚持党的领导、人民当家作主、依法治国有机统一是我国社会主义法治的突出特征和经验所在。党的领导是人民当家作主和依法治国的根本保证，人民当家作主是社会主义民主政治的本质特征，依法治国是党领导人民治理国家的基本方式，三者统一于我国社会主义民主政治伟大实践。在我国政治生活中，党是居于领导地位的，加强党的集中统一领导，支持人大、政府、政协和法院、检察院依法依章程履行职能、开展工作、发挥作用，这两个方面是统一的。在具体的实践中，我们的党也积累了众多的实践经验，其中，马锡五审判方式是被反复提及的经验之一。

二、中国法律治理的经验：马锡五审判方式

马锡五审判方式是抗日战争时期，马锡五同志任陕甘宁边区高等法院陇东分庭庭长时创造的审判方式，是一种“审判与调解结合”的司法审判方式。其主要内容是简化诉讼手续，实行巡回审判、就地审判，在审判中依靠群众、调查研究，解决并纠正疑难与错案，使群众在审判活动中得到教育。最主要的特征就是“负责审判责任的人走出法庭，携卷下乡，亲到争讼地点，不拘形式就地在群众的参与之下，解决问题”，尤其注重倾听群众对案件的看法，注重“调解结案”的审判方式，这一方式在边区政权所辖范围内得到普遍推广。

（一）马锡五审判方式产生的历史背景

陕甘宁边区地处黄土高原，山峦连绵，沟壑纵横；地瘠民贫，民风剽悍，自古以来就是盗匪出没之地。在民国时期，因封建军阀的野蛮掠夺，反动政府的横征暴敛，土豪劣绅的残酷剥削，社会民不聊生，特别是抗战爆发后，八路军开赴前线，日本帝国主义有计划地收买、勾结、组织和利用边区以外的土匪进攻边区政府，陕甘宁边区的治安和相关社会问题十分严峻。1937 年，全面抗日战争爆发后，为建立和巩固抗日民族统一战线，在中国共产党领导下，成立了陕甘宁边区政府，进而又成立了陕甘宁边区高等法院，统一管理边区的审判工作和司法行政工作。由于当时复杂的社会形势致使各种社会矛盾频发，边区政府、基层组织和人民法院都面临

着因矛盾纠纷大量涌现而带来的社会压力。面对日益增多的矛盾纠纷,如果单纯依靠诉讼程序来化解,法院将不堪重负,而如果缺乏法院的指导和参与,基层组织和社会力量也难以及时有效地解决纠纷。

相对于频发的社会矛盾,更大的挑战在于边区的司法工作实践面临着法律传统及现实制度资源严重匮乏的困境。边区政府废除了国民党有关法律制度在边区的适用性,这就导致国家法资源的严重匮乏。如绥德县司法处在 1945 年的总结材料中就指出:“自新政权建立后,对司法制度方面关于民事诉讼法,没有具体的法律制度。”“我们处理案件除婚姻、土地租佃尚有条例可以遵照外,其他问题尤其刑事部分就没有所根据,以致处理时无所适从。”这里所说的婚姻、土地租佃条例主要依据的是中华苏维埃共和国时期制定的土地法、劳动法、婚姻法。在陕甘宁边区政府时期,除了国家法资源缺乏之外,既有的法律资源在司法实践中又存在着与民间习惯冲突的问题,尤其是在民间习惯集中的土地和婚姻领域。1939 年颁布的《陕甘宁边区婚姻条例》明确规定:“男女婚姻以本人之自由意志为原则”,“实行一夫一妻制”,这些现代性法律原则都与当时的民间传统婚姻习惯存在着根本的冲突,国家法试图贯彻的观念对于群众而言是陌生的。

除了诉讼压力和制度的匮乏问题外,当时的边区政府还面临着严重的经济压力。抗日战争进入相持阶段后,由于日本帝国主义将主要军事力量转向对付共产党和敌后抗日根据地,对国民党则采取以政治诱降为主、军事进攻为辅的方针。蒋介石开始消极抗战、积极反共,连续发动了三次反共高潮,特别是 1941 年制造了震惊中外的“皖南事变”,随后又完全停发了八路军每年 60 万元的军饷,边区社会秩序面临各种危机和困境。与此同时,日军向各根据地发动了大规模的疯狂进攻与扫荡,造成边区财政金融的极度困难。为了渡过难关,边区政府实行“精兵简政”,司法人员也随之减少,从而出现了法律资源极为短缺的状况。为了便利群众上诉,节省人力、财力,边区政府采取了设立高等法院分庭就近受理纠纷,行政官员兼任司法官员,以及大力倡导调解结案的司法政策,以节省解决纠纷的成本。关于司法机关与同级人民政府的关系问题,边区政府明确规定为：各级司法机关是同级政府的组成部分，在同级政府统一领导下进行工作。同时，实行专员兼分庭庭长和县长兼司法处处长的制度。

总之，边区政府司法工作面临的困境和特殊任务决定其没有现成的模式可以搬用，只能在实践中结合实际进行探索和尝试。这既使边区政府的司法工作面临严峻的考验，也为我们党开始探索符合中国实际的司法模式提供了契机。马锡五审判方式就是在这样的历史条件下产生的。

(二) 马锡五审判方式的特点

1. 不强调诉讼程序本身的形式限制，实行简便利民的诉讼程序。

面对陕甘宁边区特殊的经济困难，也为了同国民党旧法院的诉讼手续相区别，同时还考虑解决民众纠纷中的现实困难，为便利民众诉讼，司法机构力求诉讼手续简单。马锡五在《陕甘宁边区高等法院工作报告》中指出："自苏维埃时期直至现在免除讼费，我们的司法工作的任务是在保护人民的利益，使劳动人民不受到无理的压迫、剥削和侵害，并照顾各阶级利益，故我们对诉讼当事人不加任何限制。诉讼当事人要求司法机关代书呈状等，即无条件地代为缮写；诉讼当事人要求抄录口供或验伤单者，亦无条件地代为抄录。这不仅是减轻人民诉讼负担，而且人民亦不为诉讼所累。"

马锡五在审判实践中认真执行以上司法政策，他每年都有计划地带上案件深入农村，经常下乡巡回审判，就地审讯，在处理案件过程中，还结合中心工作，帮助农民生产，深入调查，给下级司法机关解决疑难问题，在群众中进行法纪宣传。1944 年 3 月 13 日《解放日报》发表《马锡五同志的审判方式》一文对此进行报道：他(马锡五)的诉讼手续是简单轻便的，审判方式是座谈式而不是坐堂式的。不敷衍，不拖延，早晨，晚上，山头，河边，群众随时随地都可以要求拉话，审理案件。很多案件都是当事人在路上碰到马锡五同志，拉住他，在一棵树下告的状。而马锡五同志自己，每年总要往各县巡视工作数次，在巡视过程中，必严密检视监狱，查问犯人，遇有可以改造者，即令交保释放，以便增加我边区劳动力，增强生产。因此，他是真正"民间"的，而不是"衙门"的，真正替人民服务，而不是替人民制造麻烦的。

2. 实现审判与调解相结合，在审判中注重倾听群众的意见。

谢觉哉在1944年6月起草的《边区政府关于普及调解、总结判例、清理监所的指示信》中说："审判与调解结合，即马锡五同志的审判方式。"马锡五断案，不是简单地依法一判了事，而是根据不同的对象，针对当事人的特点和心理状态，根据具体案情，将调解和审判结合起来，设身处地地向当事人讲明利害关系，着重扭转当事人的对立情绪。

案件的处理从调查到审讯都是密切联系群众进行的。凡属调解范围的案件，就在裁判员掌握下或交由群众调解结案；凡不能调解或调解不成的案件，就把调查研究的情况放在群众中进行酝酿，是非曲直摆在明处，取得多数人思想认识一致后，再行判决。华池县封捧儿与张柏的婚姻上诉案就是这样的典型案例。封捧儿是陕甘宁边区陇东分区华池县居民封彦贵的女儿，在3岁时由封彦贵包办，与张金才的次子张柏订了"娃娃亲"。到了1942年，封捧儿长大成人，封彦贵为了多捞聘礼，一面以"婚姻自主"为借口，要求与张家解除婚约，一面却以法币2 400元、硬币48元暗中把女儿许给南源张某为妻。张金才闻信后向县政府告发，县司法处撤销了后一婚约。1943年2月，封捧儿在吃喜酒时经人介绍认识了张柏，两人彼此印象不错，封捧儿表示愿意与张柏结婚。不料其父却在同年3月，又以法币8 000元、硬币20元、哔叽布4匹，把她许给庆阳财主朱寿昌为妻。封捧儿暗中将此情告知张家。张金才得知后，当即纠集其弟等20多人，携带棍棒，夜奔40余里，闯入封家将封捧儿抢回成亲。封彦贵得知后立即控告到县司法处，司法处认为聚众抢亲是违法的，当即追捕抢亲人犯，将张金才、张金贵等人先后拘捕。张柏和封捧儿先躲起来，后决定投案自首。县司法处于1943年5月3日以"抢亲罪"判处张金才有期徒刑6个月，并宣布张柏与封捧儿的婚姻无效，彩礼没收。宣判后，原被告双方都表示不服，封彦贵因对张金才判刑太轻而要求上诉，封捧儿更是坚决反对，附近群众也很不满意，适逢马锡五到华池县巡视工作，封捧儿便向他口头上诉。

马锡五受理此案后，首先向附近干部和群众了解情况，又询问了封捧儿的真实想法，了解到她和张柏的婚姻完全是两人自愿的。基本掌握案件事实后，马锡五便同司法处裁判员举行群众性的公开审判，将此案有关人员召集起来，当众问明封彦贵屡卖女儿、张金才等纠众抢亲皆为属实，封捧儿也当众表明愿与张柏结婚。然后又听取到场群众对本案的意见，在此基础上结合群众意见，陇东分庭于1943年7月1日宣布二审判决：(1) 原判决撤销；(2) 张金才聚众抢婚罪判处有期徒刑二年零六个月；(3) 张金贵实行抢婚罪判处有期徒刑一年零六个月；(4) 张德赐附合抢婚罪判处劳役三个月；(5) 封彦贵屡行出卖女儿包办婚姻判处劳役三个月；出卖女儿的法币七千余元没收；(6) 封捧儿与张柏双方都同意结婚，按照婚姻自愿原则，其婚姻有效。

这样的判决是非分明，既合乎法律原则，又顺乎人情法理，调解与审判相结合，既确保了政府政策法令的实施，又照顾了群众生活习惯，同时也与以自愿为原则的调解相结合，宣判之后受罚者认为自己罪有应得，表示服判，胜诉者皆大欢喜，群众一致拥护。除了判决效果良好，还有效地宣传了国家法（婚姻法）婚姻自由、禁止买卖婚姻等现代观念，实现了国家法对传统习惯的有效矫正。更重要的是，政府和人民共同断案，人民有效践行了民主，懂得了道理，学会了调解，大大减少了未来争讼的可能，在审判中贯彻了民主的精神，取得了良好的社会治理效果。

(三) 马锡五审判方式中的治理经验

马锡五参与的大量日常审判经验，经过延安时期一批司法工作者的收集和整理，构成了作为一种司法模式的“马锡五审判方式”。1943年，谢觉哉与马锡五多次详谈，了解其审判方式，将其经验写入随后为边区政府代拟的《边区政府关于普及调解、总结判例、清理监所的指示信》。之后，林伯渠将马锡五审判方式写入《政府工作报告》，产生了更为广泛与持久的影响。[①] 在对马锡五审判方式的经验进行总结时，一般认为，其最重

① 韩伟：《马锡五审判方式的历史情景及现实价值》，《人民法院报》2016年9月2日。

要的治理经验就是将我们党一贯强调的群众路线经验落实到了司法实践中。

1. 司法中的群众路线

群众路线是党在长期革命和建设过程中总结出来的经验和制胜的法宝所在。毛泽东在《关于领导方法的若干问题》中就指出:“在我党的一切实际工作中,凡属正确的领导,必须是从群众中来,到群众中去。这就是说,将群众的意见(分散的无系统的意见)集中起来(经过研究,化为集中的系统的意见),又到群众中去作宣传解释,化为群众的意见,使群众坚持下去,见之于行动,并在群众行动中考验这些意见是否正确。然后再从群众中集中起来,再到群众中坚持下去。如此无限循环,一次比一次地更正确、更生动、更丰富。这就是马克思主义的认识论。”[①]此外,毛泽东在《论联合政府》一文中进一步阐述了党的群众路线的核心内容,他指出:“我们共产党人区别于其他政党的又一个显著的标志,就是和最广大的人民群众取得最密切的联系。全心全意地为人民服务,一刻也不脱离群众;一切从人民的利益出发,而不是从个人或小集团的利益出发;向人民负责和向党的领导机关负责的一致性;这些就是我们的出发点。”

1943年,毛泽东同志曾题字“马锡五同志:一刻也不离开群众”,指出了马锡五审判方式的实质。就地审判、调解等某些形式特征并非马锡五审判方式的原创,密切联系群众、坚持走群众路线才是其取得良好社会效果、赢得群众满意和拥护的根本原因。早在1945年,王子宜就提出,“我们提倡马锡五审判方式,是要求学习他的群众观点和联系群众的精神,这是一切司法人员都应该学习的;而不是要求机械地搬用他的就地审判的形式。因为任务形式是要依据具体情况和具体需要来选择的”。[②] 马锡五审判方式一改坐堂问案的“衙门作风”,走出法庭,走向田间地头,让司法者进入乡土社会,深入人民群众,进而了解案件真实情况,体会百姓生

① 《毛泽东选集》(第三卷),人民出版社1991年版,第899页。

② 王子宜:《边区推事审判员联席会议总结》,陕西省档案馆,全宗号15,案卷号70。转引自肖周录、马京平:《马锡五审判方式新探》,《法学家》2012年第6期。

活疾苦。正如马锡五自己所言，我们不再采用“坐大堂问案”的方式，而是根据不同的案件，采取群众路线的审判方式。马锡五审判方式生动阐释了党为人民服务的宗旨，丰富和发展了群众路线的理论和实践，成为中国司法文化的有机部分。

群众路线的实质，就是代表人民群众，为人民谋利益，就是要执政为民。中国共产党的革命和建设时期的经验都表明，坚持群众路线，就能保证党与群众的血肉联系，保证党的各项工作的成功，历史经验充分表明：党的成长与壮大、革命的胜利与发展，都与群众路线息息相关。正是如此，十九大报告进一步指出：人民是历史的创造者，是决定党和国家前途命运的根本力量。必须坚持人民主体地位，坚持立党为公、执政为民，践行全心全意为人民服务的根本宗旨，把党的群众路线贯彻到治国理政全部活动之中，把人民对美好生活的向往作为奋斗目标，依靠人民创造历史伟业。

2. 作为一种合法性生成机制

马锡五审判方式从司法的角度丰富和发展了党的群众路线理论和实践，但是，事实上马锡五审判方式的贡献超越了司法领域，对于当时政治合法性的构建也作出了举足轻重的贡献。中国近代的革命主要有两项紧迫任务，对外解决民族独立，对内解决政权合法性问题。合法性就是指社会对国家所维系的统治秩序的认可或同意。传统的合法性依赖儒家模式，士绅阶层作为国家与乡村社会沟通的中介和渠道，帮助国家建立起了其统治秩序的合法性。绅士一方面受过正统的官方意识形态的教育，恪守儒学传统，成为国家制度的维护者和执行者；另一方面又是乡村社会之利益维护者，公益事业的维护者，士绅阶层担当了国家与社会的沟通中介，从而使得国家政权在乡村社会建立起合法性，又对国家权力形成一定制约。与此秩序相对应的国家正式法的作用是消极的、防御的，更多地依赖于市民社会本身的秩序，国家正式法更多的是认可、支持、鼓励和保护民间习惯法的发展。但是，这样的模式，在清朝被彻底打破。清政府的衰亡不仅仅是一个王朝的崩溃，更是一个延续一千多年的统治秩序的衰亡。

18 世纪后半叶之后，手工业和商业迅速发展，一个颇具实力的商人阶层逐渐形成，商人通过购买获得绅士头衔，传统绅士随着洋务运动而大规模地投身于商业、工业等经济领域，因此形成绅商阶层。这一切都引起了传统稳定的绅士阶层的分裂，儒家模式出现危机。封建军阀、无产阶级和秘密社会的兴起，不仅削弱了国家对社会的控制能力，而且最终成为摧毁这一合法化秩序的潜在力量。晚清以来的西法东渐运动更是加剧了这种合法性危机。从西方移植而来的法律作为国家的大传统与传统文化中的小传统之间发生断裂，国家推行的正式制度与社会中生成的非正式制度之间发生断裂。这种制度断裂意味着国家在社会中陷入合法性危机。

国民党试图从外部将自己的代理人植入村庄，重塑一个独立于旧式乡村精英的新式精英阶层，以构建其政治合法性。当时国民党行政编制主要是乡和区，法律上严格限定参选乡保甲长以及区长选人条件，并对当选者实施严格的官僚控制。这些阶层受过新式教育，对新政权更有向心力，但是这种理性化、官僚化的垂直整合，未能实现有效的社会动员，乡村社会事实上依然掌握在旧式精英手中，新植入的精英阶层无法作为沟通国家与乡村的中介，不仅无法构建统治的正当性和合法性，还最终导致国家政权内卷化。[①]

与国民党从外部植入精英而推行自上而下的官僚化不同，中国共产党找到了有效的乡村动员机制。共产党提供了划分身份类别的经济标准，使得原有的地主、富农等旧式地方精英失去了统治村庄的基础，同时也将宗教组织、家族组织等传统的权力文化网络皆作为封建的、剥削的典型予以清除，这就为新的农村社会的代理人的培育扫清了道路。1933 年，中共苏区就以“村”为单位成立劳动互助社，一方面给农民带来利益，另一方面从农民当中选择主任，党组织在其中引导这些乡村组织的运作，这就建立了乡村与国家之间新的沟通机制——创造一个忠实于国家的组织，而这一组织又牢固地扎根于自然村之中。国民党非常强调国家法制

① 参见强世功：《法制与治理：国家转型的法律》，中国政法大学出版社 2003 年版。

的统一，但是国家法的推行本身是有成本的，尤其对于一个存在强大民间小传统的国家来说。因此，共产党的做法就在于转而寻求与民间法进行合作，将推行国家法的成本分摊到民间法。马锡五采取的审判与调解相结合的方式就是在调解的过程中，利用习惯法，即民间的舆论和人情的压力而使国家法得到有效的实施。国家法正是在与民间法的合作过程中，使乡村社会将其理解为与自己利益一致的，与自己认知经验一致的规范，从而使得以国家法为代表的新政权获得民众的认可，这就使得调解本身已经发展成为一种社会动员的工具，承担了相关的政治功能。[①] 以边区政府对于婚姻纠纷的处理为例，国家法关注的是“婚姻本质”，也就是说，国家法要坚决贯彻的是一夫一妻制、婚姻自由和婚姻登记等制度，至于是否收受彩礼则留由习惯法、民间法来决定。彩礼的非法性在当时属于新的观念和制度，新的法律制度要深入乡村社会得到彻底实施，要解决的不仅是一个法律问题、观念问题、习俗问题，更是一个乡村社会所面临的政治、经济和文化的整体性问题，要求对乡村社会进行全面的革新和治理。如果这个纳入新的理念和制度的过程过于剧烈、过于匆忙，不给民间习惯法保留空间，国家法一意孤行，必然会有冲突，会引起“对政府不满”，无形中发生一种离心力，导致国家政权建设失败。

1942 年，赤水县政府二届二次议员大会通过“严禁买卖婚姻”法律议案。但在该法律议案的实施中，政府发现“暗中偷卖、偷买仍然发生”。赤水县查出几起买卖婚姻案，但买卖婚姻的得款“是否由公家没收”并没有法律上的明确规定，故上报边区政府，边区政府将呈文移边区高等法院。边区高等法院《对于赤水县询问买卖婚姻价值款应否没收问题的意见》指出：

制度的改善，是要随一般的教育文化生活的提高，方能得到实际的效果，如果文盲生活，尚未达到某一阶段，而骤然绳以严峻的法律，就会发生以下的事态：（1）公布的法律与隐蔽的事实，有完全处于相反的趋势，结果，不合法的事实，并不能减少，而法律徒成为扰民之具；（2）尤其是在边

① 参见强世功：《法制与治理：国家转型的法律》，中国政法大学出版社 2003 年版。

区的环境，与顽区相接近，政府取缔检查如果过严，一般无知的人民，容易对政府引起不满，无形中发生一种远心力，离避边区，去到顽区作婚姻买卖行为，所谓为丛驱雀，是值得注意的；(3) 婚姻上的聘礼，在法律上势难予以一定数目的限制，富家多出，贫家少出。目前边币贬值，一万元边币，合之从前现银，不过值得三四百元，表面数目虽大，实际上不过够办衣物首饰数事，我们如果硬指为是买卖婚姻的代价，是不足以折服人的，因此，在审判上关于这类的事件，是采取以下的适应方法：(1) 是以非亲告不理为原则；(2) 如果发生纠纷，成为诉讼，法院只审查他们的婚姻本质上有无瑕疵，如男女婚姻资格，是否重婚，年龄是否相当，女方是否同意，手续是否全事，是否威胁、抢夺、诱骗。如婚姻本质上无瑕疵，聘礼数目虽多，亦是有效。如有瑕疵，即应宣告婚姻无效，聘礼返还不予没收。①

在当时的情况下，尤其是在战争的紧迫状态下，共产党的迫切任务就是要将人民动员起来，这就决定了陕甘宁边区司法机构除了所承担的定分止争的司法任务外，还必须承担起动员群众、稳定社会秩序和巩固政权、集中力量抗日的政治任务。陕甘宁边区各级法院所承担的政治任务意味着教育人民认同、爱护、拥护边区人民政权，遵守革命秩序，积极参加抗日救国事业远比推行统一的法制理念这一单纯的法制目标来得更为重要。这一考虑恰恰是共产党在司法实践中强调调解的原因，调解意味着可以不“依法判决”，允许实践背离一些法律规定，以适应现实环境，但是也没有因此影响既成法律的权威。更重要的是，调解造就了一种执政党与民众之间平等对话的氛围，通过让群众有效地参与判决的制作过程中，以民主参与、人民当家作主的方式，塑造了一种完全不同于传统司法的新的司法形象。这样的审判方式很受群众欢迎，它不仅减轻了群众的诉讼负担，有效地承担起解决纠纷的任务，而且也增强了民众对司法解决纠纷的接受度，因而也促进了民众在纠纷解决中由“自力救济”向“公力救济”的法制

---

① 《高等法院对于赤水县询问买卖婚姻价值款应否没收问题的意见》，载陕西省档案馆、陕西省社会科学院合编：《陕甘宁边区政府文件选编》(第六辑)，档案出版社 1988 年版。转引自汪世荣：《陕甘宁边区高等法院推行婚姻自由原则的实践与经验》，《中国法学》2007 年第 2 期。

思维转变。此外,马锡五便民的工作方式,树立了边区政府在群众心目中的积极形象,进而巩固了边区政权,有效构建了中国共产党统治的合法性。

马锡五审判方式中的法律已经溢出了自身的领域,进入整个社会治理实践中,当时的治理过程中,司法判决成为对社会进行治理的最有效场所或管道,通过司法调解,将政治意图有效地传达给人民大众。按照黑格尔的观点,司法是跨越了国家和社会的,它既不属于国家,也不属于社会,是一个在国家和社会之间予以履行纠纷裁断的机关。这表明,从一定程度上讲,司法既不属于纯粹的市民社会,也不属于纯粹的政治国家,而是沟通政治国家和市民社会的一个非常重要的途径和方式。如果没有注意到司法的这一定位,没有注意到司法的政治功能和影响,那么将无助于一个国家的政治发展,更为严重的是,司法可能不仅不能解决社会矛盾和纠纷,反而成为社会矛盾和纠纷的制造者。

三、马锡五审判方式与依法治国

马锡五审判方式不仅在当时资源极其匮乏的情况下为矛盾纠纷的解决探索出了有效的路径,同时也为巩固当时的边区政权,构建其政治合法性发挥了不可替代的作用,呈现了我们党在治理过程中走群众路线的人民司法和“作为政治的司法”的经验所在。尽管如此,客观而言,马锡五审判方式之所以在20世纪40年代取得巨大的成功,是与特定的历史情境分不开的。这种发源于乡土社会更多诉诸情理的、深入田间非正式的司法审判方式,在今天受到了各种各样的质疑。马克斯·韦伯(Max Weber)对于卡迪司法的批判就被很多人用来批判马锡五审判方式的弊端。但是,正如上文所指出的,马锡五审判方式真正的经验在于对于群众路线的落实及其政治功能的发挥,这些经验对于今天的司法改革、司法实践依然具有良好的指导意义和启示。十八届四中全会所作出的《中共中央关于全面推进依法治国若干重大问题的决定》(以下简称《决定》)中有关司法改革的一些举措安排,事实上就是对马锡五审判方式经验的汲取和延续。马锡五审判方式的经验可以在以下几点围绕立法、司法和行政的改革举措中被发现、被延续。

(一) 立法过程中注重群众的参与

《决定》要求健全立法机关和社会公众的沟通机制,开展立法协商,充分发挥政协委员、民主党派、工商联、无党派人士、人民团体、社会组织在立法协商中的作用,探索建立有关国家机关、社会团体、专家学者等对立法中涉及的重大利益调整论证咨询机制。拓宽公民有序参与立法的途径,健全法律法规规章草案公开征求意见和公众意见采纳情况反馈机制,广泛凝聚社会共识。

(二) 保障人民群众参与司法

《决定》要求坚持人民司法为人民,依靠人民推进公正司法,通过公正司法维护人民权益。在司法调解、司法听证、涉诉信访等司法活动中保障人民群众参与。完善人民陪审员制度,保障公民陪审权利,扩大参审范围,完善随机抽选方式,提高人民陪审制度公信度。逐步实行人民陪审员不再审理法律适用问题,只参与审理事实认定问题。构建开放、动态、透明、便民的阳光司法机制,推进审判公开、检务公开、警务公开、狱务公开,依法及时公开执法司法依据、程序、流程、结果和生效法律文书,杜绝暗箱操作。加强法律文书释法说理,建立生效法律文书统一上网和公开查询制度。

(三) 推进多层次多领域依法治理

《决定》要求坚持系统治理、依法治理、综合治理、源头治理,提高社会治理法治化水平。深入开展多层次多形式法治创建活动,深化基层组织和部门、行业依法治理,支持各类社会主体自我约束、自我管理。发挥市民公约、乡规民约、行业规章、团体章程等社会规范在社会治理中的积极作用。发挥人民团体和社会组织在法治社会建设中的积极作用。建立健全社会组织参与社会事务、维护公共利益、救助困难群众、帮教特殊人群、预防违法犯罪的机制和制度化渠道。支持行业协会商会类社会组织发挥行业自律和专业服务功能。发挥社会组织对其成员的行为导引、规则约束、权益维护作用。加强在华境外非政府组织管理,引导和监督其依法开展活动。

此外,《决定》要求最高人民法院设立巡回法庭,审理跨行政区域重大行政和民商事案件;探索设立跨行政区划的人民法院和人民检察院,办理跨地区案件;改革法院案件受理制度,变立案审查制为立案登记制,对人民法院依法应该受理的案件,做到有案必立、有诉必理,保障当事人诉权。这些改革措施在服务于司法公正,保护公民权利的同时,事实上是考虑到了司法的政治功能,将司法视为一个反映社会转型相关问题的窗口,各种矛盾辩论和竞争的公共论坛,通过最大可能地开放司法入口,将有关的社会矛盾呈现出来,并引起各级政府的充分重视,防止政治矛盾被遮蔽、被隐藏,从而促进政治合法性的提升。

马锡五审判方式出现在陕甘宁边区极其特殊的时期,它适应了当时的政治语境,尽管在今天其经验依然有可值得遵循和汲取之处,但是不等于它能够回应今天的所有问题。马锡五审判方式很重要的价值就在于,让我们认识到法治不是一种在完全闭合和自洽的空间中冥想的事业,而是一种与政治、经济、伦理保持互动的社会实践事业。我们不能简单地通过改变中国社会的文化来迁就现代法律制度或者说简单地通过照搬外国模式来追求我们理性的秩序,这无异于躺上普洛克路斯忒斯之床(Procrustean bed)的削足适履。马锡五审判方式在对于构建中国政治合法性方面所作出的独特贡献让我们看到,中国有自己独特的政治语境、文化及法律传统,这是中国的法治建设必须正视的。正如十九大报告中所指出的,世界上没有完全相同的政治制度模式,政治制度不能脱离特定社会政治条件和历史文化传统来抽象评判,不能定于一尊,不能生搬硬套外国政治制度模式。要长期坚持、不断发展我国社会主义民主政治,积极稳妥推进政治体制改革,推进社会主义民主政治制度化、规范化、程序化,保证人民依法通过各种途径和形式管理国家事务,管理经济文化事业,管理社会事务,巩固和发展生动活泼、安定团结的政治局面。为此,全面依法治国是国家治理的一场深刻革命,同时也是一项系统工程,必须在回应中国现实国情需求的基础上坚持厉行法治,推进科学立法、严格执法、公正司法、全民守法。

第四专题　中国国家治理的制度逻辑

党的十八大以来，历次党的重要会议都强调中国道路、中国理论和中国制度，这表现了十分重要的理论自觉：中国的革命、建设和改革发展到今天，我们需要从道路和制度这一更加根本的层面来认识和理解中国特色社会主义。这不仅意味着我们要讲清楚中国道路和中国制度的基本特征、基本原则和基本内容；更重要的是要在世界文明的体系中讲清楚中国特色社会主义制度的方位和优势。

那么，如何来认识中国特色社会主义制度呢？我们需要一个纲。2017 年 7 月 26 日，习近平在省部级主要领导干部专题研讨班开班式上的讲话提出了一个重要的理论观点，即“三个意味着”，后来写入党的十九大报告中。这实际上是我们从整体上认识中国特色社会主义制度的一个总纲。“三个意味着”的具体内容是：“中国特色社会主义进入新时代，意味着近代以来久经磨难的中华民族迎来了从站起来、富起来到强起来的伟大飞跃，迎来了实现中华民族伟大复兴的光明前景；意味着科学社会主义在二十一世纪的中国焕发出强大生机活力，在世界上高高举起了中国特色社会主义伟大旗帜；意味着中国特色社会主义道路、理论、制度、文化不断发展，拓展了发展中国家走向现代化的途径，给世界上那些既希望加快发展又希望保持自身独立性的国家和民族提供了全新选择，为解决人类问题贡献了中国智慧和中国方案。”[①]

“三个意味着”揭示了中国走向现代化过程中的道路问题，就是科学社会主义的道路。中国道路不是别的什么道路，它首先是社会主义的。19世纪以后，全世界不同民族和国家走向现代化总体上可以分为两条道路，一条是资本主义的道路，一条是社会主义的道路。事实上，不论是西方还是东方，大多数的国家都卷入社会主义的潮流中来。西欧国家今天占主流的意识形态是福利国家，而福利国家来源于民主社会主义思潮，而民主社会主义从根源上说是社会主义运动中第二国际的产物。中国道路不是什么别的社会主义，而是科学社会主义。1889年7月14日，第二国际在法国巴黎成立。1896年伯恩施坦（Bernstein）在德国社会民主党的理论刊物《新时代》上，以《社会主义问题》为总标题，推出了一系列文章。从此，社会主义的道路一分为二：一条是资本主义内部的社会主义道路，主张在资本主义内部顺应资本主义的发展潮流、利用资本主义的政治制度来逐步实现社会主义，代表人物是考茨基（Kautsky）、伯恩施坦；另一条是资本主义外部的社会主义道路，主张通过阶级革命的方式来推翻资产阶级政权，建立无产阶级专政的国家制度，并在此基础上推动资本主义向社会主义的经济制度转型，代表人物是列宁（Lenin）。列宁认为，这才是真正的继承马克思、恩格斯思想的科学社会主义道路。

1919年，当马克思主义在中国形成了思想潮流并影响社会运动的时候，正是俄国十月革命胜利后不久。中国所接受的马克思主义，实际上是马克思、列宁一脉的科学社会主义思想。正是在科学社会主义的影响下，1921年中国共产党成立，从而推动了中国革命、建设和改革的历史进程。因此，今天中国的社会主义制度，深刻地受到科学社会主义的影响；也只有在科学社会主义这一脉中，最终形成了社会主义的国家体系和国家制度，而社会民主主义思潮最终与20世纪的资本主义合流。1979年，邓小

---

① 《习近平：决胜全面建成小康社会 夺取新时代中国特色社会主义伟大胜利——在中国共产党第十九次全国代表大会上的报告》（2017年10月18日），共产党员网，http://www.12371.cn/2017/10/27/ARTI1509103656574313.shtml，最后浏览日期：2022年4月30日。

平在理论工作务虚会上提出“四项基本原则”，即“第一，必须坚持社会主义道路；第二，必须坚持无产阶级专政；第三，必须坚持共产党的领导；第四，必须坚持马列主义、毛泽东思想”。[①] 这实际上十分明确地指出了中国的社会主义道路实际上是马列主义道路。因此，我们理解今天中国的道路和制度，必须从科学社会主义的制度逻辑出发。

一、社会主义制度溯源

在当今世界的政治制度中，社会主义和资本主义是两种截然不同的制度体系。而社会主义制度的起源，最早可以追溯到马克思的无产阶级专政思想。1852 年，在马克思给魏德迈（Weydemeyer）的信中，马克思指出是黑格尔（Hegel）发现了阶级斗争。在黑格尔的基础上，马克思自己的发现在于，资本主义社会的阶级斗争最终要导致“无产阶级专政”。[②] 但是无产阶级专政的详细内容是什么，以及无产阶级专政最终通过什么样的政治制度来体现，马克思并没有详述。在《共产党宣言》中，马克思仅仅提出了社会共和国的理念，认为当全部生产集中在各个成员组成的一个团体手里的时候，公众的权力就失去了自己的政治性质。[③]《共产党宣言》也对无产阶级现实的政治行动提出策略要求，但《共产党宣言》恰恰没有阐释在无产阶级专政和社会共和国之间存在的具体制度形式。

直到 1871 年，巴黎公社运动使马克思开始专门论述制度问题。在《法兰西内战》中，马克思第一次较为清楚地谈及了无产阶级专政的制度形式，即工人阶级的公社制度。在马克思看来，公社在现实的政治行动中，是建立“无产阶级专政”的最初尝试。从某种意义上来说，也不能说是一种“尝试”，巴黎公社已经开始建立相对完整的制度形态，这个制度形态是社会主义国家的原型，事实上，恩格斯在 1891 年写的单行本导言中表达得更为清楚明白，“你们想知道无产阶级专政是什么样子吗？请看看巴

① 《邓小平文选》（第二卷），人民出版社，1994 年版，第 164—165 页。
② ［法］亨利·列菲弗尔：《论国家：从黑格尔到斯大林和毛泽东》，李青宜等译，重庆出版社 1988 年版，第 137 页。
③ 《马克思恩格斯全集》（第四卷），人民出版社 2006 年版，第 491 页。

黎公社吧。这就是无产阶级专政”。[1]

无产阶级专政的政治形式是什么样子？它有哪些原则？从马克思写的《法兰西内战》的三个手稿来看，巴黎公社的无产阶级专政包括以下七个方面的核心制度：第一，人民武装。国民自卫军是巴黎公社得以成立的基础，国民自卫军不再是常备军，而是“武装的人民”。[2]“一向作为中央政府的工具的警察，立刻失去了一切政治职能，而变为公社的随时可以撤换的负责机关。”[3]第二，议行合一。这个议行合一并不是像英国那样的内阁产生于议会并对议会负责的“议行合一”，而是行政权和立法权合并于一个工作机构，即公社委员会。第三，直接普选。这种普选具有三方面特征，一是选举是直接的，由人民直接选举；二是选举是普遍的，不仅公社委员是选举的，各行政部门的官吏也是一样，甚至法官也和其他公务人员一样由选举产生；三是随时撤换，包括委员、法官和各部门官吏都随时可以撤换，以体现更为直接的对选民负责的精神。不过，采用选举制的目的不是选出某种管理的代表，而是在工人中选出更合适的管理职业的承担者，这颇有一些科学主义的精神。第四，政府公职。通过这种方式，公职人员成为工人阶级职业的一个组成部分，“社会公职已不再是中央政府走卒们的私有物”，“国家高级官吏所享有的一切特权以及支付给他们的办公费，都随着这些官吏的消失而消失了”。[4]第五，地方自治。公社采用全面的普选制，而不是“等级受职制”。通过普选而非通过任命方式产生公共职位，公社自然不是中央集权的而是地方自治的。这种地方自治从今天的国家理论来看更类似于一种邦联制。第六，合作社生产。在经济方面，公社是联合起来的合作社按照总的计划组织全国生产的经济组织。第七，国际主义。公社制度在形态上是地方自治基础上的民族统一，民族的分化组织全部基于民族自决的原则，因此公社在原则上和思想上

---

① 《马克思恩格斯选集》(第二卷)，人民出版社 1972 年版，第 336 页。
② 同上书，第 374 页。
③ 同上书，第 375 页。
④ 同上。

就不能不是国际主义。

从以上七个方面看，巴黎公社的无产阶级专政形式在制度上实际上体现的是一种“简单国家”的精神，是一种直接选举、直接参与和直接治理的“简而美”的制度形式。这种“简单国家”的目标，就是要解决以军队、警察、官僚为外在表现的“国家异化”问题。不过，巴黎公社的问题是，它仅仅是在巴黎一个城市中短时间实践的制度形式，公社制度在巴黎公社尚未真正稳定下来时就解体了。尽管它的理论意义至关重要，但是在政治实践中却不能被称为一个稳定成熟的政治制度。

列宁及他领导的俄国社会民主党布尔什维克派在俄国的政治实践，其目标就是建立一个真正的社会主义国家。列宁完全继承了马克思对“简单国家”的期望，他指出，“我们需要国家，但不是资产阶级所需要的那种国家，因为它的政权机关如警察、军队、官僚（官吏）是脱离人民并且是同人民对立的”。[①] 所谓“简单国家”，就是要实现两个最重要的制度目标。第一，一定程度上消灭职业化军队，以群众的民兵组织代替常备军。第二，一定程度上消灭专业化官僚，以群众组织自治代替科层制的管理。这实际上也是在马克思《法兰西内战》中提及的若干制度设计中最重要的两点：“一是用民兵代替警察；二是人人参与公务。”[②]

不过，如何用具体的制度实现“简单国家”的理念，对马克思来说是一个难题。或者马克思拒绝过分仔细地考虑这个问题：一方面，作为阶级统治的工具，国家迟早是要消亡的；另一方面，也正是因为国家的“工具”特征，所以国家的形式并不重要，而国家的实质才是马克思论题的核心。而列宁作为致力于建设一个现实社会主义国家的政治家和革命家，他显然不能如此对待国家的制度形式问题。在《国家与革命》中，列宁明确提出，无产阶级政治革命的目标，就是在国家的范畴下，或者说在一国的范围内，建成无产阶级统治的政治形式。

这个体现“简单国家”精神的国家组织是什么呢？对列宁来说，就是

---

① 《列宁全集》（第二十九卷），人民出版社 2017 年版，第 38 页。

② 同上书，第 163 页。

委员会，就是苏维埃。什么是苏维埃？苏维埃就是工农兵组织中的代表组织，由工农兵选举出来而形成的工农民兵组织的领导机关。从产生上看，苏维埃有三个方面的特征：第一，苏维埃是一个阶级组织，阶级构成了苏维埃的基本单元，对俄国来说，苏维埃是由工人苏维埃、农民苏维埃和士兵苏维埃共同构成的。第二，苏维埃是一个代表组织，它由工农兵组织产生，但又不完全等同于工农兵组织，而是由“广大自由的即不受任何外力强制的、武装的工人和士兵的代表组成的”。[①] 第三，苏维埃是在革命过程中产生和成长起来的组织。在组织原则上，苏维埃以巴黎公社为雏形，但苏维埃作为政权组织，却不是根据制度规划，而是在革命过程中由群众创造，并根据俄国革命形势的发展逐步地成熟的。

在1917年之后的著作中以及在十月革命后俄国的社会主义实践中，以列宁思想为基础，一个社会主义国家的制度体系在俄国建立起来，这个体系以“苏维埃”为核心，主要有以下四个方面的特征。

第一，苏维埃是代表制而非议会制。苏维埃作为工农兵组织的代表，它承认选举代表的原则。不过，苏维埃与议会仅仅是形似而已，在制度本质上有根本差异，议会是阶级妥协和政党妥协的产物，而苏维埃坚持明确阶级性，它对资产阶级的利益和政治毫不妥协。苏维埃政权不召开议会，而召开劳动者代表的会议，由这种会议颁布直接执行和贯彻的旨在反对剥削者的法律。[②] 因此，苏维埃制度是一种与“议会制”决裂的全新政权形式，不与议会制形式以及一切妥协行为决裂，被压迫阶级就不可能得到解放。

第二，苏维埃的原则是议行合一而非议行分立。马克思所说的议行合一与类似于英国的资产阶级立法权产生行政权的议行合一不同。马克思所说的议行合一与巴黎公社的直接政权是融合在一起的，并非指权力产生来源的同一，而是指立法和管理在具体工作中的合一。这实际上不仅仅是议行合一，而是议行合体。

---

① 《列宁全集》（第三十二卷），人民出版社2017年版，第6页。
② 《列宁全集》（第三十三卷），人民出版社2017年版，第305—306页。

第三,苏维埃是全权机构而非限权机构。资产阶级的自由主义政治学说常常把国家看作"有限政府"和"分权政府"。而马克思和列宁的议行合一,反过来主张一种代议和行政不分权的直接政治形式。这种议行合体,同时也将苏维埃塑造成为一个最高权力机关。

第四,苏维埃是政治的普遍形式而非仅仅是中央政权形式。苏维埃组织具有多重的性质,它既是群众组织,也是政治组织,同时也是承担管理职能的行政组织。因此,与议会不同,苏维埃不仅仅是中央层面的全国性的政治组织,而且也是从中央到地方、从城市到乡村各级管理机构所采取的普遍形式。

苏维埃是一种全新的国家形式,是过去所没有的,是资产阶级从来不能正常供应的东西。[①] 苏维埃是群众在革命过程中创造出来的,它继承和体现了在巴黎公社运动中群众的首创性。列宁对苏维埃的结论是:工农苏维埃,是新的国家类型,新的最高的民主类型,这是无产阶级专政的一种形式,是在不要资产阶级和反对资产阶级的情况下来管理国家的一种方式。[②]

二、"以俄为师"的中国社会主义制度建设

中国的社会主义制度是"以俄为师"的产物。毛泽东曾说:"十月革命一声炮响,给我们送来了马克思列宁主义。十月革命帮助了全世界也帮助了中国的先进分子,用无产阶级的宇宙观作为观察国家命运的工具,重新考虑自己的问题。走俄国人的路——这就是结论。"[③]之所以"以俄为师",除了十月革命这一重要时间点和中国探索国家制度转型的时间高度重合之外,还有许多具体因素:第一,和许多的共产党一样,中国共产党是在共产国际和苏联共产党的直接帮助下建立和发展起来的;第二,和许多后发国家一样,中国在第二次世界大战中一度沦为半殖民地,苏联的无

① 《列宁全集》(第三十三卷),人民出版社 2017 年版,第 34 页。
② 《列宁全集》(第三十五卷),人民出版社 2017 年版,第 60—61 页。
③ 《毛泽东选集》(第四卷),人民出版社 1991 年版,第 1471 页。

私援助在中华民族解放斗争中起到了极其重要的作用；第三，新中国成立以后，在社会主义建设中，国家能够继续得到苏联的大量援助，并且取得了较好的发展势头。第四，一个更重要的原因是，新中国成立后，我们在社会主义建设中还没有实践经验，除了苏联是唯一可资借鉴的模式外，没有其他别的借鉴，而当时我们对苏联模式在认识上也存在局限。[①]

不过，从制度上说，“以俄为师”在社会主义国家的制度建设中也有其必然性。在社会主义的诸多思想中，仅有列宁思想指导下的苏联政治实践，创造性地提出了社会主义国家的制度框架。此外，所有国家的政治制度都是以西方资本主义政治制度为准绳的。因此，苏联政治制度的原则，特别是苏维埃制度，实际上是社会主义制度形态的基本原则。1927 年 11 月，中共中央扩大会议指出：现实革命阶段之中，党的主要口号就是苏维埃——无产阶级领导之下的工农独裁性质的政权，只能在苏维埃制的形式中建立起来。此后不久，广东海陆丰建立起中国第一个农村苏维埃。1927 年 12 月，在广州起义中，中国就诞生了第一个城市苏维埃政权。1929 年 10 月，共产国际指示中共中央在大城市建立苏维埃，并要求把广东、福建、湖南和湖北的工农分散的行动协调起来。把分散、离中心城市远的农村苏维埃连成一片。1930 年初，在共产国际的指导下，中国共产党着手将各小块苏维埃集中起来，决定召开全国苏维埃区域代表大会。1931 年 1 月，苏区中央局发表了关于苏维埃区域中央局成立及其任务的通告。11 月，第一次全国工农兵代表大会在江西召开。[②]

不过，苏维埃制度只是社会主义制度的来源，可以称之为社会主义制度的精神。在中国的政治实践中，苏维埃制度进一步演化成为一系列更为关键的、更为具体的制度。这些制度基本上包括四个方面：一是全国人民代表大会制度，为我国的政体；二是中国共产党领导的多党合作和政治协商制度，为政党制度；三是民族区域自治制度，为民族地区的地方性

---

① 韩荣璋：《从以俄为师到以苏为鉴——探索有中国特色社会主义建设道路的历史起点》，《党史研究与教学》1997 年第 4 期。

② 何俊志：《从苏维埃到人民代表大会制：中国共产党关于现代代议制的构想与实践》，复旦大学出版社 2011 年版，第 21—25 页。

制度；四是基层群众自治制度，包括企业中职工代表大会和农村、社区中的村（居）民代表大会，为社会中的基层治理制度。这些制度共同构成新中国成立以来中国的基本政治制度形式。

但是，一定的制度形式需要切实的组织机制支撑，才能使制度运转起来。如果说苏维埃制度为制度的精神，上述政治制度的四个方面属于制度的形式，那么相应的组织机制就是中国特色社会主义制度的内核。一个好的制度体系应该是形（制度）、神（原则）、核（组织）相统一的产物。那么，当代中国国家治理的制度内核有哪些方面呢？笔者认为主要体现在四个方面。

第一，职业型政党。在政党建设的方面，俄国革命的经验是建设一个民主集中制的政党。所谓民主集中制就是，政党由工人阶级中的先进分子组成，政党以党内民主的形式形成集体决策；集体决策作出后，基层党组织和党员要服从和贯彻党的决策。中国共产党成立之日起就鲜明地提倡民主集中制。但是，民主集中制的贯彻并不是一句政治口号，而是需要相应的组织基础。这个组织基础就是将党的组织建立到其他一切经济和社会组织中间去。因此，中国共产党在 1925 年以后的建党方略具有鲜明的职域建党的特征。所谓职域建党，就是将党的基层组织建设到每一个职业单位中去，使党的组织在职业单位中活动。一是党的组织发展以工厂、学校、机关等职业组织为基本单元；二是党的组织嵌入职业组织，在职业组织内部开展活动，逐级嵌入部门、车间、班组；三是党组织的发展动员依赖职工之间的职业联系。①

第二，党治国家制度。在国家制度方面，中国共产党是国家建设和发展的领导者，因此政党组织与国家制度之间有很深的相互嵌入关系。这个相互嵌入关系一方面体现在政党的组织建设上，另一方面也体现为党建国家的历史发展过程。林尚立指出，“党建国家”实际上是中国以人民共和的方式建立现代国家的一种战略模式，而这种战略模式之所以能够

① 李威利：《职域建党：革命时期的产业支部与城市动员——以新中国成立前中共上海电话公司支部为例》，《江苏社会科学》2019 年第 4 期。

成立，是因为人民通过这个“党”能够实现有机结合，并从而在整体上掌握国家权力；同时也因为这种人民的聚合，有效地为现代国家制度体系的成长提供了有力的依靠和支撑。[①] 而组织嵌入和党建国家的历史发展过程，所带来的结果是党治国家的体制，即党的组织对社会的全面布局，党的领导体系深入社会的方方面面，从而形成与国家体系一起共同组织社会、治理社会和推动社会化发展的党国体制。[②]

第三，单位管理制度。在国家领域中，党组织嵌入国家行政组织，从而形成了党治国家的制度；而在社会领域中，党组织嵌入经济、社会、文化等各类职业组织，因此形成了单位管理的制度。其突出的表现是：一是党组织是职业单位的主要领导者，国家通过单位中的党组织加强对社会的领导；二是在公有制的经济制度下，社会中的每一个人都隶属于一个单位，形成单位把社会包下来的治理结构；三是居民的社会福利在单位中实现，单位是经济、政治、社会合一的治理单元；四是单位和单位中的个体共同形成了一种集体主义而非个人主义的文化。在上述特征的基础上，国家通过单位实现对社会中每一个个体的管理和服务，从而有效降低了管理成本和管理难度。

第四，群众自治制度。不论是马克思对巴黎公社的探讨，还是列宁对社会主义俄国的构想，在基层治理的方面，他们提出的都是“生产者自治”的制度。所谓生产者自治，即工人阶级对所在的生产领域有自治权。中国的社会主义制度也继承了这一理念，从而形成了社会领域的两种自治制度：一是工作中以工会为主体的职工民主制度，后来演化成为职工代表大会制度；二是居住场域中的村居民自治制度，后来演化为村居民代表大会、农村村委会、城市居委会制度。这两种自治制度的特点是：一方面，由基层自治组织作为国家与社会之间的联系中介；另一方面，国家在基层自治组织中设立党组织，加强对基层自治组织的领导。

---

① 林尚立：《政党与国家建设：理解中国政治的维度》，载《中国模式建构与政治发展》（复旦政治学评论第十一辑），上海人民出版社 2012 年版，第 1—13 页。

② 同上。

三、中国经验对世界社会主义的独特贡献

社会主义不能忽略国家问题，特别是在生产力相对不发达的共产主义的第一阶段，社会主义需要在资本主义的世界体系中建立一个稳固的国家，因此也需要不断构建和完善社会主义的国家制度，而列宁主义和社会主义建设的苏联经验的全部意义就在于此。俄国的社会主义实践，在世界上第一次建立了现实的社会主义国家，并以“苏维埃”制度为基础建立了一整套的政治制度和体系。也正是在苏维埃制度实践的基础上，中国以人民代表大会制度为政体，构建了中国特色社会主义的政治制度。

但是，社会主义的苏联实践仅仅解决了社会主义的政治制度问题，并没有解决社会主义的经济制度问题。当社会主义的政治制度建立起来时，它并没有实现马克思所设想的国际大联合，而是在民族国家的框架下建立了一个社会主义国家。而这个新生的社会主义国家注定要在竞争的资本主义的世界体系中，去实现国家的现代化，这就需要创造一种新的经济制度。俄国并没有实现这个使命，而中国的社会主义建设和改革开放的全部意义就在于成功解决了这一问题。对于这一点，我们党也有清醒的理论自觉，“三个意味着”指出，“中国特色社会主义道路、理论、制度、文化不断发展，拓展了发展中国家走向现代化的途径，给世界上那些既希望加快发展又希望保持自身独立性的国家和民族提供了全新选择，为解决人类问题贡献了中国智慧和中国方案”。[①]

苏联在社会主义经济建设中，以社会主义的经典理论为基础，建立了一个以完全公有制为基础的经济制度。列宁在1918年的《被剥削者劳动人民权利宣言》等文章中提出了这样的基本经济纲领：一是废除土地所有制，使工厂、矿山、铁路及其他生产资料和运输工具完全为工农国家所有；二是批准将一切银行收归工农国家所有；三是实行普遍的

① 习近平：《决胜全面建成小康社会　夺取新时代中国特色社会主义伟大胜利——在中国共产党第十九次全国代表大会上的报告》(2017年10月18日)，人民出版社2017年版，第10页。

义务劳动制[1];四是在工业、商业、银行、农业等企业中,对一切产品和原材料的生产、储藏和买卖事宜实行工人监督。[2] 1956—1978年的中国,也正是在这样的经济框架下建设社会主义的。当时建立起来的基本经济制度包括三个方面:一是在所有制上为单一的公有制;二是在资源配置方式上采用计划经济;三是在分配方式上坚持按劳分配。所有制、资源配置方式和分配方式共同构成了中国社会主义经济制度的基础。但是,无论是从苏联经验还是从中国经验看,这样的经济制度并没有实现生产力的发展和国家的现代化。

由于认识到计划经济和单一公有制经济体系的缺陷,1978年以后,在探索社会主义道路的进程中,改革开放的主要方向是在原来资源配置方式上逐步地"找回市场"。我们认识到,在资源相对短缺且社会产品不够丰富的社会条件下,市场经济比计划经济具有三个重要优势:第一,市场机制有利于实现资源的有效配置。计划和市场都是资源配置的手段之一,在大规模经济体中,在交易信息并不完全的条件下,市场可以通过价格规律的作用相对更加有效地在全社会范围内配置资源。第二,市场可以激活经济增长的动力。长期的单一公有制,造成了社会主义建设时期僵化的国营经济体系,在此基础上适当引进竞争机制和市场机制,能够一定程度上激活经济增长的动力。第三,市场可以最大调动社会成员的劳动积极性。在计划经济下,劳动积极性的发挥需要两个条件,包括较高程度的生产社会化和广泛的工人监督。在生产力水平较低的情况下,由于社会产品总量不足和分配的平均主义倾向,影响了劳动积极性的发挥。而市场经济的发展,一方面可以增加社会产品的总量,另一方面鼓励一定的分配差别,从而有利于调动社会成员的生产积极性。

1979年3月,陈云在《计划与市场问题》一文中指出,所谓市场调节,就是按价值规律调节,在经济生活的某些方面可以用"无政府""盲目"生

---

① 《列宁全集》(第三十三卷),人民出版社2017年版,第231页。
② 同上书,第24页。

产的办法来加以调节。随后在 1980 年,他提出"计划调节和市场调节相结合"的观点。[①] 1981 年 6 月召开的中共十一届六中全会通过的《关于建国以来党的若干历史问题的决议》确认,"必须在公有制基础上实行计划经济,同时发挥市场调节的辅助作用"。在此基础上,党和国家开始逐步肯定市场经济的地位和作用。1982 年 9 月,中共十二大正式提出要贯彻"计划经济为主、市场调节为辅"的原则。1984 年十二届三中全会明确提出"有计划的商品经济",突破了把计划经济同商品经济对立起来的传统观念。

市场经济体制在 1992 年迎来重大发展。邓小平在视察南方发表谈话时强调,"计划多一点还是市场多一点,不是社会主义与资本主义的本质区别。计划经济不等于社会主义,资本主义也有计划;市场经济也不等于资本主义,社会主义也有市场。计划和市场都是经济手段。社会主义的本质,是解放生产力,发展生产力,消灭剥削,消除两极分化,最终达到共同富裕"。[②] 随后,江泽民正式提出了"社会主义市场经济体制"。在对中央党校省部级干部进修班的学员的讲话中他认为,对高度集中的计划经济体制进行根本性的改革势在必行,否则就不可能实现我国的现代化。针对关于新的经济体制的几种提法,江泽民明确表示"比较倾向于使用'社会主义市场经济体制'这个提法"。[③] 1992 年 10 月召开的党的十四大明确提出,我国经济体制改革的目标是建立社会主义市场经济体制,就是要使市场在社会主义国家宏观调控下对资源配置起基础性作用。

在这一过程中,党和国家对市场经济的认识是逐步深入的,十二大提出的"计划经济为主、市场调节为辅"要求发挥市场的"辅助性作用"。十二届三中全会提出的"有计划的商品经济"和十三大提出的"要善于利用计划调节和市场调节这两种形式和手段",实际上强调了市场的"工具性作用"。十四大要求建立社会主义市场经济体制,进一步明确了市场的

---

① 《中国共产党八十年珍贵档案》(下),中国档案出版社 2001 年版,第 1492 页。
② 《邓小平文选》(第三卷),人民出版社 1993 年版,第 373 页。
③ 《十三大以来重要文献选编》(下),人民出版社 1993 年版,第 2069—2073 页。

“基础性作用”。[①]

资源配置方式从计划经济向市场经济的转型，同步带来所有制和分配制度的转变。市场化改革以后，不论是在所有制上，还是在分配制度上，中国都不再是原有的“一大二公”的经济体系。从所有制来看，单一的公有制转变为以公有制为主体，多种所有制经济共同发展；从分配方式来看，单一的按劳分配转变为以按劳分配为主体，兼顾生产要素分配。从这里我们可以看出，中国的经济制度调整有很强的渐进性特征，这种渐进性主要体现在一种“主—辅结构”上，即以公有制和按劳分配为主体，其他所有制形式和分配形式并存的结构，形成以公有制为主体，多种所有制经济共同发展的所有制结构。但是我们更要注意到的是，中国的经济制度改革明确提出，在“所有制—资源配置方式—分配制度”的经济制度结构中，资源配置方式是手段而非目的，即“计划多一点还是市场多一点，不是社会主义与资本主义的本质区别”。[②] 因此，在计划经济和市场经济的问题上，中国特色社会主义并未仅仅提“计划经济为主，市场经济为辅”的“主—辅”，而是坚持走市场经济道路。2013 年，在十八届三中全会上，习近平提出了“市场在资源配置中起决定性作用和更好发挥政府作用”的新论断，对市场的认识提升到“决定性作用”的地位。《中共中央关于全面深化改革若干重大问题的决定》提出经济体制改革是全面深化改革的重点，要紧紧围绕使市场在资源配置中起决定性作用深化经济体制改革。

四、改革、转型与社会管理制度变迁

改革开放以后，中国特色社会主义形成了自己独具特色的发展经验和经济制度。但经济制度的转变不可避免地带来社会制度的转型。在这一方面，中国改革开放 40 多年来最重要的变化就是从单位制向街

---

① 史蕾：《从“辅助性作用”到“决定性作用”——党对市场在资源配置中作用的认识演变》，《学习与实践》2014 年第 2 期。

② 《邓小平文选》(第三卷)，人民出版社 1993 年版，第 373 页。

居制的转型。

所谓单位制，是社会主义建设时期与“单一公有制”“计划经济”和“单一按劳分配制度”相适应的社会管理体制。它包括六个方面的特征：一是以公有制和计划经济为基础。单位制背后是深刻的计划经济模式的特征，计划经济是单位制形成的社会基础。在计划经济体制下，国家垄断了资源获取和分配的渠道，自由交换的市场运行方式被取消，公有制占据了绝对的主体地位，单位组织成为城市群体和个人获取生存和发展的必需资源的唯一渠道。①

二是政治、经济、社会的一体化。单位高度的组织化，单位不同于资本主义的经济组织，在承担经济功能的同时承担着重要的政治功能和社会功能。在高度单位化的社会中，单位组织不仅具有一般社会分工性质上的功能性组织的特征，而且由于与党的组织和国家行政组织密切结合，因而具有统治和整合社会政治统治功能的特征。② 在政治、经济、社会功能一体化的背景下，行政权力替代了市场权力，行政关系替代了以雇佣劳动为基础的劳动关系。工人按照行政级别规定工资和福利水平，再分配的权力集中于上级机构。③

三是“国家—单位—个人”的纵向社会联结模式。在高度单位化的社会中，单位组织在个人社会地位、个人对社会资源的占有和国家对社会资源的分配中，都成为极其重要的因素，也是理解中国社会、理解中国社会分层结构和机制不可缺少的“中介环节”。④ 单位制对于国家治理体系建构至关重要，单位制形成了“国家—单位—个人”的纵向一体化社会联结模式，体现了将人民“组织起来”的思维和社会整合模式。在这一模式中，单位构成了国家与个人之间的中间组织，国家通过单位

---

① 中国社会科学院社会学所编：《中国社会学》（第2卷），上海人民出版社2003年版，第144—145页。

② 路风：《单位：一种特殊的社会组织形式》，《中国社会科学》1989年第1期。

③ 中国社会科学院社会学所编：《中国社会学》（第2卷），上海人民出版社2003年版，第144—145页。

④ 李路路、李汉林：《中国的单位组织：资源、权力与交换》，浙江人民出版社2000年版，第202页。

将个人组织起来。[①]

四是蜂巢型和同质化的社会结构。单位具有相同的权力结构和相似的机构设置,这种机构设置总体上体现为"科层制"的结构。其中,横向各个部门为内容的"科"的设置与该单位在社会分工体系中所承担的专门职能有关;而纵向"层"的多少与单位的大小和规模有关。除机构设置外,社会分工体系中本来执行不同功能的单位还具有相同的权力结构,表现为党政不分、政企合一。[②]

五是组织依附和温情的父爱主义。在单位体制下,个人和单位组织之间有着强组织依附的特征。华尔德(Walder)的研究清楚地认识到,由于单位制中政治、经济、社会一体化特征,企业和工厂中的权力关系是理解中国国家与社会关系的重要场域。在单位中,工人对企业和企业领导具有很强的组织依附特征,这种组织依附体现在三个方面:工人在经济上和社会地位上依附于企业,在政治上依附于工厂的党政领导,在个人关系上依附于车间的直接领导。[③] 不过,中国学者的研究并不认为单位制的家长式特征是冷冰冰的,反而认为单位制是一种"温情的父爱主义"。这种"父爱主义"体现在两个方面,一是包下来的福利体制,单位为成员提供全方位的生活和福利保障;二是父爱式的回应政治,这是全方位福利体制的延伸,单位不仅关心在职职工,而且必须照料职工家属。在单位共同体的日常运行中,单位组织对单位成员及其家庭的困扰都有责任去关怀和回应。[④]

六是空间上的职住同构特征。单位作为改革前中国主要的社会治理机制,是一种强组织化,以政治、经济、社会功能合一为基本特征的治

① 田毅鹏等:《单位共同体的变迁与城市社区的重建》,中央编译出版社 2014 年版,第 44 页。

② 曹锦清、陈中亚:《走出"理想"城堡:中国"单位"现象研究》,海天出版社 1997 年版,第 73—74 页。

③ [美] 华尔德:《共产党社会的新传统主义:中国工业中的工作环境和权力结构》,龚小夏译,牛津大学出版社 1996 年版,第 13 页。

④ 田毅鹏等:《单位共同体的变迁与城市社区的重建》,中央编译出版社 2014 年版,第 47—48 页。

理单元。这种治理单位有着清晰的空间特征，换句话说，每一个单位都有着职业组织与地理空间相重叠的显著特征。从这一意义上说，被称为“单位”，不仅意味着这一组织，代表着一个独特的社会、经济和政治强组织系统，而且还意味着一个相对固定的地理场所。[①]

但是，随着以计划经济向全面的市场经济的过渡，纯粹的单位制开始解体。“原来的那种大一统的总体性特征，既受到了许多新兴的、多样的社会经济要素的挑战，同时也在自身主动或被动的改革过程中吸纳了其中的某些要素，从而使上述特征逐渐弱化。”[②]在这一核心机制变化的背景下，在社会的机会结构和选择机制上，个人的余地越来越大，个人有了更多的流动余地和流动自由。组织行为和个人行为的自主和自由空间越来越大，不同组织之间、单位和个人之间的互动关系逐渐变得丰富起来。[③]

在这一背景下，职住同一的空间结构开始解体，社会中出现了越来越多的社会流动。首先是城乡之间的社会流动。改革开放以后，随着经济增长和逐步的城市化的过程，单位体制下城乡之间严格的二元壁垒被打破，越来越多的人从农村流向城市。此外，在向城市流动的过程中，一部分人由于城市人口户籍的限制，并未完全成为“城市人”，而是作为城市中的外来人口在城市和农村之间周期性流动。其次是中西部地区之间的社会流动。由于历史和政策因素的影响，我国在城市布局上逐渐形成了东中西三线布局。因此，在现代化过程中，人口在城乡之间的流动，在国家整体地域范围内更经常地体现为东西部地区之间的迁移。除了人口在地理格局内的大范围、长周期的迁移，社会中的空间流动还发生在另一个更为重要的层面。在城市内部，随着旧的单位体制的解体，单位不再承担原有的社会保障功能，而仅仅成为人的职业共

---

① 李威利：《空间单位化：城市基层治理中的政党动员与空间治理》，《马克思主义与现实》2018年第6期。

② 李汉林、渠敬东：《中国单位组织变迁过程中的失范效应》，上海人民出版社2005年版，20页。

③ 同上书，20—23页。

同体。在城市空间分布上，城市中的商务区、工业区与生活社区开始呈现出更为明显的空间分离。由此带来的直接影响是，社会生活的职业空间和生活空间分离，社会成员在每个工作日内在职业空间(单位)和生活空间(社区)之间不断流动，尽管这种流动的距离相对较短，但是流动的周期更为频繁。

职业空间和生活空间的分离，以及由此带来的空间含义上的社会流动，对国家治理和政治秩序的重构意义重大。在原有的全能型单位中，治理对象是相对固定的。对于社会成员来说，个人所有的职业和生活需求都在单位空间内得到实现和满足。因此，个人也相对固定地生活在单位的空间格局内，国家能够通过“国家—单位—个人”的政治体系来塑造政治秩序。但是，在人口的社会流动程度增加的背景下，社会成员的空间流动使得国家不再可能面对固定不变的治理对象。单位制解体后，人口与空间之间的对应和固定的关系，逐渐转变为人口在不同空间内的流动关系。因此，国家进行社会治理的对象，不再是固定的人口而是空间。国家进行社会治理的方式，也不能仅仅有针对不同群体的对象性政策，而是必须面对空间问题解决好空间治理需求。

空间治理维度的出现，标志着国家治理体系不得不经历重要的转型。在单位体制下，由于空间的相对封闭和对象的相对固定，国家通过单位这样的组织化单元实现社会治理和塑造秩序。单位既是空间，同时也是整合固定人口的一级组织。而在单位制解体后，基于人口和基于空间的治理便分化为不同的维度。从国家的角度讲，国家治理的最终目标应该是以国民个体为对象，但是在个人的空间流动越来越频繁的条件下，国家与个人之间的联系趋于减弱，国家治理的直接对象不再是个体，而是空间。

正是空间治理的需要，带来了城市基层社会治理中的街居制。所谓街居制，第一，基层社会治理的基本单元是街道和居委会管理下的辖区，即某种地域空间，而非原有的单位。第二，街道和居委会在基层社会治理中承担责任上的兜底职能，社会管理和服务中的难点和问题都在街居的层面集中反映出来。第三，尽管在法定意义上街道仍然是一级派出机构，但是随着行政资源的下沉，越来越像准一级政府；同时尽管居委会在法定意义上是居民群众自治组织，但是有着越来越强的行政化倾向。

从单位制向街居制的转型，带来基层治理机制的许多创新。第一个方面的机制创新是“发包制”，即上级政府对下级政府进行层层发包。第一，发包制主要是政府内部组织之间的发包，因此称之为“行政发包制”。第二，通过收入分成的强激励，作为承包方的下级政府能够获得“合同”之外更多利益的“剩余控制权”。第三，与发包制相适应的是上级政府对下级政府的责任追究和内部控制机制。① 第四，发包机制存在于从中央、地方和基层政府之间的整个“链式结构”之中。第五，发包机制并非仅仅是压力型的，下级政府出于自身的权力和利益动机，会在某种程度上支持发包制，并“层层加码”。②

第二个方面的机制是“兜底制”。由于城市治理的对象往往具有复杂性，难以通过政府的具体条线落实为明确的责任主体，使得“责任兜底”成为城市治理中的突出现象。③ 兜底机制在基层表现为三种形式：一是属地兜底，主要是强调街道乡镇作为最基层一级政府的兜底责任；二是党组织兜底，在遇到无法具体落实的责任时，党组织在各类组织中承担最终的兜底责任；三是部门兜底，在政府科层组织体系中出现了诸如城管等特殊的“兜底部门”。④ 事实上，党组织兜底和部门兜底都是作为加强属地兜底的派生机制所存在。

第三个方面的机制创新是“项目制”。即在各个方面治理中的项目化运作，它越来越成为国家的常规治理模式，在基础建设、教育文化、基层治理等各个领域都在发挥重要影响，而且已经产生了一整套成熟、稳

---

① 周黎安：《行政发包制》，《社会》2014 年第 6 期。

② 周黎安、刘冲、厉行、翁翕：《“层层加码”与官员激励》，《世界经济文汇》2015 年第 1 期。

③ 彭勃、赵吉：《从增长锦标赛到治理竞赛：我国城市治理方式的转换及其问题》，《内蒙古社会科学》（汉文版）2019 年第 1 期。

④ 吕德文：《兜底部门的运作逻辑》，《南京社会科学》2018 年第 4 期。

定、系统的运作机制。[1] 目前项目制已经广泛地存在于党和国家对于基层社会的各类治理行为中，成为一种能够将国家从中央到地方的各层级关系以及社会各领域统合起来的治理模式。[2]

第四个方面的机制是“新单位制”。所谓新单位制，即在基层治理中，充分发挥体制内单位在国家治理体系中的重要作用。体制内单位与地方政府和党组织合作，以行政分包制下的行政区为边界、以党组织为纽带、以单位组织为节点、以资源补给为机制、以双轨制为结构、以国家中心为特点，体现出公有制单位“抱团治理”的结构特征。新单位制有如下几个表现：第一，在中国的国家治理中存在双轨制结构，体制内组织的单位治理和体制外空间的社区治理“双通道”并存。第二，在体制外领域，作为行政发包制末梢的基层政府（主要是街镇），作为治理的核心承担着兜底责任。第三，基层政府在治理资源缺乏时，总是通过“空间单位化”机制推动单位与社区的联结。第四，在单位和社区“双通道”联结时，主要通过党组织发挥联动、整合和吸纳的作用。第五，基层政府、单位和党组织在社区空间中的作用是不均等的，单位在体制外空间中发挥的作用主要是配合和支持。[3]

五、国家治理体系现代化的制度逻辑

经济制度的转型和社会制度的创新，使得我们开始注意到国家治理体系的问题。现在国家制度体系的建设，不仅仅包括国家政治体系的基本构架，也包括国家在治理经济、社会、文化、生态、党建等方面的体制机制；同时，国家治理体系现代化还要求经济、政治、社会等各个方面的制度相互协调。习近平指出：“国家治理体系和治理能力是一个国家制度和制度执行能力的集中体现。国家治理体系是在党领导下管理

---

① 陈家建：《项目化治理的组织形式及其演变机制——基于一个国家项目的历史过程分析》，《社会学研究》2017 年第 2 期。

② 渠敬东：《项目制：一种新的国家治理体制》，《中国社会科学》2012 年第 5 期。

③ 李威利：《新单位制：当代中国基层治理结构中的节点政治》，《学术月刊》2019 年第 8 期。

国家的制度体系，包括经济、政治、文化、社会、生态文明和党的建设等各领域体制机制、法律法规安排，也就是一整套紧密相连、相互协调的国家制度；国家治理能力则是运用国家制度管理社会各方面事务的能力，包括改革发展稳定、内政外交国防、治党治国治军等各个方面。”①

因此，在中国的经济制度调整已有成就，社会制度转型拉开大幕的背景下，中国的改革事业开始进入一个全新的发展阶段。2014 年 2 月，习近平总书记在省部级主要领导干部学习贯彻十八届三中全会精神全面深化改革专题研讨班上的讲话指出，“从形成更加成熟更加定型的制度看，我国社会主义实践的前半程已经走过了，前半程我们的主要历史任务是建立社会主义基本制度，并在这个基础上进行改革，现在已经有了很好的基础。后半程，我们的主要历史任务是完善和发展中国特色社会主义制度，为党和国家事业发展、为人民幸福安康、为社会和谐稳定、为国家长治久安提供一整套更完备、更稳定、更管用的制度体系。这项工程极为宏大，零敲碎打调整不行，碎片化修补也不行，必须是全面的系统的改革和改进，是各领域改革和改进的联动和继承，在国家治理体系和治理能力现代化上形成总体效应、取得总体效果”。②

十八届三中全会确定了我国在新时代社会主义建设的主要目标，提出社会主义改革事业的下半程主要是制度建设，构建一套现代化的国家治理体系。而首先遇到的一个问题是，中国国家治理体系的根本特征是什么？秉纲而目自张，执本而末自从，这是一个涉及道路和制度的根本性问题。要解决这个问题，不能仅仅考虑经济现代化的目标，也不能仅仅从中国改革当下的经验和问题出发，而要从社会主义国家建设的理论脉络和制度逻辑出发。2017 年，党的十九大对于这个问题作了清楚的回答，中国特色社会主义的最本质特征是中国共产党的领导。习近平指出，我国社会主义政治制度优越性的一个突出特点是党总揽

① 习近平：《在党的十八届三中全会第二次全体会议上的讲话》(2013 年 11 月 12 日)。
② 习近平：《在省部级主要领导干部学习贯彻十八届三中全会精神全面深化改革专题研讨班上的讲话》(2014 年 2 月 17 日)。

全局、协调各方的领导核心作用，形象地说是“众星捧月”，这个“月”就是中国共产党。[1] 因此，推进国家治理体系现代化，首先要建设一个坚强有力的政党，从而不断加强从严治党。

在明确中国特色社会主义本质特征的基础上，新时代党和国家的建设重新确认了中国特色社会主义的制度体系。其中包括不可更改的制度化的层面，即根本制度、基本制度和重要制度。有学者指出，中国特色社会主义制度的基本制度分为政治、经济、法律三个方面。基本政治制度包括中国共产党领导的多党合作和政治协商制度、民族区域自治制度以及基层群众自治制度三个。基本经济制度包括公有制为主体、多种所有制经济共同发展，按劳分配为主体、多种分配方式并存，社会主义市场经济体制三方面。基本法律制度是指中国特色社会主义法律体系。[2] 此外，十九届四中全会还提出坚持和完善 13 个制度体系，包括坚持和完善党的领导制度体系，提高党科学执政、民主执政、依法执政水平；坚持和完善人民当家作主制度体系，发展社会主义民主政治；坚持和完善中国特色社会主义法治体系，提高党依法治国、依法执政能力等等。[3]

为了坚持中国特色社会主义制度的这些基本方面，十九届四中全会会议精神提出两方面要求：一方面，必须坚持党政军民学、东西南北中，党是领导一切的，坚决维护党中央权威，健全总揽全局、协调各方的党的领导制度体系，把党的领导落实到国家治理各领域各方面各环节。另一方面，各级党委（党组）发挥领导把关作用，关键就是看所领导的地方，部门、单位在各项工作中是否执行和落实了这些制度。真正执行和落实了，方向上就没有问题，政治上就不会出问题。

---

① 习近平：《中国共产党领导是中国特色社会主义最本质的特征》，《求是》2020 年第 14 期。

② 李泽泉：《正确理解根本制度基本制度重要制度辩证关系》（2019 年 12 月 2 日），浙江在线网，http://zjnews.zjol.com.cn/zjnews/zjxw/201912/t20191202_11423441.shtml，最后浏览日期：2022 年 4 月 30 日。

③ 《中共中央关于坚持和完善中国特色社会主义制度、推进国家治理体系和治理能力现代化若干重大问题的决定》（2019 年 10 月）。

当然，除了制度的根本层面，还需要认识到我们在具体的制度和机制上还有许多短板。因此，十九届四中全会提出：既要“固根基、扬优势”，又要“补短板、强弱项”。[①] 我们必须承认，我们在具体制度的建设方面还有短板。例如，我们还没形成适应流动社会治理的社会治理体系；我们的城乡一体化建设、户籍制度、社会福利制度仍在完善；我们在面对网络社会治理时还没有整体性的制度和机制；我们的政法体制改革还没有完成。十九届四中全会要求，各级党委（党组）要抓紧就党中央明确的国家治理急需的制度、满足人民对美好生活新期待必备的制度进行研究和部署，又要鼓励基层大胆创新大胆探索，但这种探索不能不讲规制，不能不守章法，更不能草率行事。

此外，在制度建设上还有一个更加重要的问题，即制度建设不同的方面也需要平衡和协调。中国特色社会主义制度的最本质特征是中国共产党的领导，因此需要不断推进全面从严治党，按照时间表严格推进各个领域的制度建设，同时既有的制度也要做到从严执法。但在一系列全面从严的措施中，还需要注意其与经济、社会发展的根本趋势相一致。习近平总书记曾多次强调这一思想：加强纪律、全面从严与经济社会发展的规律和趋势不能违背。2018 年 2 月，习近平总书记在中共十九届三中全会第二次全体会议上的讲话提出了“五个正确理解和把握”：一是正确理解和把握坚持党中央权威和集中统一领导这个根本点。总书记强调：我们治国理政的本根，就是中国共产党的领导和我国社会主义制度。在这一点上，必须理直气壮、旗帜鲜明。我们强调坚持党中央权威和集中统一领导，不是说不要民主集中制了，不要发扬党内民主，把这两者对立起来是不对的。民主集中制是党的根本组织原则，党内民主是党的生命，发扬党内民主和实行集中统一领导是一致的，并不矛盾。处理好党政关系，首先要坚持党的领导，在这个大前提下才是各有分工，而且无论怎么分工，出发点和落脚点都是坚持和完善

① 《中共中央关于坚持和完善中国特色社会主义制度、推进国家治理体系和治理能力现代化若干重大问题的决定》（2019 年 10 月）。

党的领导。二是正确理解和把握深化党和国家机构改革的目标。总书记强调要注重处理好“四个关系”。包括统和分的关系、局部和全局的关系、当前和长远的关系、大和小的关系、优化和协同的关系。三是正确理解和把握坚持社会主义市场经济改革方向的要求,使市场在资源配置中起决定性作用、更好发挥政府作用。强调要在保持经济社会大局稳定的前提下加快改革步伐,着力构建市场机制有效、微观主体有活力、宏观调控有度的经济体制,为高质量发展提供制度保障。四是正确理解和把握以人民为中心的发展思想,切实解决人民最关心最直接最现实的利益问题。强调让老百姓过上好日子,是我们一切工作的出发点和落脚点,是我们党坚持全心全意为人民服务根本宗旨的重要体现。深化党和国家机构改革必须顺应人民群众对美好生活的期待,践行以人民为中心的发展思想。五是正确理解和把握充分发挥中央和地方两个积极性。强调发挥好两个积极性,始终是我们在处理中央和地方关系时把握的根本原则。①

正是在此基础上,2020 年全国两会重新强调社会主义市场经济,并在两会之后下发了《中共中央国务院关于新时代加快完善社会主义市场经济体制的意见》。在我们党的历史上,就市场经济体制改革下发意见先后有四次。第一次为 1984 年 10 月党的十二届三中全会通过的《中共中央关于经济体制改革的决定》。其背景是 1984 年农业生产实现了前所未有的大丰收,粮食增产达到 4 070 亿斤,创造了历史最高水平。农产品丰收了,要有市场、要有销售渠道,同时也要求交换农业所需要的生产资料,迫切要求城市改革。因此 1984 年改革的重点是以城市为中心的经济体制改革,提出了“社会主义经济是公有制基础上有计划的商品经济”的论断。

第二次是 1993 年党的十四届三中全会审议通过的《中共中央关于

① 《学习〈习近平谈治国理政〉第三卷集中阐述改革的第六专题——推动全面深化改革实现新突破》(2020 年 8 月 26 日),中国青年网,http://news.youth.cn/sz/202008/t20200826_12466982.htm,最后浏览日期:2022 年 4 月 30 日。

建立社会主义市场经济体制若干问题的决定》。其背景是实行分税制以后，中央政府财政收入的大增长。当时经过讨论研究，认为必须建立市场经济的“五根柱子”。第一要建立适应市场经济要求，产权清晰、权责明确、政企分开、管理科学的现代企业制度；第二要建立统一开放的市场体系；第三要建立以间接调控为主的宏观调控体系；第四要建立按劳分配为主体，效率优先，兼顾公平的收入分配制度；第五要建立多层次的社会保障制度，建立相应的法律法规体系。①

第三次是2003年十六届三中全会审议通过的《中共中央关于完善社会主义市场经济体制若干问题的决定》。其背景是2003年我国的人均GDP达到1 090美元，首次突破1 000美元大关。改革的主要内容是混合所有制经济，现代产权制度，国有资本更多地投向关系国家安全和国民经济命脉的重要行业和关键领域。

第四次是2020年两会后下发的《中共中央、国务院关于新时代加快完善社会主义市场经济体制的意见》。主要内容是营造支持非公有制经济高质量发展的制度环境；完善社会主义市场经济法律制度；增加劳动者特别是一线劳动者劳动报酬，提高劳动报酬在初次分配中的比重；强化公共卫生法治保障，把生物安全纳入国家安全体系；推进信用信息共享，建立政府部门信用信息向市场主体有序开放机制；加快建设城乡统一的建设用地市场，建立同权同价、流转顺畅、收益共享的农村集体经营性建设用地入市制度；建立数据资源清单管理机制；全面实施市场准入负面清单制度，定期评估、排查、清理各类显性和隐性壁垒，推动“非禁即入”普遍落实等各个方面。

① 高尚全：《三中全会是开启新一轮改革的战略起点》，《中国经济时报》2013年11月13日。

第五专题　从全面建成小康社会看中国共产党治国经验

2020年是中国共产党带领人民决胜全面建成小康社会的收官之年，到2021年建党100周年时，宣布惠及十几亿人口的更高水平的小康社会的全面建成。小康社会的建成意味着“中华民族千百年来存在的绝对贫困问题，将在我们这一代人手里历史性地得到解决”。[①] 全面的小康社会，是近代以来中国历史上凸起的一座丰碑，是中国共产党治国成就的标识，也是70多年来中国社会历史巨大变革的见证。在中国共产党诞生一百周年之际，回顾中国共产党和中国人民的伟大创造，有许许多多值得书写的丰功伟绩，但全面建成小康社会无疑是其中的一个华彩篇章。分析探讨这一历史奇迹出现的原因，无疑是我们认识中国共产党、认识中国共产党治国经验的一个重要视角。

一、选择正确道路是治国之根本：中国特色社会主义道路的开辟是建成小康的根本前提

到2020年全面建成小康社会，是中国共产党向人民、向历史作出的庄严承诺，如何实现这一承诺？方向决定道路，道路决定命运。

① 《习近平谈治国理政》(第三卷)，外文出版社2020年版，第158页。

(一) 建成小康社会需要选择和开辟一条与之相适应的中国特色社会主义道路

近代中国的国情以及中国社会主义制度建立的基础条件决定，建设小康社会成为我们建设社会主义不可或缺的组成部分，是建成社会主义的必经阶段。也可以说，小康社会是建设社会主义现代化强国和实现中华民族伟大复兴历史任务的阶段性目标，它自然属于社会主义范畴，因此，毫无疑问，小康社会建设必须走社会主义道路。正如毛泽东在《民主主义论》中所说，“中国也只有进到社会主义时代才是真正幸福的时代”。① 只有社会主义能够救中国，只有社会主义能够发展中国，这是颠扑不破的真理。

然而，认识小康社会，首先要把握两个关键词：一是社会主义；二是中国特色。显然，小康社会既不是社会主义的代名词，更不是共产主义社会形态，但它既与社会主义相连，也与共产主义相关。那么，小康社会是什么样的社会，如何建设小康社会？这在马克思主义经典作家那里找不到现成答案，国际共产主义运动史上也没有现成的经验可以借鉴。建成小康社会，首先需要有一条与之相契合的符合中国国情的正确道路。由此决定，建成小康社会离不开中国共产党人解放思想、实事求是和理论创新，即离不开马克思主义的中国化。早在 1956 年 4 月，毛泽东在初步总结我国社会主义建设经验的基础上，就提出了探索适合我国国情的社会主义建设道路的任务。改革开放以来，中国共产党在反思和总结历史教训的基础上，经过几代中央领导集体的不懈努力，对什么是社会主义和怎样建设社会主义的问题逐步做出了正确回答，由此找到了一条符合中国国情的社会主义建设道路——中国特色社会主义道路。这条道路是全国人民团结奋斗的共同思想基础。正如习近平总书记所说，“这条道路来之不易，它是在改革开放 30 多年的伟大实践中走出来的，是在中华人民共和国成立 60 多年的持续探索中走出来的”。② 党的十八大以来形成的习

① 《毛泽东选集》(第二卷)，人民出版社 1991 年版，第 683 页。
② 《习近平谈治国理政》，外文出版社 2014 年版，第 39 页。

近平新时代中国特色社会主义思想，标志着中国特色社会主义道路日益走向成熟。改革开放40多年的实践表明，中国特色社会主义道路是改变中国命运的道路，也是实现中华民族伟大复兴唯一正确的道路，是全面建成小康社会唯一正确的道路。正是有了这条道路，我们全面建成小康社会才有了根本保障。

（二）中国特色社会主义道路的开辟与小康社会建设的伟大实践有机统一，同步推进

一方面，小康社会建设的一切成就都是在中国特色社会主义理论的指引下取得的。回顾历史，清晰可见的是：党的十二大在提出建设小康社会目标的同时，又提出“把马克思主义的普遍真理同我国的具体实际结合起来，走自己的道路，建设有中国特色的社会主义”[①]；党的十三大提出了社会主义初级阶段的理论，并充分认识到我国社会主义初级阶段是逐步摆脱贫穷落后的阶段。而小康社会建设的方案也以此为依据逐步形成和日臻完善；到党的十四大时，“又郑重地把邓小平建设有中国特色社会主义的理论写到了自己的旗帜上”。[②] 伴随中国共产党对建设有中国特色社会主义认识的发展，中国也开始向小康社会迈进；经过党的十五大到十六大的发展，中国特色社会主义理论体系的框架得以形成，同时，中国也实现了由建设小康到全面建设小康的飞跃；党的十七大一方面把十六大确定的全面建设小康社会的奋斗目标写入党章，另一方面又指出，在新的发展阶段全面建设小康社会，要立足基本国情，坚持一个中心和两个基本点的基本路线，以及巩固和完善社会主义制度等。这表明，小康社会建设始终与中国特色社会主义理论和道路的发展联系在一起。

党的十八大以来，以习近平为核心的党中央在经济、政治、文化、社会、生态文明建设等方面提出一系列新理念、新思想、新战略，形成了“四个全面”战略、“五位一体”布局和新发展理念。与此同时，小康社会建设

---

① 《邓小平文选》(第三卷)，人民出版社1993年版，第3页。

② 《十四大以来重要文献选编》(上)，人民出版社1996年版，第445页。

在各个领域都取得了举世瞩目的伟大成就，进而也把全面建成小康社会的步骤推进到决胜阶段。建成小康社会的历史见证了中国共产党治国的一个突出特点：治国始终不偏离社会主义轨道，但并不是教条式地对待马克思主义，而是始终坚持把马克思主义中国化。

二、继承与积累是治国的重要路径：全面小康社会是几代人创造的文明成果的总和

中国共产党是一个由弱小走向强大的政党；其社会主义建设事业又是从一穷二白起家的。这其中隐含的一个奥秘，就是继承和不断积累。注重继承与积累是中国共产党治国的一条重要路径，也是一条重要经验。当然，对于中国共产党人而言，继承不是后人复制和照搬前人，而是批判地继承。继承是创新的前提，创新是在继承基础上的创新，从而才使其思想理论与实践成就不断发展和日益强大。到2020年全面建成小康社会，是共产党人为人民谋幸福、为民族谋复兴所作出的一种战略性选择。这个选择内含几代共产党人的理想和夙愿。小康社会的建成是从毛泽东开始的几代共产党人在理论与实践上厚积薄发的结果。

（一）以毛泽东为代表的第一代中央领导集体的艰难探索为全面建设小康社会奠定了基础

作为中国社会主义、共产主义建设的一个阶段性目标，小康社会建设的直接目标是让人民获得幸福。因此，将人民从旧制度下解放出来是走向小康的第一步。毛泽东为代表的共产党人经过28年的英勇斗争，“在我国结束了极少数剥削者统治广大劳动人民的历史，结束了帝国主义、殖民主义奴役中国各族人民的历史。劳动人民成了新国家新社会的主人”。[①]没有这一步，小康社会就无从谈起。不仅如此，“从一九四九年十月中华人民共和国成立到一九五六年，我们党领导全国各族人民有步骤地实现从新民主主义到社会主义的转变，迅速恢复了国民经济并开展了

---

① 《十一届三中全会以来重要文献选读（上册）》，人民出版社1987年版，第299页。

有计划的经济建设，在全国绝大部分地区基本上完成了对生产资料私有制的社会主义改造”。[①] 随着这场深刻的社会变革的顺利实现，社会主义制度在我国已经基本上建立起来。这为小康社会建成提供了根本的制度保证。

毛泽东虽然没有明确使用小康社会的概念，但建设一个富强、民主、文明的新国家始终是他为之奋斗的目标。在民主革命时期，毛泽东就说："我们共产党人，多年以来，不但为中国的政治革命和经济革命而奋斗，而且为中国的文化革命而奋斗；一切这些的目的，在于建设一个中华民族的新社会和新国家。"[②]1949年，在新中国诞生之际，毛泽东在新政协的讲话中又说：中国共产党"将领导全国人民克服一切困难，进行大规模的经济建设和文化建设，扫除旧中国所留下来的贫困和愚昧，逐步地改善人民的物质生活和提高人民的文化生活"。[③] 应该说，以毛泽东为代表的共产党人的全部理论和实践都是为建成小康社会奠基，例如，我国第一个五年计划的完成就取得了显著成就："一批为国家工业化所必需而过去又非常薄弱的基础工业建立了起来。从一九五三年到一九五六年，全国工业总产值平均每年递增百分之十九点六，农业总产值平均每年递增百分之四点八。经济发展比较快，经济效果比较好，重要经济部门之间的比例比较协调。市场繁荣，物价稳定。人民生活显著改善。"[④]在社会主义改造基本完成的十年中，社会主义建设虽然经历了严重曲折，仍然取得了很大的成就。"以一九六六年同一九五六年相比，全国工业固定资产按原价计算，增长了三倍。棉纱、原煤、发电量、原油、钢和机械设备等主要工业产品的产量，都有巨大的增长。……"[⑤]总之，我们现在赖以进行现代化建设的物质技术基础，很大一部分是在这个时期建设起来的。也就是说，我们今天能够建成全面的小康社会，其基础包含以毛泽东为代表的第一代中央

① 《十一届三中全会以来重要文献选读（上册）》，人民出版社1987年版，第304页。
② 《毛泽东选集》（第二卷），人民出版社1991年版，第663页。
③ 《毛泽东文集》（第五卷），人民出版社1996年版，第348页。
④ 《十一届三中全会以来重要文献选读（上册）》，人民出版社1987年版，第307页。
⑤ 同上书，第309页。

领导集体奋斗创造的成果。

（二）邓小平正式提出“小康社会”的概念并付诸实践

小康社会的概念是邓小平明确提出的。早在改革开放之初，面对中国社会主义不合格的现实，以及对社会主义真谛的思考和探索，在社会发展目标上，邓小平采取了战略退却的思维。他以高超的政治智慧将中国传统文化中“大同”和“小康”的政治文化传统与科学社会主义原则有机结合起来，擘画了具有重大历史转机意义的社会发展目标，即提出到20世纪末在中国建立一个小康社会的设想。小康社会的目标从建设真正社会主义的要求出发，重在发展生产力，消灭贫穷，解决人民温饱的问题。对于如何达到小康水平，邓小平提出了我国经济发展分三步走的战略，“本世纪走两步，达到温饱和小康，下个世纪用三十年到五十年时间再走一步，达到中等发达国家的水平”。[①] 显然，这个目标不是短时间内可以实现的。为了这个雄心壮志，一代又一代共产党人锲而不舍，一砖一瓦地为之进行积累和创造条件。

1982年召开的党的十二大规定：从一九八一年到本世纪末的二十年，力争使全国工农业的年总产值翻两番，使城乡人民的收入成倍增长，人民的物质文化生活达到小康水平。到1987年党的十三大时就宣布：“第一步，实现国民生产总值比一九八〇年翻一番，解决人民的温饱问题。这个任务已经基本实现。”[②]与此同时，又重申了第二步和第三步的奋斗目标。这样，以邓小平为核心的党中央就为全面建成小康社会完成了其预期的历史任务。

（三）以江泽民为核心的党中央率领全党向小康社会迈进，将“建设更宽裕的小康”提高到“全面建设小康社会”的新水平

党的十三大后，在邓小平建设有中国特色社会主义理论的指导下，中国共产党经过5年的奋斗，到党的十四大时就宣布：中国“十一亿人民的温饱问题基本解决，正在向小康迈进。我国经济建设上了一个大台阶，人

---

① 《邓小平文选》（第三卷），人民出版社1993年版，第251页。
② 《十三大以来重要文献选编》（上），人民出版社1991年版，第16页。

民生活上了一个大台阶,综合国力上了一个大台阶”。[1] 与此同时,继续坚持基本实现现代化分三步走的战略;坚持党的基本路线不动摇;加强社会主义民主法制和精神文明建设,促进社会全面进步。这就为推进小康社会建设指明了方向。

1997 年党的十五大根据对我国经济社会发展水平的预估提出:从现在起到下世纪的前十年,在实现第二步战略目标的同时,向第三步战略目标迈进,“使人民的小康生活更加宽裕”。[2] 到 2002 年党的十六大召开时就宣布:“我们胜利实现了现代化建设‘三步走’战略的第一步、第二步目标,人民生活总体上达到小康水平。”[3]同时,大会还将十五大确定的“建设更宽裕的小康”提高到“全面建设小康社会”的新水平。伴随小康建设标准的提高,中国也进入全面建设小康社会的新阶段。

(四)胡锦涛率领全党继续奋斗,全面建设小康社会取得一系列重大进展,并将“全面建设”改写为“全面建成”

党的十六大以后,通过贯彻科学发展观以及实施全面建设小康社会的发展战略,到 2007 年党的十七大时,胜利完成了十六大提出的小康社会建设规划。这五年,是改革开放和全面建设小康社会取得一系列重大进展的五年,是我国综合国力大幅提升和人民得到更多实惠的五年。经过五年的发展,我国经济发展“总量跃至世界第四、进出口总额位居世界第三,人民生活从温饱不足发展到总体小康,农村贫困人口从两亿五千多万减少到两千多万,政治建设、文化建设、社会建设取得举世瞩目的成就”。[4] 正是在此基础上,十七大提出为夺取全面建设小康社会新胜利而奋斗。十七大后,又经过五年的锐意进取和努力奋斗,到 2012 年党的十八大时就宣布:“我们胜利完成‘十一五’规划,顺利实施‘十二五’规划,各方面工作都取得新的重大成就。”[5]因此,大会将十七大主题中“为夺取全

---

① 《江泽民文选》(第一卷),人民出版社 2006 年版,第 210—211 页。
② 《江泽民文选》(第二卷),人民出版社 2006 年版,第 4 页。
③ 《江泽民文选》(第三卷),人民出版社 2006 年版,第 542 页。
④ 《胡锦涛文选》(第二卷),人民出版社 2016 年版,第 619 页。
⑤ 《胡锦涛文选》(第三卷),人民出版社 2016 年版,第 613 页。

面建设小康社会新胜利而奋斗”改为“为全面建成小康社会而奋斗”。“建设”和“建成”虽然一字之差，但其内涵却有很大不同，这表明小康社会水平有了飞跃式的发展。

（五）以习近平为核心的党中央将“全面建成小康社会”推进到“决胜”阶段

十八大以来的五年，是小康社会建设极不平凡的五年。这五年，中国经济、社会各个领域取得的成就是全方位的，社会变革也是深刻的和根本性的：从经济上看，中国“经济保持中高速增长，在世界主要国家中名列前茅，国内生产总值从五十四万亿元增长到八十万亿元，稳居世界第二，对世界经济增长贡献率超过百分之三十”。[①] 从人民生活水平和社会治理综合水平看，城乡居民收入增速超过经济增速，中等收入群体持续扩大。特别是随着党深入贯彻以人民为中心的发展观和一大批惠民举措落地实施，中国现代化水平大幅提升。其中农业现代化、城镇化、教育事业发展、就业、社会保障体系的建立等各方面的数据都令人振奋。特别是决定小康社会建设进程的扶贫工作成就更是令人充满信心：六千多万贫困人口稳定脱贫，贫困发生率从百分之十点二下降到百分之四以下。与此同时，社会治理体系更加完善，社会大局保持稳定，国家安全全面加强；一系列重大科技成果相继问世；中国对外投资、外汇储备稳居世界前列。此外，随着中国政治体制改革和实施“全面依法治国”战略，中国民主法治建设迈出重大步伐；在思想文化建设上，党的理论创新全面推进；文化软实力和中华文化影响力大幅提升；由于全党全国大力贯彻绿色发展理念，生态文明制度体系加快形成，生态环境状况基础得到改善，等等。不仅如此，在建设小康社会的政治保障方面，人民军队在中国特色强军之路上迈出了坚定步伐；全方位外交布局深入展开；坚持全面从严治党为决胜全面建成小康社会提供了可靠的政治保障。由此可见，“如期全面建成小康社会”“具有充分条件”[②]，于是，党的十九大提出了“决胜全面建成小康社

① 《习近平谈治国理政》（第三卷），外文出版社 2020 年版，第 2—3 页。
② 《习近平谈治国理政》（第二卷），外文出版社 2017 年版，第 72 页。

会"的口号。

在十九大以来的两年里，全党上下加足马力决胜小康。从2020年5月李克强总理在第十三届全国人民代表大会的政府工作报告中看到：2019年以来，国内生产总值达到99.1万亿元，增长6.1%。城镇新增就业1 352万人，调查失业率在5.3%以下。居民消费价格上涨2.9%；社会消费品零售总额超过40万亿元；粮食产量保持在1.3万亿斤以上；常住人口城镇化率首次超过60%，等等。特别是三大攻坚战取得重大进展。农村贫困人口减少1 109万，贫困发生率降至0.6%；污染防治持续推进，生态环境总体改善；居民人均可支配收入超过3万元。基本养老、医疗、低保等保障水平提高，等等。① 这些数据既表明了改革开放以来中国在小康社会建设过程中积累的能量和基础，也标志着胜利即将到来。

综上所述，小康社会是包括经济、政治、文化、社会、生态等多维度的文明成果的总和。小康社会的建成是几代共产党前后相继、持续奋斗、不断积累达到的社会发展水平。它虽不是我们最终的社会理想，但为我们实现最终的目标准备了坚实基础。

三、理想与担当是治国的力量所在：中国共产党人的初心和使命为建成小康社会提供了不竭的精神动力

恩格斯曾指出："在社会历史领域内进行活动的，是具有意识的、经过思虑或凭激情行动的、追求某种目的的人。"②因而，在一定条件下，人的主观能动性对于社会变革发挥着不可忽视的作用。而人的主观能动性往往源于对理想信念的执着而产生的激情、勇气、定力等精神力量。

（一）全面建成小康社会是充满艰辛的伟大事业，需要强大精神力量的支撑

在近代以来中国积贫积弱，经济文化十分落后的历史条件下建成小康社会，其难度之大，任务之艰巨不亚于革命战争。从中国共产党对全面

---

① 《李克强作的政府工作报告》（摘登），《人民日报》2020年5月23日。
② 《马克思恩格斯选集》（第四卷），人民出版社2012年版，第253页。

建成小康社会的历史选择和战略安排看，它既是党的“第一个百年”奋斗目标的终点，又处于“第二个百年”奋斗目标的起点上，是实现中华民族伟大复兴历史进程中的必经阶段，并处于十分关键的地位；而在这个历史阶段中，中国共产党要以“在地域上、人群上一个都不能少”[①]为基本底线，实现全部人口脱贫，建成惠及全体人民，包括整个农村、农民的全面小康社会，并达到社会各个领域全面协调的发展和进步。这不仅是中国近现代史上一个伟大壮举，也是中国几千年历史上未有的充满艰辛的伟大事业。因此，它需要具备强大的精神力量——坚定意志、不畏艰难的勇气、强大的政治定力等。

“我们的事业之所以伟大，就在于经历世所罕见的艰难而不断取得成功。”[②]从中国所处的历史环境和现实条件看，不仅全面建成小康社会的目标不是轻轻松松实现的，而且要保持现有的成果和进一步提升小康社会的水平依然面临着种种风险和挑战。一方面，中国仍然是世界上最大的发展中国家；另一方面，从历史的大环境看，中国面临着世界百年未有之大变局，一切都充满着不确定性；再者，在开启全面建设社会主义现代化国家的新征程上，中国将继续进行改革攻坚、解决发展不平衡、不充分的矛盾。同时，还必须成功应对一切外部环境变化的考验；如此等等，如果没有强大的精神力量的支撑，稍显定力不足、信心不足、毅力不足，就可能半途而废。党的历史经验表明，越是在最艰难、最关键的时刻，就越需要我们党具备坚韧不拔的精神，正可谓伟大的事业需要伟大的精神。

（二）中国共产党的理想与使命担当赋予其建设小康社会的坚定意志与强大定力

中国共产党不畏艰难险阻，全力建设小康社会的动力源于其远大理想，即初心和使命。中国共产党一经成立就将共产主义确立为远大理想。而共产主义理想表现在实践上，就是为人民谋幸福、为民族谋复兴、为世界谋大同。如前所述，建设小康社会的直接目标就是为人谋幸福，进而实

① 习近平：《在学习〈胡锦涛文选〉报告会上的讲话》，人民出版社 2016 年版，第 12 页。

② 《十八大以来重要文献选编》（上），中央文献出版社 2014 年版，第 692 页。

现社会主义和共产主义的远大理想。因为社会主义是共产主义的第一阶段，只有建成社会主义，才有资格谈中华民族的伟大复兴和共产主义。小康社会建设的目标和出发点，首先就是消灭贫穷，建设真正的社会主义，进而使人民获得幸福、国家强盛，民族振兴。江泽民同志曾指出，“可以肯定，实现了全面建设小康社会的目标，我们的祖国必将更加繁荣富强，人民的生活必将更加幸福美好，中国特色社会主义必将进一步显示出巨大的优越性”。[①] 为人民谋幸福是中国共产党的承诺，也是其永恒的使命。毛泽东曾说，“共产党人决不抛弃其社会主义和共产主义的理想”。[②] 从邓小平、江泽民、胡锦涛，再到习近平，都抓住小康这个目标不放，就在于正确认识了建设小康社会与社会主义本质和共产主义远大目标的关系，即始终将全面建成小康社会的目标视为实现两个一百年奋斗目标不可缺少的组成部分，因此，在任何情况下都不改变初衷。

回顾中国社会主义建设的历史，特别是改革开放的历史，不难看出，小康社会的目标一经提出，我们党始终扭住这个目标不放，表现了强大的政治定力。中国共产党的政治定力是建立在对共产主义理想信念的坚守以及危机意识高度自觉基础之上的，综合意志、毅力、勇敢、胆略、冷静、智慧等要素而成的不为其他消极力量所动的强大力量。从根本上说，小康社会的建成，关键在于走中国特色社会主义道路，具体而言，在于坚持改革开放和社会主义市场经济。而在改革开放和发展社会主义市场经济过程中，中国共产党曾经遇到过种种挑战和障碍：自 20 世纪 70 年代中国开启改革开放以来，对于要不要改革开放，实行什么样的改革开放，如何看待改革开放中出现的问题等，不仅发生了“姓社姓资”的思想交锋以及批评改革开放的“万言书”，而且还出现了资产阶级自由化思潮的泛滥。然而，不论是遇到“左”的还是右的思潮的干扰，都没有动摇中国共产党坚持改革开放和实行社会主义市场经济的决心。20 世纪 80 年代初，针对国内外对于中国改革开放的质疑、担心，邓小平就坚定地说“我们现在的

① 《江泽民文选》(第三卷)，人民出版社 2006 年版，第 544 页。
② 《毛泽东选集》(第一卷)，人民出版社 1991 年版，第 259 页。

路子走对了，人民高兴，我们也有信心，我们的政策是不会变的”。[1] 为了实现小康，甚至讲到我们要始终扭住四个现代化建设这个根本环节不放松，“除非打起世界战争。即使打世界战争，打完了还搞建设。我们提出四个现代化的最低目标，是到本世纪末达到小康水平”。[2] 他反复强调基本路线一百年不动摇。面对资产阶级自由化思潮，邓小平旗帜鲜明地说，“我们有四个不变：坚持四项基本原则不变，一心一意搞四个现代化建设不变，对外开放政策不变，进行经济体制改革和政治体制改革的方针不变”。[3] 邓小平在正确分析国际形势的基础上，提出了冷静观察；稳住阵脚；沉着应付的国际战略，与此相适应，他还坚定地说，“中国的社会主义是变不了的。中国肯定要沿着自己选择的社会主义道路走到底。谁也压不垮我们”。[4] 只要“改革开放政策稳定，中国大有希望”[5]，这都充分彰显了共产党人在面对风险和考验时所具有的对于坚持走中国特色社会主义道路的政治定力。此后，在小康社会建设上，中国共产党几代中央领导集体以“功成不必在我”[6]、一张蓝图绘到底的精神，一茬接着一茬干，一棒接着一棒跑，例如，在十八大以来的决胜小康社会的冲刺中，党始终抓住与人民利益息息相关的事，一件一件扎扎实实地做。其中，在决胜的重点工作上，围绕发展不平衡、不协调的问题，努力使发展成果让人民共享：一是抓住老百姓衣食住行问题，改进民生，打脱贫攻坚战；二是保证人民主体地位，实现社会公平正义；三是在“全面”性上下功夫，包括坚持政治、经济、文化、社会、生态各领域协调发展，坚持城市、乡村普遍发展和脱贫全覆盖等。对于建设小康社会的伟大事业从不懈怠、不浮躁、不停滞，一干到底。

总之，共产党主义的理想信念与使命担当是中国共产党战胜一切困

---

① 《邓小平文选》(第三卷)，人民出版社 1993 年版，第 29 页。
② 同上书，第 64 页。
③ 同上书，第 211 页。
④ 同上书，320—321 页。
⑤ 同上书，321 页。
⑥ 《习近平谈治国理政》(第二卷)，外文出版社 2017 年版，第 146 页。

难、攻克所有难关，最终建成小康社会的精神力量所在。

四、依靠人民力量治理国家：小康社会建成是党和人民共同奋斗的结果

马克思主义的唯物史观认为，人民群众是社会历史的主体，是社会变革的决定力量。全面建成小康社会的出发点和依靠力量都体现了对马克思主义唯物史观的正确运用。

（一）中国共产党坚信人民是治国力量的源泉，是“党执政的最大底气”[①]

“人民是历史的创造者，是决定党和国家前途命运的根本力量。”[②]近百年的历史证明，中国共产党只要与人民同甘共苦、团结奋斗，就没有克服不了的困难，也没有越不过的坎。中国共产党相信我们的人民是具有创造精神、奋斗精神、团结精神、梦想精神的人民。习近平总书记指出，“我们党来自人民、植根人民、服务人民，党的根基在人民、血脉在人民、力量在人民。失去了人民拥护和支持，党的事业和工作就无从谈起”。[③] 在小康社会建设过程中，中国共产党始终强调把人民立场作为根本立场。人民立场，除了把为人民谋幸福作为根本使命，坚持全心全意为人民服务的根本宗旨外，就是贯彻群众路线，尊重人民主体地位和首创精神，把人民的力量凝聚起来治理国家。早在改革开放之初，邓小平就说“我们相信中国人不笨”，他鼓励人们敢想、敢试、敢闯，提出放手发动群众。他说“农村搞家庭联产承包，这个发明权是农民的。农村改革中的好多东西，都是基层创造出来，我们把它拿来加工提高作为全国的指导”。[④] 正是由于相信群众、依靠群众，使中国共产党获得了建成小康社会的决心、底气和不竭的力量。在决胜全面建成小康社会到来的时刻，习近平借用古人的话说：“‘大鹏之动，非一羽之轻也；骐骥之速，非一足之力也。’就是说，大鹏

---

① 《习近平谈治国理政》（第三卷），外文出版社 2020 年版，第 135 页。

② 同上。

③ 《习近平谈治国理政》，外文出版社 2014 年版，第 367 页。

④ 《邓小平文选》（第三卷），人民出版社 1993 年版，第 382 页。

冲天飞翔，不是靠一根羽毛的轻盈；骏马急速奔跑，不是靠一只脚的力量。中国要飞得高、跑得快，就得依靠13亿人民的力量。”[①]总之，中国共产党全面小康社会的底气和力量就是建立在相信人民、依靠人民基础上的。

（二）尊重人民主体地位和首创精神，激发人民的内生活力

全面建成小康社会事关十四亿中国人民共同利益，是全体中国人民共同的事业，它不仅需要中国共产党正确领航，还需要极大地发挥人民群众的积极性与创造力。在建设小康社会的历史进程中，中国共产党始终注重发挥人民的主体力量。这从建设小康社会的最艰巨的工程——脱贫攻坚的理论与实践就可以得到充分的证明。首先，在脱贫攻坚的领导方式上，中国共产党采取的是依靠群众，发挥基层干部群众首创精神的做法：如，通过选派第一书记、驻村工作队，增加大学生村官的方式，直接扎根群众之中，与群众共同奋斗。从十八大以来到2018年，“全国累计选派43.5万名干部担任第一书记，派出277.8万干部驻村帮扶。目前，在岗第一书记19.5万名、驻村干部77.5万名”。[②] 这是发挥群众主体力量的一个重要途径。其次，通过党政机关定点扶贫、军队和武警部队扶贫、各种社会力量参与扶贫，形成了全国上下总动员、齐上阵，从而实现了有效的社会总动员。最后，通过各种政策机制将人民凝聚起来，使之形成建设小康社会的巨大合力。例如，十八大以来，在怎么扶贫的问题上，实施了“五个一批”工程，其中通过发展生产工程的脱贫，是立足当地资源，引导所有有劳动能力的人民依靠自己的双手开创美好生活，实现了就地脱贫；以生态工程的脱贫，就是通过补偿增加重点生态功能区转移支付，让有劳动能力的贫困人口就地转成护林员等生态保护人员，从而使之脱贫。再如，通过努力改善贫困地区经济发展方式，重点发展贫困地区人口能够受益的产业，如特色农业、劳动密集型的加工业和服务业等方式，以达到脱贫的目的，等等。通过各种具体有效的政策措施，就把人民群众广泛地纳入脱贫攻坚的整个工程中，发挥每一个人的作用，由此汇聚成了强大合

---

① 《习近平谈治国理政》，外文出版社2014年版，第98页。
② 《习近平谈治国理政》（第三卷），外文出版社2020年版，第149页。

力，这是建成小康社会的主体力量。

总之，中国人民是伟大的人民，中国共产党是依靠人民治国的政党，因此，才有了成功治国和实现社会理想的力量源泉。

五、治大国若烹小鲜：小康社会的建设过程始终坚持科学理论指导和精准施策

没有科学理论的指导，就没有成功的实践。中国共产党对确立建设小康的目标到“建成”和“决胜”小康的条件、实施战略、路径等方面，都作出了科学回答，形成了系统的思想体系。这个理论体系完全是建立在马克思主义基本原则和科学方法论基础之上的，因而为决胜全面建成小康社会提供了强大的思想武器。

（一）建设小康和决胜小康目标的确立都体现了中国共产党人对马克思主义精髓的把握

马克思主义的精髓就是一切从实际出发，实事求是。小康社会建设的目标就是从中国处于社会主义初级阶段的基本国情出发提出的，因而也是建立在马克思主义哲学基础之上的。

首先，小康目标的提出意味着我们党从过去脱离实际的“左”倾冒进思维中彻底摆脱出来。邓小平说：“我们是历史唯物主义者，研究和解决任何问题都离不开一定的历史条件。”[①]自从邓小平提出社会主义初级阶段理论以来，几代共产党人都坚持以此为依据认识和解决问题。社会主义初级阶段这一理论的重大突破，为在中国建成小康社会提供了基本依据。尽管小康社会还远未达到社会主义的水平，但“文化大革命”刚刚结束时，我们国家远不具备小康的水平。当年，邓小平把建设小康“叫中国式的现代化，就是把标准放低一点”。[②]这是邓小平通过国际比较，看到了当年我们的国民生产总值人均大约不到三百美元这个实际，才决定建设社会主义从小康水平做起。在邓小平看来，将目标定低一点可以防止急

---

① 《邓小平文选》(第二卷)，人民出版社 1994 年版，第 119 页。

② 同上书，第 194 页。

躁情绪，避免又回到“左”的错误上去。小康社会目标的确立是我们党恢复实事求是思想路线的一个重要成果。

其次，决胜小康的目标同样尊重了客观历史事实。新时代，以习近平为核心的党中央深入分析和准确把握国际国内形势，既看到成绩和机遇，又清醒地看到我们的短板、不足以及困难和挑战，并以此为依据谋划党和国家各项工作。在此过程中，综合我国经济社会发展的实际，与时俱进地规划和推进全面建成小康社会的进程。党的十八大以来，党中央顺应历史和人民愿望，推出一系列重大战略举措，“解决了许多长期想解决而没有解决的难题，办成了许多过去想办而没有办成的大事”，[①]使小康社会建设不断朝着更高质量的方向前进。例如，改革呈现全面发力、多点突破、纵深推进的崭新局面；贯彻全面依法治国战略，使我们党运用法律手段领导和治理国家的能力显著增强；生态文明建设取得显著进展；全面从严治党使党的凝聚力、战斗力和领导力、号召力得到增强等等。特别是决胜小康的攻坚战成绩斐然，到 2020 年年底，中国整族、整县脱贫陆续实现，美丽中国建设成就有目共睹；成功应对突发重大公共卫生事件令世界瞩目。这些都为我们“决胜”提供了重要保证。可以说，十九大提出决胜全面建成小康社会遵循了唯物辩证法从量变到质变的发展逻辑。

（二）全面建成小康社会的战略布局遵循了马克思主义的方法论

例如，党的十八大以来，以习近平为核心的党中央在提出全面建成和决胜小康社会目标的同时，运用马克思主义的科学方法论回答了如何实现其奋斗目标的一系列重大问题，形成了全面建成小康社会、全面深化改革、全面依法治国、全面从严治党的“四个全面”战略，以及中国特色社会主义政治建设、经济建设、文化建设、社会建设、生态文明建设的“五位一体”布局；创新、协调、绿色、开放、共享的五大发展理念。

首先，“四个全面”战略的提出和实施，运用了抓主要矛盾和注重事物之间联系的思维方法。“战略问题是一个政党、一个国家的根本性问题。

---

① 《习近平谈治国理政》（第二卷），外文出版社 2017 年出版，第 60 页。

战略上判断得准确，战略上谋划得科学，战略上赢得主动，党和人民事业就大有希望。”[①]“四个全面”战略抓住了当前党和国家事业发展中的主要矛盾。通过对这四个领域突出问题的解决带动了整个国家治理。因为这四个方面是相互关联、相互促进的关系。全面建成小康社会是我们的战略目标，全面依法治国、全面深化改革、全面从严治党都要聚焦于这个目标。不全面深化改革，发展就失去了动力；不全面依法治国，国家和社会生活就不能有序运行；中国特色社会主义制度的最大优势是中国共产党领导，不全面从严治党，决胜小康社会就失去了政治保证。总之，“四个全面”之间相辅相成、相互促进、相得益彰。“四个全面”战略的实施，在实践中产生了纲举目张的作用。

其次，“五位一体”布局和新发展理念体现了对马克思主义基本原理和辩证法的运用。恩格斯说：“政治、法、哲学、宗教、文学、艺术等等的发展是以经济发展为基础的。但是，它们又都互相作用并对经济基础发生作用。”[②]“五位一体”布局就是遵循马克思主义这一基本原理和社会主义本质要求提出的。

党的十九大报告提出的总体目标是到建党一百年时建成人民生活更加殷实的小康社会。为此，提出了实施“五位一体”布局和五大发展理念的具体方案，即：在经济上，以贯彻新发展理念建设现代化经济体系；在政治上，健全人民当家作主的制度体系，以发展社会主义民主政治；在文化上，坚定文化自信，推动社会主义文化的繁荣，大力发展中国特色的社会主义文化；在社会建设方面，努力保障和改善民生水平，加强和创新社会治理；在生态文明方面，加快生态文明体制改革，建设美丽中国。这个布局的要求是：坚持以经济建设为中心，全面推进经济、政治、文化、社会、生态文明建设，促进现代化建设各个环节、各个方面协调发展，防止长短不一，使五项建设相互联系、相互协调、相互促进。这五个方面可以说是“四个全面”战略、“五位一体”布局与五大理念相统一的产物，其不论是

① 《习近平谈治国理政》(第二卷)，外文出版社 2017 年版，第 10 页。
② 《马克思恩格斯选集》(第四卷)，人民出版社 2012 年版，第 649 页。

纵向还是横向关系，都展现了科学的辩证的逻辑思维。

（三）全面建设小康社会的精准施策，展现了中国共产党的“治大国若烹小鲜”的科学思维

仅以决胜全面建成小康社会冲刺阶段的工作部署和所实施的对策就可以清楚地认识中国共产党治国的这一突出特点。对于如何顺利实现“决胜”的目标，党中央率领全党和全国人民花大力气，集中破解制约全面建成小康社会的重点难点问题。对此，从宏观到具体，从战略、政策到具体路径形成了一系列科学、严谨、精准、可行的方略。其中主要的是按照十六大、十七大、十八大提出的全面建成小康社会各方面的要求，抓重点、补短板、强弱项。提出打赢防范化解重大风险、精准脱贫、污染防治三大攻坚战。

为化解和防范重大风险，努力推动我国经济社会持续健康发展，“坚持以新发展理念引领经济发展新常态，加快转变经济发展方式、调整经济发展结构、提高发展质量和效益，着力推进供给侧结构性改革，推动经济更有效率、更有质量、更加公平、更可持续地发展，加快形成崇尚创新、注重协调、倡导绿色、厚植开放、推进共享的机制和环境，不断壮大我国经济实力和综合国力”。[①]

为补短板、强弱项，坚持精准扶贫、精准脱贫，坚决打赢脱贫攻坚战。因为只有消除贫困、改善民生，逐步实现共同富裕，才能确保使所有贫困地区和贫困人口在预期内一道迈入全面小康社会。那么，如何打赢脱贫攻坚战？对此，党中央采取了一系列科学有效的对策：一是提出“把扶贫开发工作纳入‘五位一体’总体布局、‘四个全面’战略布局，作为实现第一个百年奋斗目标的重点任务，作出一系列重大部署和安排，全面打响脱贫攻坚战”。[②] 二是在具体路径上，构筑起全社会扶贫的强大合力，包括组织领导、健全体制机制、加大投入、实施社会动员、激发内生动力等。三是在具体工作对象上，强调“精准”二字。所谓精准，即做到靶向治疗，扶贫

---

① 《习近平谈治国理政》（第二卷），外文出版社 2017 年版，第 38 页。

② 《习近平谈治国理政》（第三卷），外文出版社 2020 年版，第 148 页。

扶到点上扶到根上。做到“坚持扶持对象精准、项目安排精准、资金使用精准、措施到户精准、因村派人(第一书记)精准、脱贫成效精准等‘六个精准’”。[1] 其中又着力解决“两不愁三保障”的问题。由于科学与精准施策,最终“创造了我国减贫史上最好成绩”。[2]

在补短板方面,除了脱贫攻坚外,另一个重点是补生态文明建设的短板。在几十年经济快速发展中,生态环境治理的滞后导致生态文明成为决胜小康的短板。对此,十九大提出加快建立有利于生态建设的法律制度及政策导向;着力解决突出的环境问题;加大生态系统保护力度;改革生态环境监管体制等一系列重要措施。这些政策的实施,确保了小康社会在生态环境上达标。

总之,从“四个全面”战略到“五位一体”布局,再到新发展理念,以及抓重点、补短板、攻难关的具体对策,都充分体现了中国共产党坚持统筹兼顾、综合平衡,突出重点、带动全局的哲学思维,同时也展现了中国共产党治大国若烹小鲜的思维特点。

综上所述,建设全面小康社会的历史成就蕴含了中国共产党治国的基本经验。总结这些历史经验,可以使我们进一步认识中国共产党作为马克思主义政党治国的突出特点。而中国共产党治国的历史经验也印证了马克思主义的社会有机体理论的科学性,即社会发展动力不是单一的,是包括物质和精神的多种要素的综合有机体。小康社会建成的历史表明,大国治理需要有理想信念和使命担当的强大政党的领导,这个政党必须准确把握自己的国情,并能掌握科学理论、选择正确道路及团结全体人民共同奋斗,以创造丰厚的物质基础,实现理想的社会目标。

---

① 《习近平谈治国理政》(第三卷),外文出版社 2020 年版,第 151 页。
② 同上书,第 148 页。

第六专题　中国共产党与军队建设

党对军队的绝对领导，是中国共产党在创建和领导人民军队的长期历史进程中，不断总结建军治军的历史经验，形成和确立的中国共产党领导军队的根本原则。坚持党对军队的绝对领导，是中国共产党领导人民军队的核心原则，是人民军队发展壮大的根本政治优势，是人民军队历史发展的必然选择。

一、以党治军：现代中国国家重建的军事政治逻辑

军队作为阶级的实力，在国家统治和社会结构中发挥着极其重要的作用。毛泽东指出："世界上从有历史以来，没有不搞实力地位的事情。任何阶级、任何国家，都是要搞实力地位的。搞实力地位，这是历史的必然趋势。国家是阶级统治的机关，军队是阶级的实力。只要有阶级，就不能不搞军队。"[①]对现代化的追求，既是近代以来中国军队发展的动力之源，又是中国军队进步的价值取向。鸦片战争以来的中国军队现代化历史进程表明，只有中国共产党领导下的人民军队，才能够承担起民族独立与国强民富的现代化重任。可以说，人民军队必须坚持党对军队的绝对领导，既是中国军队现代化发展的必然结果，又是中国政治现代化发展的

---

① 《建国以来毛泽东军事文稿》(下卷)，军事科学出版社、中央文献出版社 2010 年版，第 69—70 页。

必然结果,也是现代中国国家重建的军事政治逻辑的发展结果。

从军队现代化角度来看。自鸦片战争以来,实现现代化成为中国军队发展的必然趋势。总体而言,中国军队的现代化经历了三个历史阶段,产生形成了三支军队。第一代是清末新军;第二代是国民党创办的黄埔军;第三代是人民军队。[①] 但是,前两支军队的现代化进程却背离了鸦片战争以来中国军队现代化的根本价值取向——民族独立和国家富强——而被人民所抛弃。新军"在人民拥护的基础上,完成了推翻清朝的任务,但后来腐化了,脱离了人民,四分五裂,各人筹各人的饷,各搞各的地盘,被人民所唾弃";黄埔军曾经是一个革命军队,"也曾受到了人民的拥护,北伐时势如破竹,但也有一个缺点,就是脱离人民"。[②] 而人民军队从其诞生之日起,在中国共产党的坚强领导下,始终把追求民族独立、国家富强和人民幸福作为军队建设和发展的价值追求,最终取得了新民主主义革命的胜利,开创了社会主义建设和改革的新时期。军队的现代化建设进入发展的新境界。正如毛泽东所言:"人民的希望,人民所需要的方向,再加上我们自己的各种努力,过去可以北伐,可以解放全中国,可以进行国家的建设。今后,在人民拥护的基础上,加上我们的努力,我们就一定能够战胜帝国主义的侵略和解放台湾,也一定能够建设一支现代化的革命军队。"[③]

从政治现代化角度来看。中国共产党领导的人民军队的发展历史,深刻揭示和反映了中国近代以来军队建设和发展中存在的一个核心问题:即武力与主义应该如何结合,亦即在现代政治条件下,如何实现政党对军队的领导?近代以来,无论是曾国藩创办的湘军,李鸿章创办的淮军,还是以后的北洋新军、国民党军队,从根本上来说,仍然是一支产生于传统的小农生产的社会结构的农民军队。中国共产党领导下的人民军队之所以能够摆脱这种历史困境,其原因在于,这支军队是由以工业化社会

① 《毛泽东军事文集》(第六卷),军事科学出版社、中央文献出版社 1993 年版,第 357—358 页。
② 同上。
③ 同上书,第 359 页。

为组织原则缔造出来的政党所领导的，以马克思主义为理论指导，超越传统中国农业社会的狭隘视野，通过彻底的社会变革，真正解决了兵民分离这一传统社会的历史难题，使兵由民出，兵为民战，兵民利益在根本上得到统一。周恩来认为，军队中为什么要有政治？这是因为“现在的军队，无论是北洋军或革命军，都是由于社会上经济不安里崩溃来的，他们一方面走入北洋军队，一方面走入革命军队。政治工作就是使军阀军队渐渐觉悟，革命军队确实具有革命观念”。[①] 因此，中国共产党领导的无产阶级人民军队，虽脱身于半殖民地半封建的旧中国的农业社会结构之中，但却通过新的意识形态和严明的工业化组织原则，以彻底的社会大变革为基础，以广泛的社会动员为手段，建立了一支从根本上有别于中国近代社会以前任何一支旧军队的新型人民军队，从而确立了一整套以革命为中心话语的新的军队价值评判体系，实现了党对军队的绝对领导，成为当代中国政治的基本制度优势。正如毛泽东所说：“这个军队之所以有力量，是因为所有参加这个军队的人，都具有自觉的纪律；他们不是为着少数人的或狭隘集团的私利，而是为着广大人民群众的利益，为着全民族的利益，而结合，而战斗的。紧紧地和中国人民站在一起，全心全意地为中国人民服务，就是这个军队的唯一宗旨。”[②]

案例一：“六无”军队与国民党政权的失败

1949 年 10 月，蒋介石在台北草山的革命实践研究院对国民党军队失败的原因进行了检讨，认为军事上的失败主要在于：军队是“无主义、无纪律、无组织、无训练、无灵魂、无根底”的军队；军人是“无信仰、无廉耻、无责任、无知识、无生命、无气节”的军人。

可以说，国民党军队的失败最集中地反映了国民党政权的全面失败。美国驻华大使司徒雷登(Leighton Stuart)在总结国民党当时失掉大陆的原因时说：“整个国民党的军事系统终于赤裸裸地暴露出了它亏待士兵的

① 《周恩来军事文选》(第一卷)，人民出版社 1997 年版，第 17 页。
② 《毛泽东选集》(第三卷)，人民出版社 1991 年版，第 1039 页。

可怕后果。它根本不管士兵们的生活福利或作战目的教育。如此亏待士兵是他们的一贯作风。抗日战争期间，每个士兵明白为什么要抗击外国侵略者，然而，甚至在那个时候，军官们的贪污行为就已十分猖獗。在国家资源日益枯竭，前途已经无望时，这一现象依然如故。当我尽了最大努力，设法将经济合作署尚未使用的资金转用来支付军饷之后，听我们年轻能干的财务代表保罗·帕克说，高级将领把三千万银元装在自己的腰包里达数月之久，我恶心透了。"①

二、决胜秘诀：人民军队为什么能够不断走向胜利

人民军队之所以能够英勇善战，战胜强敌，不断取得胜利，就在于人民军队在中国共产党的领导下，有着正确的政治路线和军事路线，这是人民军队战无不胜的根本政治优势。毛泽东指出："人民解放军的历史证明，只要坚持了正确的政治路线和军事路线，保持艰苦奋斗的工作作风，完全和人民群众打成一片，任何强大的敌人都是能够打倒的，任何严重的困难都是能够克服的。"②朱德也指出："中国人民解放军是善于执行党的政治路线和军事路线的，是善于继承和发扬自己的人民军队的优良传统和作风的，是善于学习马克思列宁主义和先进的军事科学技术的。"③

第一，坚持党对军队绝对领导为人民军队提供了正确的政治军事路线保证。

正确的政治路线和军事路线是中国共产党根据每一历史阶段党所承担的主要任务和长远目标所作出的战略统筹与规划。军队作为执行政治任务的武装集团，只有坚定不移地执行党所确定的政治路线和军事路线，军队建设才能走上大发展、军事斗争才能取得大胜利。大革命失败后，面对国民党反动派的疯狂屠杀，中国共产党人奋起反击。1927 年 7 月 27 日，中共中央指定周恩来、李立三、恽代英、彭湃组成前敌委员会，周恩来

① ［美］约翰·司徒雷登：《在华五十年——司徒雷登回忆录》，程宗家译，北京出版社 1982 年版，第 230 页。

② 《毛泽东军事文集》（第五卷），军事科学出版社、中央文献出版社 1993 年版，第 653 页。

③ 《朱德军事文选》，解放军出版社 1997 年版，第 854 页。

任书记，组织领导南昌起义。1927 年 8 月 1 日，南昌起义正式发动，打响了武装反抗国民党反动派的第一枪，标志着中国共产党独立领导革命武装斗争和创建人民军队的开始。同年 8 月 18 日，中共湖南省委按照党的“八七”会议精神，决定由毛泽东、卢德铭等组成前敌委员会(简称“前委”)，毛泽东任书记，组织领导秋收起义。但是由于敌众我寡，起义部队进攻受挫。毛泽东当机改变攻打长沙的计划，并以前委书记的名义通知起义各部队到浏阳县文家市集结，召开前敌委员会会议，作出到敌人统治力量薄弱的农村中去坚持武装斗争，发展革命力量的重大决定。9 月 29 日，毛泽东率部到达江西省永新县三湾村，进行了著名的“三湾改编”。毛泽东提出建立党的各级组织和党代表制度，支部建在连上，班、排设党小组，连以上设党代表，营、团建立党委，部队由毛泽东为书记的中共前敌委员会领导。“三湾改编”确立了“党指挥枪”的原则，为建立新型人民军队奠定了初步基础。“三湾改编，实际上是我军的新生，正是从这时开始，确立了党对军队的领导。”[①]10 月 3 日，起义部队离开三湾村，开始向井冈山进军。10 月 27 日，起义部队到达罗霄山脉中段井冈山的茨坪，开创了中国共产党领导下的第一个农村革命根据地。

但是，当起义部队从城市退却，进入农村的时候，一个新的问题摆在中国共产党人的面前，那就是如何在农村分散游击的战争环境中，把一个农民占主要成分的军队改造成为无产阶级军队。据 1929 年 5 月红四军的统计，农民与其他小资产阶级成分占兵源的 70%。这一现实状况使得红四军内部各种非无产阶级思想泛滥，严重影响党对军队的领导。毛泽东指出：“红军第四军的共产党内存在着各种非无产阶级的思想，这对于执行党的正确路线，妨碍极大。若不彻底纠正，则中国伟大革命斗争给予红军第四军的任务，是必然担负不起来的。四军党内种种不正确思想的来源，自然是由于党的组织基础的最大部分是由农民和其他小资产阶级出身的成分所构成的；但是党的领导机关对于这些不正确的思想缺乏一

---

① 《罗荣桓军事文选》，解放军出版社 1997 年版，第 562 页。

致的坚决的斗争,缺乏对党员作正确路线的教育,也是使这些不正确思想存在和发展的重要原因。”[①]在这一情况下,坚持党对军队绝对领导原则的毛泽东在红四军党的七大上落选前委书记,无奈离开部队到闽西养病兼做地方工作。“关于确立党对军队的领导问题,在九次大会以前的七次代表大会上,有很大争论。有些同志对于一切重大问题要由党来决定,感到不满。有的高级干部、知识分子感到约束很大。一切重大问题由党来决定,这当然是对的,在今天看来是不成问题的,党员自然要服从党的决定。但在那时候,这个问题却没有解决。一切要经过支部,一切权力归于党,引起了许多同志不满。但毛主席对原则问题是不让步的。七次代表大会所争论的主要就是这个问题,就是有一些人存在着不满情绪。七次代表大会后毛主席就离开部队,休养去了。八次代表大会毛主席没有回来。”[②]

红四军内部存在的这一系列关系到建军原则的问题引起了中央的高度关注。1929年8月,陈毅到上海参加中共中央召开的军事会议,他向党中央如实地汇报了当时红四军的情况,并带回了由他按照周恩来多次谈话和中共中央会议精神代中央起草并经周恩来审定的《中共中央给红军第四军前委的指示信》(即“九月来信”)。在这封信里,周恩来强调要巩固红四军的团结,维护朱德、毛泽东的领导,并代表党中央宣布仍由毛泽东任中共红四军前委书记。这封信对统一红四军党内的思想,起到了积极的作用。在“九月来信”的指示下,1929年12月28日,红四军在福建上杭古田的廖氏宗祠召开党的第九次代表大会(即古田会议)。毛泽东作政治报告,会议一致通过了8个决议案(史称古田会议决议)。在古田会议决议中,毛泽东强调人民军队必须置于党的绝对领导之下,才能保证党指挥枪,才能保证人民军队的无产阶级属性。

可以说,从“三湾改编”到古田会议,以毛泽东为代表的中国共产党人在艰辛探索的过程中,逐步解决了在农村分散游击战争环境中建立无产

---

① 《毛泽东军事文集》(第一卷),军事科学出版社、中央文献出版社1993年版,第86页。
② 《罗荣桓军事文选》,解放军出版社1997年版,第552—553页。

阶级新型人民军队的根本问题，初步形成并确立了党对军队绝对领导的基本原则。“三湾改编的重要历史意义，就在于正是从这时开始，确定了党对军队的绝对领导，奠定了新型的革命军队的基础。后来，就是在这个基础上，继续从政治、思想方面肃清旧式军队的残余习气，更加完整地建立了和形成了革命军队的组织、制度和作风。毛泽东同志的系统的建军思想，也正是在这个时期通过实践逐步完成的。到红四军九次党代表大会在古田召开，毛泽东同志建军的一套经验，便基本总结起来，这就成了人民军队的建军原则和光荣传统。几十年来，它一直对革命战争和军队的建设起着极其深远的影响。”①

第二，坚持党对军队绝对领导为人民军队提供了战胜强敌的政治优势保证。

人民军队的成长史，就是一部由小变大、从弱变强的斗争史。这支军队之所以能够战胜强敌，就在于中国共产党通过激发和塑造人民军队的无产阶级属性，从而铸造了军队为了人民大众的根本利益而视死如归的大无畏牺牲精神。对中国共产党而言，要实现党建立社会主义的伟大使命，必须有一支政治觉悟能够与之相匹配的武装力量。“党始终是军队的领导者、组织者和鼓舞者，没有党的领导，就没有革命的军队。离开了党，一切都要失败。我军的整个历史，都充分地证明了这个真理。历史上对于党的集体领导制，曾经发生过多次动摇，每一次动摇，都曾使部队在政治上受到重大的损失。这些教训都是极为深刻的。”②

在土地革命战争时期，特别是 1934 年 1 月中共六届五中全会以后，在王明左倾机会主义的影响下，党对军队集体领导制度遭到破坏，博古、李德实际上垄断了对红军的领导权和指挥权，在错误的战略方针指导下，红军第五次反“围剿”失败，被迫放弃革命根据地，开始长征。但在长征初期，由于左倾机会主义没有得到认真清算，红军在不断的突围作战中遭受重大损失。党和红军处于生死存亡的危急时刻。在这一紧急关头，中共

① 《罗荣桓军事文选》，解放军出版社 1997 年版，第 565 页。
② 同上。

中央于 1935 年 1 月 15 日至 17 日，在遵义召开了政治局扩大会议，会议清除了左倾机会主义在军事上的冒险主义，确立了毛泽东在全党全军的领导地位，形成了由毛泽东、周恩来、王稼祥组成的三人军事指挥小组，党对军队集体领导制度得到恢复。遵义会议后，红军在党的正确领导下，采取灵活机动的战略战术，摆脱了国民党军队的围攻，于 1935 年 6 月 14 日在懋功以北的两河口，实现了红一、红四方面军的胜利会师。两大主力红军会师后，张国焘却依仗兵强马壮，伸手向中央要权。为了维护全党全军的团结，中革军委任命张国焘为红军总政治委员。但是，张国焘仍不满足，提出改组中共中央的无理要求。在遭到中央的批评后，张国焘无视组织纪律，擅自率领红军南下，公开分裂党和红军，自行成立中央。中共中央、中央军委对张国焘分裂红军、分裂党的活动进行了坚决斗争。张国焘被迫于 1936 年 6 月取消他所成立的党中央，并于同年 10 月，在中共中央的统一领导下，中国工农红军第一、二、四方面军在甘肃省会宁地区胜利会师。为党和红军保存了革命的火种，以更加高昂的精神投身于抗日战争的民族洪流之中。对土地革命战争时期党对军队绝对领导制度执行情况的正反两方面经验教训，毛泽东指出，张国焘右倾机会主义"这个错误发展到破坏了党和红军的纪律，使一部分红军主力遭受了严重的损失；然而由于中央的正确领导，红军中党员和指挥员战斗员的觉悟，终于也把这个错误纠正过来了。所有这些错误，对于我们的党，我们的革命和战争，当然是不利的，然而终于被我们克服，我们的党和我们的红军是从这些错误的克服中锻炼得更加坚强了"。①

抗日战争爆发后，为了保证党对军队的领导，克服王明右倾投降主义"一切服从统一战线""一切经过统一战线"的错误主张，毛泽东告诫全党全军："共产党员不争个人的兵权（决不能争，再也不要学张国焘），但要争党的兵权，要争人民的兵权"，"每个共产党员都应懂得这个真理：'枪杆子里面出政权'。我们的原则是党指挥枪，而决不容许枪指挥党"。② 在这

① 《毛泽东军事文集》（第一卷），军事科学出版社、中央文献出版社 1993 年版，第 705 页。
② 《毛泽东军事文集》（第二卷），军事科学出版社、中央文献出版社 1993 年版，第 421 页。

一精神的指导下，1937 年 10 月 22 日，中共中央、中央军委决定八路军各师恢复政治委员制度和政治部名称。中央军委总政治部随之成立。1942 年 9 月，为建立各抗日根据地内党、政、军一元化的领导，中共中央决定取消部队中的各级军政委员会，由各级地方党的党委书记兼任同级部队的政治委员。1944 年 4 月 11 日，谭政受党中央、毛泽东委托，在西北局高级干部会议上作了《关于军队政治工作问题》的报告。系统总结了党创建军队以来，坚持对军队绝对领导的经验，阐明了军队与党的关系、党与军队个人的关系，标志着党绝对领导军队的根本原则和制度走向成熟。进入解放战争时期，为了适应中国共产党将革命进行到底的伟大任务，党进一步加强了对军队的绝对领导，建立健全了党领导军队的制度。1947 年 2 月 27 日，中共中央发出《关于恢复军队中各级党委制的指示》，取消了抗日战争时期建立的部队各级党务委员会。1947 年 7 月 28 日，总政治部颁布《中国人民解放军党委会条例(草案)》。这是中国共产党领导的军队历史上第一个党委会条例，对党委会的任务、职权、工作以及党委会的产生和机构等作了详细规定。1948 年 9 月 20 日，中共中央发布《关于健全党委制》的决定，规定党、政、军各级党委必须建立、健全党委会议制度，一切重要问题均须交党委会作出决定，进一步加强了党对军队的领导，保证集体领导，对避免军队中单纯首长制所产生的弊病起了重要作用。从 1948 年 9 月至 1949 年 1 月，中国共产党领导下的人民军队同国民党军队进行了包括辽沈战役、淮海战役和平津战役的战略决战。中共中央、中央军委先后成立了辽沈战役、淮海战役和平津战役的总前委，统一指挥各战场参战部队，有力地保证了党对军队的绝对领导，使中央的战略意图得到了彻底的贯彻执行。三大战役历时 142 天，共争取起义、投诚、接受和平改编与歼灭国民党正规军 144 个师，非正规军 29 个师，合计共 154 万余人。国民党赖以维持其反动统治的主要军事力量基本上被消灭，从而大大加速了人民解放战争在全国的伟大胜利。

1949 年 10 月 1 日，中华人民共和国宣告成立。在中国共产党的绝对领导下，人民军队成为巩固人民民主专政的坚强柱石、保卫社会主义祖国的钢铁长城和建设社会主义的重要力量，肩负起对外抵御侵略、捍卫国家主权和领土完整，对内防止敌对势力的颠覆破坏、保卫人民的和平劳动的神圣职责。历史证明，“有了一支忠于党、忠于社会主义、忠于祖国、忠于人民的军队，国家政权才能真正巩固，经济发展、社会稳定、人民安居乐业才有可靠保障”。①

案例二："野战军进城不能撒‘野’"

1949年5月10日，陈毅在江苏丹阳县城一间大仓库里，面对穿不同服装的2000多名军政干部组成的上海接管纵队，作《入城守则》报告。他说：“攻击市区，绝对不准开炮，绝对不准爆破。进城以后，坚决执行‘不入民宅’。入城纪律是执行入城政策的前奏，是我们解放军给上海人民的见面礼。见面礼搞不好，是要被人家赶出来的。记住，我们野战军，到了城里不准再‘野’，纪律一定要严！”

讨论中，大家对不准开炮、不准爆破没有异议，坚决执行，但对不入民宅，有不同想法。有的干部提出：“过去打仗，哪次不是住老百姓家里，上门板捆稻草，挑水扫院子，哪点做得不好？难道上海不是咱中国地盘？”“怎么？难道军指挥部也不准进民房？太过分了吧？”“打上海时，万一遇上天下雨怎么办？”“战士生了病，进房要点开水喝也不行？”

陈毅听了汇报，斩钉截铁地说：“不行！不入民宅这一条一定要无条件执行！”他要各级干部下保证。

中共中央接到报告后，毛泽东很快发来一份电报批复：“很好，很好，很好，很好。”

5月12日，上海战役总指挥陈毅，向经过20多天集训和准备的几十万解放大军宣布：“今天，世界上没有任何力量可以阻止我们接管上海了！”

23日，解放军向上海发起全线总攻，向市区突击。总指挥陈毅向有

① 中国人民解放军总政治部编印：《国防和军队建设贯彻落实科学发展观重要论述选编》，解放军出版社2010年版，第151页。

关军长郑重交代:“你们马上攻打市区了,一定要军政全胜,一定要把人民的损失减少到最低限度!”

27日,上海全部解放。历时15天的上海战役,歼国民党军15.3万人,城市完好无损,电灯是亮的,自来水未停,电话畅通,工厂学校保存完好。

枪声停息后的第一个早晨,当市民打开家门时,惊奇地发现马路两边湿漉漉的地上,睡满了身穿黄布军装的解放军战士。英勇攻取了上海的胜利之师不入民宅睡马路,这旷古未有的景象强烈震动了上海市民。很快,解放军在十里洋场露宿街头的照片在中国香港和世界各国的报刊头条登出。美国销路最广的《生活》杂志说:“各项消息指出了一个历史性的事实,即是国民党的时代已经结束。”

三、历史镜鉴:强大无匹的苏联军队为何走向瓦解

1991年8月29日,戈尔巴乔夫(Gorbachev)签署了撤销苏联武装力量、苏联国家安全委员会部队、苏联内务部队和铁道部队中军事政治机构的命令,强盛一时的苏联军队正式解体。回首1991年苏联亡党亡军亡国的惨痛教训,苏联军队在保卫苏联共产党执政地位时的无所作为,导致苏联“共产党同它的将军们手挽手、肩并肩地走向灭亡”[①],留给后世的仍然是无数未解“历史之谜”的“谜中谜”。究其原因,就在于外表强大至极的苏联军队其实早已滋生弊病,无力也无法抗拒苏联社会变革带来的巨大冲击和影响。可以说,丧失和丢弃对苏联共产党的信仰;军内特权横行、腐败丛生,是导致苏联军队最终崩溃的两大主因。

(一) 信仰丧失是苏联军队崩溃瓦解的根本原因

苏联共产党是苏联军队的力量之源、信仰之源。但是,自戈尔巴乔夫改革之后,苏共在“新思维”的理论指导下,逐步放弃了马列主义的根本指导,使苏共日益成为一个松散的党团组织,对国家和军队的控制逐渐丧

① [美]威廉·奥多姆:《苏联军队是怎样崩溃的》,王振西等译,新华出版社2000年版,第1页。

失。1990 年 2 月，苏共中央全会决定取消党的法定领导地位、实行多党制后，军队开始走向“非党化”“非政治化”。1991 年 8 月 24 日，戈尔巴乔夫针对苏军在“八一九”事件中的表现发布总统令，禁止苏共在军队中的一切活动，撤销军队的政治机关。[①] 苏联国防部也下令：自 9 月 1 日起，在所有的部队、军事院校、管理机关、国防部的企业与组织中，一律停止苏共的活动，并成立由激进派控制的军事改革委员会，对苏联军队进行彻底的改造，使原来的苏联共产党中央领导的“捍卫社会主义”的苏军，转变为所谓维护总统、维护宪法、维护国家的西方模式军队。为此，戈尔巴乔夫和叶利钦（Yeltsin）对苏军高层领导进行了大换班，迅速撤换了国防部部长、国防部副部长、总参谋长、总干部部长，以及陆军、空军、防空军、空降兵总司令和五个军区司令，原国防部部务委员会的 17 名成员被开除 9 名，总军事政治部的 32 名将军有 28 名被迫退休与被开除，在军事政治部门工作的军官约有 9 万余被撤换，在远东地区有 7 000 名政治军官被开除。据新任的国防部部长沙波什尼科夫（Shaposhnikov）透露[②]，这次的大换班，大约有 80%的苏军高级军官被撤换，被撤换与被开除的军官大多都是苏联共产党员，而新任命的军官都是在思想上反对“八一九”事件、忠于戈尔巴乔夫与叶利钦的年轻军人。例如新任的国防部部长沙波什尼科夫就是因为拒绝执行苏联前国防部部长亚佐夫（Yazov）[③]的命令，未参与“八一九”事件而受到戈尔巴乔夫的提升。可以说，正是苏共的自我毁灭，丧失了对军队的坚强控制。确切地说，是苏共中央总书记“戈尔巴乔夫毁了苏联军队”。[④] 而这种可能性就根源于苏联政权的高度集中性。正如发动“八一九”事件的克留奇科夫批评的那样：“我们的社会体制，就像事实所表明的那样，有其最致命的弱点：对政权高层人物的背叛绝对

---

① ［俄］俄昂列德·葛拉契夫：《苏联崩溃目睹记》，张维邦审译，（台北）一桥出版社 1997 年版，第 272 页。

② 同上书，第 286 页。

③ 同上书，第 293 页。

④ ［美］威廉·奥多姆：《苏联军队是怎样崩溃的》，王振西等译，新华出版社 2000 年版，第 469 页。

无能为力。”①

（二）特权腐败是苏联军队崩溃的重要原因

苏军内部高级将领的生活特权与人事制度的腐败，无疑是苏联军队自我崩溃的又一重要原因。苏军内部腐败严重，主要表现为：一是从事有偿劳动，高级军官坐收渔利。“原苏共高级官员透露，军官比他们这些人更有可能享受别墅、房地产、狩猎区、疗养院的待遇，还可拥有私人仆从。有时丑闻闹得太大，苏共中央书记处不得不出面调查，但往往大事化小，小事化了，以便‘不伤害苏军的名誉’。”②比如，70年代，苏军驻捷克斯洛伐克的部队向当地集体农庄经理提供大量的部队的“免费”劳动力，以换取经理们回赠给将军们的丰厚“礼物”。在军队自己办的农场里，领导们常常把部分生产收益据为己有。动用部队劳动力为军官们，特别是为将军们建造夏季别墅。更有甚者，将部队公产作为讨好上级的便利手段。驻在堪察加导弹靶场的部队利用当地河流生产了大量的鱼子酱，这些鱼子酱被装成10公斤和20公斤重的箱子，然后在每个箱子上写上某位将军的姓名，装上飞机，运到莫斯科，由收件人自己享有。导弹靶场的指挥官为了犒劳生产鱼子酱的部队，则会给他们分发伏特加酒。二是犯罪行为盛行，军队犯罪率攀升。军队高级军官腐败的犯罪行为，破坏了严肃的军纪，鼓励了军内犯罪活动。在20世纪80年代以后，苏军部队普遍存在的偷盗以及私自出售武器装备、军服、汽油、机动车零件和其他物品的现象，变得愈加猖獗，军人犯罪率直线上升。据1990年的统计数据显示，在过去6个月中，军人犯罪率上升了40%。其中在比较严重的案件中，谋杀案上升了16.3%，身体严重摧残案件上升了41.9%，强奸案上升了15.8%，军官作案上升了40%。在阿富汗战争期间，苏军的犯罪行为更是削弱了党一直以来对军队官兵的信仰灌输与塑造。广泛流行的腐败以

① ［俄］弗·亚·克留奇科夫：《个人档案（1941—1994）——苏联克格勃主席弗·亚·克留奇科夫狱中自述》，何希泉等译，东方出版社2000年版，第159页。

② ［美］威廉·奥多姆：《苏联军队是怎样崩溃的》，王振西等译，新华出版社2000年版，第45—46页。

及走私武器装备以交换毒品和商品，抢劫阿富汗居民，杀死非战斗人员，惩罚性地进攻村庄以及拷打战俘成为军营里司空见惯的事情。据统计，记录在案的偷盗达6 412起，包括714起凶杀案、2 840起向阿富汗人出售武装案、524起毒品买卖案。[①] 苏军内部的特权腐败，特别是高级军官在物质待遇、人事任免等方面存在的腐败现象，对苏联军队和苏联共产党造成了难以挽回的政治恶果。

案例三："沃尔科戈诺夫现象"：苏联陆海军总政治部副主任的蜕变

德米特里·安东诺维奇·沃尔科戈诺夫上将的政治蜕变更能说明苏联共产党在武装力量中的意识形态教育的失败。甚至可以认为，如果说苏共中央政治局同宣传部部长雅科夫列夫是苏联共产党内的"意识形态背叛者"，那么沃尔科戈诺夫就是苏联武装力量中的"意识形态出卖者"。沃尔科戈诺夫1928年3月22日生于俄罗斯，1969年获哲学博士学位，1976年晋升苏联陆军少将。曾在列宁政治学院教授哲学，后任苏联陆海军总政治部副主任、苏联国防部军史研究所所长等职。在改革时期，沃尔科戈诺夫在苏联军队意识形态上的最大颠覆就是他撰写的《胜利与悲剧〈斯大林政治肖像〉》。这是自斯大林1953年逝世以来，苏联关于他的第一部完整传记。沃尔科戈诺夫在介绍这本书的时候说，他有机会研究了许多过去未公布的经斯大林之手的文件和个人档案，并采访过记得斯大林情况的人。这本书正是在此基础之上形成的。1987年12月9日，苏联《文学报》发表沃尔科戈诺夫关于《胜利与悲剧〈斯大林政治肖像〉》一书的作者序。沃尔科戈诺夫在序言中说："当前公众关注过去的历史，最关注的莫过于斯大林这个人物。斯大林是历史上最复杂的人物之一，这样的人不仅属于过去和现在，也属于未来。对于思考人生、时代和良知来说，这种人物的命运从世界观上提供了永恒的话题。斯大林的历史集中地反映了他的时代的复杂的辩证法。坦诚地面对历史，面对真理，不能不

① 唐鸣、俞良早主编：《共产党执政与社会主义建设——原苏东国家工人阶级政党执政的历史经验》，人民出版社2008年版，第531页。

承认斯大林对争取和维护社会主义的无可辩驳的贡献，也不能不承认他毫无根据地迫害千千万万无辜者这种政治错误和罪行。斯大林和党的领导核心在政治和思想斗争中维护了列宁主义，为加速社会主义建设创造了有利条件。对斯大林的评价，随着历史真相的明朗化，发生了根本的变化。不能用算术的方式评价过去：斯大林是功多还是过多。”

《胜利与悲剧〈斯大林政治肖像〉》序言文章的发表，立即引起苏联社会的震动，成为“公开性”在历史思想领域的又一力作。事实上，沃尔科戈诺夫撰写《胜利与悲剧〈斯大林政治肖像〉》时，基本上遵循了戈尔巴乔夫的历史观。1987年11月2日，戈尔巴乔夫在庆祝十月革命70周年的讲话中指出：“现在，就斯大林在我国历史上的作用问题议论纷纷。他是一个极其矛盾的人物。我们站在历史真正的立场上既要看到斯大林在争取社会主义和捍卫社会主义成果的斗争中所作的贡献，也要看到他和他周围的一些人所犯的严重政治错误与横行霸道。我国人民为这种错误付出了昂贵的代价。这些错误还给我们社会生活造成了严重后果。有时有人断言说，许多违法事实斯大林并不知道。然而我们所拥有的文件说明，事实并非如此。斯大林及其周围的一些人对党对人民所犯的大规模镇压和违法罪过是很大的，是不可原谅的。这一代和后代应该把这一教训引以为鉴。”①正是按照戈尔巴乔夫的要求，作为主管苏联武装力量意识形态工作的负责人，沃尔科戈诺夫认为，在填补空白点时非常需要有一本《斯大林传》。原因在于斯大林给苏联人留下了所谓的“没有定论的历史”。因此，在《胜利与悲剧〈斯大林政治肖像〉》一书中，沃尔科戈诺夫对斯大林的传统政治形象进行了彻底的颠覆。他说：“斯大林摧垮了‘敌人’，攻击波不断向前推进。这是罪恶势力的悲剧性的成功。谁知道，斯大林有精神病？这从来也没有人承认过。”当然，沃尔科戈诺夫坦诚，他的父亲在1937年清洗中被杀害、母亲被流放也是激发他重新评价斯大林的家庭

① [苏]米·戈尔巴乔夫：《十月与改革：革命在继续》，莫斯科新闻出版社1987年版，第19页。

动因。[1]

如果说《胜利与悲剧〈斯大林政治肖像〉》只是代表了沃尔科戈诺夫个人的历史观点，还没有引起苏联军队其他领导人的愤怒。事实上，阿赫罗梅耶夫元帅就承认："这部关于斯大林的著作无疑是非常严肃的。"[2]但是，由沃尔科戈诺夫领衔编写的《第二次世界大战史（新版）》第一卷则彻底激怒了以亚佐夫和阿赫罗梅耶夫为首的苏军将领。1991 年 3 月 7 日，苏联国防部召开会议讨论《第二次世界大战史（新版）》第一卷的编写工作。沃尔科戈诺夫本人及其工作受到严厉批判。苏共德国问题高级专家费林说："沃尔科戈诺夫在第一卷所写的内容比国外的出版物更反共。这项工作还要进行下去，但我们不能允许这批作者接近秘密档案。这些文件应该根据写作的目的加以使用。在这方面，没有什么开放与自由可谈。"担任丛书总编委会主任的国防部部长亚佐夫指责说："'民主派'们的目的显然是想再搞一次纽伦堡审判，这卷战争史就是他们对共产党准备的起诉书。"在会议上，一位陆军将领指着沃尔科戈诺夫的鼻子说："事实说明，你的目的，你的思想都是消极的。摆在我们面前的是两种选择，要么是法西斯主义，要么是社会主义。"沃尔科戈诺夫试图在讲话中进行反驳，但他的讲话一再被其他将领打断，有人甚至大声朝他喊叫。沃尔科戈诺夫后来说，在会上，我的声音很可能是孤立的，但会上的讨论没有科学气氛。[3] 6 月 20 日，沃尔科戈诺夫召开记者招待会说，克里姆林宫的将领们"希望象过去一样为了自身利益而垄断历史。只能把第二次世界大战写成社会主义的胜利，而不能写别的看法"。他说："我不愿伪造历史。"沃尔科戈诺夫在对他的这部著作的一片批评声中辞去了国防部军史研究所所长的职务。[4]

此时的沃尔科戈诺夫已经彻底从一个历史学者转变成为一个政治人

---

① 《苏联首次出版〈斯大林传〉》，美联社莫斯科 1987 年 12 月 9 日电。
② ［俄］尼·亚·津科维奇：《元帅和总书记》，袁坚等译，东方出版社 2000 年版，第 39 页。
③ 《克里姆林宫的将军们批评修正主义军事观点》，［美］《华盛顿邮报》1991 年 6 月 21 日电。
④ 同上。

物。作为叶利钦的政治支持者，沃尔科戈诺夫开始用自己的笔演绎和反转着自己的人生和苏维埃的历史。俄军总参谋部上校布兰涅茨指出，那些年轻的搞政治工作的学员把沃尔科戈诺夫的热情号召："列宁是巨人！马克思—恩格斯是泰斗！苏联共产党—人民的英明领袖，是军队的脊梁！"看得很神圣、很圣洁。但是，"当时机到来时——这个人却开始破坏马克思列宁主义经典作家的学说，破坏苏联共产党和政治机关，并向同胞们说他已'完全改变了自己的观点'"。[①] 阿赫罗梅耶夫元帅在1991年第4期的《军事史杂志》上撰文将其称为"反共分子"。阿赫罗梅耶夫说：

有人不仅批评我，而且公开骂我，因为我把他叫作反复无常之徒。不过"反复无常之徒"一词也是对事实的确认。沃尔科戈尔诺夫直到不久以前还和我一起捍卫苏维埃制度、共产主义理想。而突然他在行事上来了个大转弯，而且不作任何解释。请他说一说，他为什么违背军人的誓言？为什么他采取这样的立场？是什么使他这样做的呢？不仅如此，他曾是苏联武装力量的主要思想家，是陆海军中第一号共产党员。既然是这样，他还曾教育过我，要忠于共产党。不仅如此，他还监督过，监察过，看我是否牢牢地掌握了苏联共产党的政策、党代表大会的决议。他对将军们和军官们忠于党的事业的看法决定他们今后职务的升迁。他在总政治部担任的就是这样的职务。而现在他却突然摇身一变。上将军衔、勋章、博士学位、许多谈苏维埃爱国主义的书、优裕的生活——这一切都是对忠诚为党服务的奖励。那时应该有勇气拒绝这一切。我常常想这样一个问题：难道他在暗地里仇恨他在办公会议上慷慨激昂谈过的、在他的书中写过的、在"为苏联服务！"电视节目里讲过的一切吗？[②]

---

① [俄] 维克托·尼·布兰涅茨：《沉沦之师：俄军总参谋部上校手记》，徐葵等译，新华出版社2007年版，第136页。

② 〔俄〕尼·亚·津科维奇：《元帅和总书记》，袁坚等译，东方出版社2000年版，第34—35页。

经济与社会篇

第七专题　从计划治理到市场治理

推动工业化以实现国家富强，是中国近代很多仁人志士不懈追求的梦想。新中国成立后，党和国家领导人继承先贤遗志，依然将工业化作为强国富民的不二途径。经过14年抗战和3年内战，当时中国百废待兴，在工农业总产值中，工业产值比例很低，大部分人口都在农村生活就业。因此，推动国家工业化成为迫不及待的战略选择。而要推动工业化，则面临着轻工业优先还是重工业优先的权衡问题。经过慎重考虑，党和国家领导人最终选择了重工业优先的发展战略。

一、重工业优先发展战略与计划治理体制

实施重工业优先的发展战略，与中国当时的国际环境密切相关。朝鲜战争爆发后，中国出兵参战。战后，以美国为首的资本主义阵营，对中国在政治上进行孤立，在经济上进行封锁。1951年5月18日，联合国大会通过一项决议，对中国实施禁运。这个决议实际上以美国要求为蓝本。大约半年之后，美国经济事务助理国务卿索普（Thorp）在一份声明中宣称："已经有43个国家接受和积极贯彻了联大决议，它们原来都是向中国出口战略物资的主要国家。"[①]经济封锁的结果，是迫使中国在

① ［美］爱德温·W.马丁：《抉择与分歧：英美对共产党在中国的胜利的反应》，姜中才、韩华、苗立峰译，中共党史资料出版社1990年版，第225页。

经济建设方面过分依赖苏联及其东欧卫星国。而到20世纪60年代，中苏关系又全面破裂。1969年，两国在珍宝岛发生军事冲突，战争一触即发。在改革开放之前的30年，中国一直面临着美苏两个超级大国的巨大压力。

在这种严酷的外部环境之下，优先发展重工业是很自然的选择。当时的国务院副总理李富春，在关于第一个五年计划的报告中明确指出："社会主义工业化是我们国家在过渡时期的中心任务，而社会主义工业化的中心环节，则是优先发展重工业。"[①]这些重工业主要包括：电力工业、煤炭工业、石油工业；钢铁工业、有色金属工业、基本化学工业；大型金属切削机床、发电设备、冶金设备、采矿设备和汽车、拖拉机、飞机的机器制造业等。整个"一五"期间，重工业基本建设投资占工业基本建设投资的85%，占工农业基本建设总投资的72.9%。[②]

优先发展重工业，对于中国的国家安全具有重要意义，却与中国的资源禀赋状况产生了矛盾。重工业在基本建设过程中，需要不断投入巨额资本，而且资本回收缓慢，资金占用时间很长。这对整个国民经济的资本筹集和投入能力提出很高要求。在新中国成立初期，中国资本十分短缺，经济剩余很少，并且分散在广大农村，因而筹资能力很弱。此外，重工业的技术含量较高，很多重工业设备，当时中国国内根本无法制造，需要从国外进口。优先发展重工业，就要大量进口设备，这需要高额的外汇储备。而中国当时基本处于自给自足状态，可供出口的产品有限，换汇创汇能力很低。加上资本主义世界的封锁，中国获取外汇的机会更少。高昂的资金成本和外汇成本，成为中国发展重工业的巨大制约。

一个国家的生产要素，大体分为两类：资本和劳动力。如果这个国家资本相对丰富，资金价格低廉，劳动力相对短缺，工人工资高昂，那么在自由投资的市场体制下，这个国家更容易发展资本密集型的重工业。如

① 《中华人民共和国第一届全国人民代表大会第二次会议文件》，人民出版社1955年版，第160—161页。

② 国家统计局编：《中国统计年鉴》(1992年)，中国统计出版社1992年版，第158页。

果这个国家劳动力相对丰富，工人工资低廉，资本相对短缺，资金价格高昂，那么这个国家就更容易发展劳动力密集型的轻工业。在新中国成立初期，中国资本严重不足，由市场所形成的利率水平很高，而中国是人口大国，大量农村劳动力处于潜在失业状态，工资极低。在这种资源禀赋下，倘若实施开放和自由竞争的市场治理机制，中国最先发展的一定是劳动力密集型的轻工业，而资本密集型的重工业，则很难发展。由此可见，自由竞争的市场治理机制，与重工业优先发展的战略目标产生了矛盾。

显然，政府要实施重工业优先的发展战略，就要提高资源动员能力，人为降低发展重工业的成本，为其发展提供廉价劳动力、资金、原材料以及进口设备和技术。为此，政府分别实施了低利率、低汇率政策及工资、能源、原材料、农产品、其他生活必需品和服务低价政策。在一个竞争的市场环境中，产品和生产要素的价格，是其供需相等时形成的均衡价格。供大于求时，价格下降；供小于求时，价格上升。如果人为压低产品和生产要素的价格，则会刺激需求，抑制供给，导致产品供需失衡，产生供不应求的缺口。如果一直压低价格，则供需缺口也会一直持续。正是由于这种机理，政府实施的一系列低价政策，造成资金、外汇、原材料、农副产品及各种生活必需品的供需失衡，短缺成为经济生活中的普遍现象。为了在普遍短缺状态下配置资源，将资源用于优先发展的重工业，就需要替代市场治理体制，建立一套计划治理体制。

二、计划治理体制的若干制度安排

这套体制包括金融管理体制、外贸外汇管理体制和物资管理体制等。

金融管理体制。在银行的金融业务中，存款利率若低于资金的机会成本，就会降低持币者的储蓄意愿。银行所能吸收的资金，就会少于社会潜在的资金供给。如存在其他融资渠道提供更高利率，储蓄就会流入其他渠道，而不会流入银行。同时，由于贷款利率低于资金的机会成本，所有企业都倾向于使用更多资金。在此情况下，为了使资金流向国家优先发展的重工业，政府必须控制融资渠道，建立一套计划配置资金的体制。

新中国成立之初，中国逐步将银行业收为国有，建立了一套政府控制的金融体系。中国人民银行是这个体系的中心，总揽全部金融业务。1953年，中国人民银行在所属各级银行建立信贷计划管理机构，编制和实施综合信贷计划。基层银行吸收的存款，全部上缴总行。贷款由总行统一核定计划指标，逐级下达。存贷款利率由中国人民银行统一制定。通过这种高度集中的金融体系和单一融资渠道，把有限资金优先安排到重工业中去。①

外贸外汇管理体制。外汇价格被人为压低，对于出口者而言，出口所挣的外汇价格偏低，出口不合算。倘若无人愿意出口，则外汇来源就会枯竭。对于进口者而言，进口所用的外汇价格偏低，进口合算。此时人们更愿意使用便宜的外汇大量进口。外汇出多入少，难以为继。为此，1950年2月，政务院颁布《关于全国贸易统一实施办法的决定》，明确由中央贸易部统一管理对外贸易业务，各大行政区的大区贸易部、各省厅(或工商厅)兼管地方对外贸易。在中央贸易部领导下，设立若干全国性对外贸易专业总公司。国家对于外贸活动的计划管理，主要包括四个方面：一是实行进出口许可证制度，统一管制进出口商品的数量、价格、贸易方式、支付方式和贸易期限等。二是管制汇率，规定社会团体、企业和个人的一切外汇收入，都必须按照国家所定汇率卖给国家银行，一切外汇支出和使用，都必须经主管部门批准，向国家银行购买。三是对私营进出口企业、外商企业实行登记管理办法。四是实行保护性关税和进出境商品品质检验制度。从1958年起，国务院规定对外贸易由外贸部门独家经营，汇率由中国人民银行统一制订，外汇由中国人民银行、对外贸易部和财政部集中管理。一套外贸外汇管理的计划体系从此形成。②

物资管理体制。在市场治理机制下，如果物资供不应求，则价格上升，供给增加，需求减少，价格引导供需重新平衡。倘若价格被人为压低，

① 林毅夫、蔡昉、李周：《中国的奇迹：发展战略与经济改革》，上海三联书店、上海人民出版社1994年版，第37页。

② 同上书，第37、38页。

则供给减少，需求增加，短缺状态会持续存在。1953年，为了配合“一五”计划的实施和能源、原材料低价政策，中国成立国家计划委员会，开始在全国范围内统一分配重要物资。各种物资被分为三类：国家统一分配的物资，简称统配物资；中央工业主管部门分配的物资，简称部管物资；地方管理的物资，简称三类物资。1953到1957年，国家计委直接分配的工业品，由110多种增至300多种，占工业总产值的比重提至60%，统配物资由227种增至532种。一套物资的计划配置体制，自此也逐步建立起来了。[①]

总之，计划治理机制增大了政府的控制权，由其调配资金和物资，投入需要优先发展的产业。与市场治理机制相比，计划治理机制下的个人自主权相对减少，而政府权力则大大增加。这不可避免带来两个问题：一是计划治理体制下的个人积极性不足，二是政府不能掌握所有经济信息，难以做出准确的计划。这些问题日益严重，是中国从计划治理机制向市场治理机制转型的重要原因。

三、从统购统销到放开粮价

新中国成立初期，随着工业化建设的开展，中国城市人口快速增加。城市人口增加，对粮食的需求也大幅增加。其实在1949年之后，由于战争结束，国家粮食产量逐年增加。但是，粮食产量的增长赶不上国家征购的增长，国家征购的增长又赶不上对粮食需求的增长。

为了平衡粮食供求，1952年，中国成立了粮食部。粮食部成立之初，统购统销制度还未实施，粮商和粮食市场依然存在，国家必须和私商争粮。面对粮食短缺的尖锐矛盾，毛泽东让中央财经委员会拿出解决办法。中财委提出了统购统销方案。所谓统购统销，就是农民需经国家批准，才能留下相应品种和数量的粮食，其余部分都要按国家所定价格卖给国家，社会所需粮食全由国家供应。全国城镇5 000多万个家庭，每家一个粮

① 林毅夫、蔡昉、李周：《中国的奇迹：发展战略与经济改革》，上海三联书店、上海人民出版社1994年版，第38、39页。

本，凭本供应粮食。若无粮票，在市面上无法买到粮食。统购统销方案曾经引起争论，但最终获得通过。中财委负责人陈云在1981年回忆说，“我下决心搞粮食统购统销，钻了多少时间呢？钻了两个礼拜，专门开会，上下午全开会。那个时候，许多同志不赞成……到了十月一号，在天安门城楼上，我跟毛主席讲，不搞这个我们没有出路”。[①] 1953年10月2日晚，毛泽东主持中央政治局扩大会议，听取陈云的汇报，采纳了他的建议。10月10日，陈云在全国粮食会议上说：“我现在是挑着一担‘炸药’，前面是‘黑色炸药’，后面是‘黄色炸药’。如果搞不到粮食，整个市场就要波动；如果采取征购的办法，农民又可能反对。两个中间要选择一个，都是危险家伙。”[②]10月16日，中共中央政治局讨论通过了《中共中央关于粮食的计划收购与计划供应的决议》。此后，政务院又发布了相关命令和执行办法。1953年12月，统购统销正式开始实施。

实施统购统销之后，粮食库存一度增加。但因粮食需求增长更快，库存又开始减少，于是统购任务进一步提高。除了对粮食实行统购统销，国家还对生猪、鸡蛋、糖料、桑丝、蚕茧等产品实施派购。总之，实施统购统销方案后，粮食的收购量和供应量、收购标准和供应标准、收购价格和供应价格、城镇人口每月的粮食定量等，都由中央统一规定或经中央批准。全国城乡居民所需的粮食、布匹等生活资料，全由国家凭票供应。形形色色的票证，成了第二货币。此外，实施统购统销制度，国家要向上亿农户收购粮食，必然困难重重。为了便于国家征购粮食，就要把一盘散沙的农户组织起来，因此统购统销制度也推动了农业集体化。

1978年，农村开始实行联产承包责任制。1983年，人民公社解体。农村微观经营体制改变了，农民种粮的积极性空前提高，粮食产量大幅增长。安徽凤阳县长期生产靠贷款，吃粮靠返销，生活靠救济，是有名的“三靠县”。改革以前的23年，全县共向国家交售粮食9.6亿斤，而返销粮食

---

① 中共中央文献研究室编：《陈云传》（四），中央文献出版社2015年版，1633—1634页。

② 陈云：《陈云文选（第二卷）》，人民出版社1995年版，第208页。

则达 13.4 亿斤，共用国家各种钱款 1.6 亿多元。尽管如此，依然没有完全解决温饱问题。改革之前，凤阳粮食产量最高是在 1977 年，达到 3.6 亿斤。而包产到户以后，从 1980 年到 1982 年，粮食产量分别是 5 亿、6.4 亿和 7.1 亿斤。① 凤阳小岗村在 1976 年粮食产量达 3.5 万斤，人均口粮为 230 斤，人均分配收入是 32 元。1979 年，粮食产量则达 13.23 万斤，人均口粮为 800 斤，人均分配收入是 200 多元。同安徽一样，在实施联产承包制以后，全国各地的粮食产量也都大额增加。1984 年，粮食产量达到历史最高水平，其他农副产品也大幅增长。

实施家庭联产承包责任制，提高了农民的生产积极性，但对整个国民经济的发展而言，这还远远不够。从 1982 年开始，中国粮食生产连续三年超速增长。1984 年，粮食产量高达 8 000 亿斤。继上年"仓容危机"之后，各地又出现卖粮难问题。此时建立价格调节的市场机制，就非常必要了。时任中央农村政策研究室主任的杜润生后来曾说："农村改革开始，一个优先的目标，就是解决农村微观经营机制的问题，即将人民公社体制改变为家庭承包制。可是，仅仅这一步，并没有解决经济发展的宏观机制，即市场经济机制问题。改革的目的是发展生产力，特别是发展商品生产。忽视这一条，家庭经营就被限制于自给经济水平，必将影响国民经济的整体发展和农民生活的改善。"②为了在农村建立市场环境，首先就要取消统购统销制度。

1982 年，中国农村发展研究组提出改革统购统销制度的设想，开始设计具体改革方案，推动试点工作。1983 年，中央 1 号文件指出："对重要农副产品实行统、派购是完全必要的，但品种不宜过多。"翌年，1 号文件又指出，"要随着生产和市场供给的改善，继续减少统派购的品种和范围"。到 1984 年底，统派购品种从 1980 年的 183 种减少为 38 种。1985 年，国家不再对农村下达指令性收购计划，而是以"合同定购"方式收购粮

---

① 高王凌：《中国农民反行为研究（1950—1980）》，香港中文大学出版社 2013 年版，第 183 页。
② 杜润生：《杜润生自述：中国农村体制变革重大决策纪实》，人民出版社 2005 年版，第 146 页。

食。1985 年年底，中央提出“逐步缩小合同订购数量，扩大市场议购”的新方针。1986 年以后，城市统销放开。政府指令性收购大为减少。粮、棉、油以外的其他产品，全部放开。鱼、肉产品增多，食品加工大大发展。人们只要有钱，几乎什么食品都能买到了。

不过，到 1992 年，全国完全放开粮食市场价格的县只有 300 个。原因在于 1984 年之后，全国粮食生产连续 4 年徘徊。针对这个问题，当时又有一场争论。有人认为，粮食减产是包产到户之过，小农经济潜力已尽。还有人认为，我们对情况估计有误。中国农村发展研究组通过调查发现，1984 年的增产，是多年积聚的生产力集中释放导致的，不具有一般性。1985 年的减产，是因为农民减少了粮食种植，增加了经济作物种植。当时，政府也提倡改变农业生产结构。农民转移资本和其他投入，是符合市场需求的理性行为。中国人均粮食消费率虽略有下降，而肉类、副食品消费则大幅增加，其中仅肉类就增加 900 多万吨。到 1994 年，中国肉类产量达到 4 500 万吨，鱼类达到 2 500 万吨，肉类人均消费接近世界中等水平。[①] 所以总体来看，中国粮食生产虽有几年徘徊，但人们对粮食的整体消费水平依然明显提高了。

在国家改革统购统销制度的过程中，粮食价格逐步提高，而对城市职工几十年来一直实施低工资政策，因此国家卖给城镇居民的粮食价格不能同比例提高。这中间的差额，只能由国家财政来补贴。1991 年，粮食价格补贴 400 多亿元，其中城市补贴 200 多亿元，平均每个市民补贴 130—150 元，用这些钱可以购买好的大米 100 公斤。考虑到放开粮价的政治风险太大，完全放开粮价迟迟不能做到。杜润生说：“改革前的二十多年中，公社体制使粮食供给长期短缺，造成人们对于粮食生产只怕少、不怕多的心理。现在看来，多了也难以应付。实行家庭承包制，使温饱问题得到解决，可以进一步搞市场化改革了，却总认为粮食是特殊商品，政府必须干预，必须有管制措施。其实，政府保证一定数量的储备，遇到市

① 杜润生：《杜润生自述：中国农村体制变革重大决策纪实》，人民出版社 2005 年版，第 151 页。

场波动时，能够制涨杀跌，即通用的干预办法，不必搞几百万人的粮食购销队伍，维持统购统销，久不退出垄断。如果还不改革，将会交替出现‘买粮难’和‘卖粮难’，为此要付出很高的成本。”[①]所以政府对于完全放开粮价虽有顾虑，但是改革不能止步，而应继续前进。到了 1992 年年底，各地库存粮食太多，占压不少资金。这时放开粮价，不仅不会出现抢购，还能给粮食部门减轻负担。故而在这年年底，全国 844 个县(市)放开了粮价，让其由粮食供求决定。粮食市场形成了，统购统销制度才真正退出了历史舞台。

四、市场竞争与政府行为：以电冰箱行业为例[②]

电冰箱是一种重要家电。中国第一台采取开启式压缩机的电冰箱，是由沈阳医疗器械厂在 1954 年制造的。第一台采取封闭式压缩机的电冰箱，是由天津医疗器械厂在 1955 年制造的。由于我国在改革开放之前优先发展重工业，电冰箱行业长期发展缓慢。从 1955 至 1977 年，全国仅生产电冰箱 15 万台。1980 年，中国电冰箱家庭普及率几乎为零。1983 年，城市每 200 个家庭才有 1 台电冰箱，农村每 2 万个家庭才有 1 台电冰箱。

由于存在巨大的市场需求，改革开放以来，中国电冰箱行业发展突飞猛进，高于整个工业和轻工业的增长速度。1980 年，全国家用电器工业的总产值只有 8.6 亿元，1985 年达 59.4 亿元，1990 年达 148.4 亿元，1992 年达 209.2 亿元，年均增长速度高达 30%，占同期轻工业产值的比重分别为 0.9%、3.8%、5% 和 5.5%。其中，电冰箱的增长速度更快。1985 年，电冰箱业的产值为 6.6 亿元，1990 年为 54.3 亿元，1992 年为 69.4 亿元，分别占同期家用电器工业总产值的 11.2%、36.6% 和

① 杜润生：《杜润生自述：中国农村体制变革重大决策纪实》，人民出版社 2005 年版，第 152、153 页。

② 本案例选自刘世锦、江小涓：《竞争推动的产业进步——中国电冰箱行业生产扩张与集中过程的实证研究》，载北京天则经济研究所编：《中国制度变迁的案例研究》(第 1 集)，上海人民出版社 1996 年版，第 186—210 页。

33.1%。电冰箱的花色品种不断增加。1978年,电冰箱只有一个型号,即200升单门温控直冷式。到90年代,双门式电冰箱已占主导地位。双门抽屉式、三门三温式、组合配套式、分离式等各种型号五花八门。80年代中期,中国从国外引进了几十条电冰箱生产线和主要零部件生产线,技术进步很快。90年代,电冰箱的国产化率已经很高,其中压缩机的国产配套率达到75%以上。电冰箱主要生产企业主导产品的质量,已达到或接近国际同类产品的水平。各大生产厂家在各地建立售后服务网络,服务水平大幅提升。1993年,电冰箱的城镇家庭普及率达到55.9%,其中一些大城市已近100%,农村家庭普及率为2.2%。

中国电冰箱行业的发展,可以分为三个阶段。第一个阶段是1979—1983年。很多新的电冰箱企业纷纷创立。一些老企业也从其他行业转产,进入电冰箱行业。1978年,中国电冰箱年产2.8万台。到1983年年底,年产量则增为18.85万台。电冰箱企业由20个增为70多个。这个阶段是中国电冰箱产业打基础的阶段。1984—1988年是第二个阶段。在这个阶段,中国电冰箱产业快速发展。相关企业达到100多个,其中51家企业从国外引进60多条生产线。电冰箱的生产能力可达年产1 500万台。1988年年底,中国电冰箱产量达到757.63万台。1989年之后为第三个阶段。在此阶段,几乎没有新的企业进入电冰箱行业,一些老的企业反而退出这个领域,总的生产规模不再扩张,生产开始向名牌企业集中。

在电冰箱行业高速发展的时期,政府担心各地一哄而上造成浪费,希望通过计划抑制电冰箱行业的过快发展。1980年,轻工业部制定了家用电器发展的初步规划,计划选定北京、广州、苏州、天津、上海5个电冰箱定点厂,形成年产200万台的能力。此外,计划在其他地区再建9个中小型厂,形成年产120万台的生产能力。1982年,国务院发布《关于严格控制固定资产投资规模的补充规定》,明确规定电冰箱行业要加以控制,这是中央政府首次明确对电冰箱行业的态度。1985年1月,国家计划委员会、国家经济委员会发布《关于采取紧急措施严格控制盲目引进电冰箱生产线的通知》,并委托轻工业部于同年 3 月召开全国电冰箱工作会议,研究整顿方案和措施。此后,国家计划委员会、国家经济委员会和轻工业部向国务院提交《关于加强电冰箱行业管理、控制盲目引进的报告》。同年 6 月,国务院批转这一报告,提出控制电冰箱行业规模的一些具体指标:一是严格控制厂点建设,将电冰箱生产厂家从 116 个减为 41 个,引进规模从 1 350 万台减至 822 万台,而且近一两年决不允许上新点,并准备实行生产许可证制度。二是严格执行引进项目审批制度,引进项目由轻工业部负责协调。其中 500 万美元以上的项目,由国家计划委员会审批。500 万美元以下的项目,由轻工业部会同企业主管部门或地方审批、批准后,由对外经济贸易部发放进口许可证。没有进口许可证的,海关一律不许进口,银行一律不给人民币和外汇贷款。三是所有电冰箱企业都必须照章纳税,任何部门和地区都不许随意减免。四是发展专业化协作,促进跨地区跨部门联合,要以名牌产品为龙头,打破部门地区界线。五是由轻工业部归口加强行业管理。1985 年 7 月,国务院又批转了国家经济委员会《关于控制重复引进、制止多头对外的报告》,将电冰箱和洗衣机、空调列为第一批“暂停进口和引进生产线”的项目。

政府希望通过计划来解决“重复建设、重复生产”的问题。如果一个行业最初设立的企业都能成长为大企业,没有一个多余,则浪费问题自然不会产生。政府确定“定点”企业以防重复建设,就是这种思路。但是问题在于,无法保证政府选出的企业总是最好的。80 年代初中期,政府确立的“定点”企业,以北京、天津等地电冰箱厂家居多。但到 90 年代初期,这些企业几乎都垮了。1994 年,全国产销量最大的是“容声”冰箱。其生产厂家广东科龙电器股份有限公司设立于 1988 年。按照当时政策,这个企业是“不能出生”的。

政府从微观方面确定具有成长性的企业存在困难,从宏观方面规划整个产业的发展也有不足。1980 年,轻工业部制定了中国家用电器行业发展的初步规划。在这个规划中,将电冰箱的总规模定为 320 万台。如果照此执行,到 80 年代中期,中国电冰箱行业供需之间约有 50% 的缺口。这部分缺口会留给进口商品。由于种种原因，轻工业部的计划没有实施。到1988年，中国国产电冰箱的实际产量达到757.63万台。这个数字与政府计划的320万台相差甚大。中国的电冰箱不仅不再需要进口，还将国外企业挤出了国内市场，并开始出口。

这种巨大成就主要得益于电冰箱行业的市场竞争。由于大量企业并存，家电行业是中国工业中竞争最为激烈的行业之一。自80年代末期以来，电冰箱行业的新品种、新规格层出不穷。一些主要厂家的主导产品，质量不比国外同类产品差，而价格则低于国外同类产品，厂家的服务质量更是明显好于国外企业。在中国新发展的行业之中，入世后能对进口商品冲击具有较强抵抗能力的较少，而电冰箱行业则是其中之一。这种优势主要就得益于竞争。倘若没有所谓的"重复建设"，电冰箱的供给能力仅能勉强满足需求，或者存在较大的供求缺口，则电冰箱行业的综合竞争力肯定不能达到目前的水平。

80年代各地纷纷建设电冰箱企业时，很多人批评中国企业没有日本企业那样的"规模效应"。事实上，日本很多行业的发展，也经历了从分散到集中的过程，并非一开始就有"规模效应"。以汽车和摩托车行业为例，日本在高速增长的60年代，企业投资汽车和摩托车行业的热情很高。政府为此制定了一些控制目标，但未实现。到60年代中期，日本生产汽车和摩托车的企业达到20多家。此后驰名世界的三大汽车厂家——丰田、本田和日产，其实是经过多年竞争才脱颖而出的。其中本田当年还是日本通产省的取缔对象。中国的电冰箱行业，也经历了从分散到集中的过程。1982年，全国电冰箱产量约为10万台。排在前四位的是北京电冰箱总厂、广州电冰箱厂、上海电冰箱厂和苏州电冰箱厂。这四家企业年产量合计为7.44万台，生产集中度高达74.5%。1985年，全国电冰箱产量为144万台。产量前四位者是广州万宝电器工业公司、北京电冰箱厂、上海电冰箱厂和苏州电冰箱厂。四厂产量合计为57.1万台，生产集中度为39.4%。1988年，电冰箱产量为757.63万台。前四位的生产集中度为29.0%。从生产集中度来看，80年代的电冰箱生产趋于分散，但造成这种情况的原因，是生产总规模的急剧扩张，而非企业生产规模趋小。事实上，80 年代电冰箱龙头企业的平均年产量高速增长。1982 年，虽然生产集中度很高，但前四位企业的平均年产量只有 1.86 万台，1985 年则达到 14.3 万台。1988 年，前四位企业的平均年产量已升至 55 万台。即使以 1988 年存在的 114 家电冰箱企业为基数来计算，其平均年产量也已达到 6.65 万台，远远高于 1982 年企业平均年产量 1.86 万台的水平。从 80 年代末期开始，中国电冰箱行业的竞争日趋激烈。各厂家纷纷使出价格与非价格手段开展竞争。非价格竞争手段主要包括：可靠的产品质量、快速的品种更换能力、多媒介大范围的广告宣传能力、快速周到的售后服务网络等。在各种竞争之下，实力雄厚者愈发领先，而中小企业则渐渐退出市场。到了 90 年代，中国电冰箱行业也出现了集中趋势。1993 年，上市的电冰箱牌号有 40 个，1994 年则只有 30 个了。1991 年，排名前 10 位企业的销量占总销售量的比重为 70%，其中前四位的比重为 44.4%。1994 年，全国电冰箱总产量为 764.53 万台，产量前四位的企业分别是广东科龙电器股份有限公司、合肥美菱股份有限公司、海尔集团公司和扬子电气集团。四个企业的总产量为 284.9 万台，生产集中度升至 37.3%。从以上趋势可以看出，市场竞争能够推动电冰箱产业从分散走向集中，实现生产的“规模效应”。

在 80 年代，一些官员和学者批评家电业发展盲目建设、重复引进和规模不经济。经济学家张维迎结合中国电冰箱行业发展的例子，反驳了上述批评。他说：“第一，批评者假设自己（包括计划官员和经济学家）知道什么是最优的生产规模，什么是消费者的偏好和需求，以及如何满足这些偏好和需求；他们对市场选择机制缺乏信心，认为市场选择一定是盲目的。第二，批评者把效率看作一个静态概念，忽略了市场竞争对效率的影响。第三，批评者忽略了经济发展中时间的价值。在他们看来，如果一个生产厂家能用 100 年的时间满足消费者的需求，就不应该建设两个生产厂家，尽管两个厂家可以在 50 年内使需求得到满足，否则就是浪费。他们认为，‘引进’的目的在于‘消化’，因此，引进一条生产线慢慢消化就是了，没有必要重复引进。”[1]张氏的反驳，为人们思考计划治理和市场治理问题提供了启发。

五、总结

从上述两个案例可以看出，计划治理方式是国家根据客观经济规律的要求，通过指令性和指导性计划来管理和调节国民经济。倘若运用得当，国家能够合理利用人力、物力和财力，在发展经济时节约资源，避免浪费，从而保证国民经济有计划、按比例持续发展。但是这种治理方式也有弊端。首先，它缺少有效的激励机制，不利于个体发挥积极性。在计划治理机制下，难以产生真正的企业家。企业家多方收集有效信息，敢于冒险，大胆决策，从而达到产销两旺、企业资产增值的目的，其经营创新劳动是一种高级智力劳动。没有真正的企业家，企业就不会获取大的利润，社会经济也难有大的发展。在吃“大锅饭”的计划治理体制下，这样的企业家无从产生。计划治理体制下的企业管理者，只对上级、计划负责，而不对市场、盈亏负责。这样的管理者，无法面对千变万化的外部环境。国家一旦对外开放，这些企业离开了政府庇护，其管理者很难与国外企业家竞争。此外，在计划治理体制下，劳动者的积极性、主动性和创造性不足，这既不利于人的全面发展，也不利于经济的健康发展。现代经济学鼻祖亚当·斯密（Adam Smith）曾说：“在市场经济中，有一只看不见的手，使你在追求自己的利益的时候，为别人创造的价值，比你主观上想着为社会作贡献时创造的价值更大。这就是市场经济的奇妙之处。”[2]所谓“市场经济的奇妙之处”，就是它充分激发了人的潜能，因而更有活力。中国近代著名思想家严复也曾说过：“民之生计，只宜听民自谋，上惟无扰，为裨已多。……史迁、申、老之言曰，善者因之，其次利导之，其次教诲之，其次整

---

① 北京天则经济研究所编：《中国制度变迁的案例研究》（第一集），上海人民出版社 1996 年版，第 211 页。

② 张维迎：《市场的逻辑》，上海人民出版社 2010 年版，第 15 页。

齐之，最下与之争。”[1]这段话也强调要让民众充分发挥聪明才智和积极主动性，这样经济发展才能取得更大成绩。在这方面，市场治理方式比计划治理方式更有成效。

其次，计划治理方式夸大了计划制订者的能动性。通过计划配置资源，需要计划部门拥有一切经济活动的全部信息，但这很难做到。经济学家哈耶克（Hayek）曾说：实行中央计划的经济体制必须有一个小团体决定资源和产品的分配和发放，由于没有市场机制和自由价格机制，这个小团体无从得知正确的情报，根本无法做出正确的决策来分配资源和产品。的确，随着经济规模不断扩大，经济联系日益复杂，人们的需求多种多样，由此产生了巨大的信息量。同时，地方、部门和企业各有独立的利益，传递信息中也难免失真。计划部门要准确掌握如此巨大的信息量，并迅速做出正确计划，层层下达基层单位执行，非常困难。即使在现代的技术条件下，都不可能安排得恰如其分，更遑论当年。对企业而言，如果计划缺乏科学性，就很难执行。勉强执行也是阻碍重重，企业不仅不能取得好的效益，反而可能亏损。

① 汪征鲁、方宝川、马勇主编：《严复全集》（卷二），福建教育出版社第 2014 年版，第 248、249 页。

第八专题　现代中国的经济治理理论与实践：马克思主义政治经济学的视角

中国共产党第十九次代表大会报告提出，我国经济已由高速增长阶段转向高质量发展阶段，正处在转变发展方式、优化经济结构、转换增长动力的攻关期，贯彻新发展理念、建设现代化经济体系是跨越关口的迫切要求和我国发展的战略目标。基于此，本专题从马克思主义政治经济学的视角，阐释和讲解现代中国的经济治理理论与实践。

2019年10月31日，中国共产党第十九届中央委员会第四次全体会议通过了《中共中央关于坚持和完善中国特色社会主义制度 推进国家治理体系和治理能力现代化若干重大问题的决定》，该决定对包括经济在内的多方面治理问题进行了阐释。可见，中国的经济治理体系和能力建设，是内嵌于国家治理体系和治理能力现代化这一整体目标中的。因此，要理解中国的经济治理，必须首先了解现代经济生活所面临的基本问题。本专题第一部分就以“现代经济生活的丰裕、差距与再分配政策视角下的中国经济治理”为题，旨在通过介绍现代经济生活的基本图景，明确现代世界与中国在经济治理中所面临的现实挑战，并从再分配视角介绍现代人类经济治理的应对方案，以及中国经济治理的相应措施。

《中共中央关于坚持和完善中国特色社会主义制度 推进国家治理体

系和治理能力现代化若干重大问题的决定》开篇就指出，“我国国家治理一切工作和活动都依照中国特色社会主义制度展开，我国国家治理体系和治理能力是中国特色社会主义制度及其执行能力的集中体现”。可见，对当代中国而言，包括经济治理在内的国家治理体系和治理能力现代化，与中国特色社会主义制度及其执行能力可谓一体两面。而要理解这一论断，就必须了解科学社会主义理论对现代经济生活所面临挑战的分析与回应，以及社会主义运动史中经济治理的经验与教训。本专题第二部就以“马克思的政治经济学批判、社会主义运动史中的经济治理与中国经济转型”为题，旨在对马克思的政治经济学批判进行概要介绍，并对马克思去世后社会主义运动史中经济治理实践的经验教训进行简单介绍，引出社会主义运动史视野中中国经济治理的独特性。

了解现代经济生活与社会主义经济治理的经验教训，最终是为了理解当代中国的经济治理与实践。2020 年 8 月 16 日，《求是》以《不断开拓当代中国马克思主义政治经济学新境界》为题，刊发 2015 年 11 月 23 日习近平总书记在十八届中央政治局第二十八次集体学习时的讲话，其中指出，“我们要立足我国国情和我们的发展实践，深入研究世界经济和我国经济面临的新情况新问题，揭示新特点新规律，提炼和总结我国经济发展实践的规律性成果，把实践经验上升为系统化的经济学说，不断开拓当代中国马克思主义政治经济学新境界，为马克思主义政治经济学创新发展贡献中国智慧”。本专题第三部分就以“当代中国马克思主义政治经济学：机遇与展望”为题，旨在从当代中国马克思主义政治经济学的视野，揭示中国经济转型的特点、中国经济发展的马克思主义政治经济学逻辑，以及加快完善社会主义市场经济体制的最新理论进展。

一、现代经济生活的丰裕、差距与再分配政策视角下的中国经济治理

（一）现代经济的增长与不平衡：全球不同地区与民族国家之间的图景

与前现代相比，现代经济生活的显著特征之一是快速的增长和物质

的丰裕。据麦迪逊(Angus Maddison)在《世界经济史》中所做的统计,在公元元年到1000年、1000年到1820年这两个时间段内,全球人均GDP的年均增长率分别是0.00%和0.05%,而1820年到1998年,这一增长率则高到1.21%。与之相伴的,则是现代人类物质生活的便利、舒适和享受程度的提高。

然而,与丰裕并存,现代经济生活的另一个显著特征则是差距的持续扩大。据麦迪逊在《世界经济史》中所做的统计,公元元年到1000年、1000年到1820年和1820到1998年这三个时间段内,发达地区(西欧、北美和日本)人均GDP的年均增长率分别是-0.01%、0.13%和1.67%,而其他地区(拉美、东欧和苏联地区、非洲、日本之外的亚洲)的相应增长率则是-0.00%、0.03%和0.95%。更直观的,据《新帕尔格雷夫经济学大词典》中的"资本主义"这一词条所引用资料显示,以1960年美元为不变价格统计,发达地区的人均国民收入在1750年、1930年和1980年分别是180美元、780美元和3 000美元,而不发达地区的相应值则分别是180—190美元、190美元和410美元。简言之,从地域和民族国家之间的经济发展水平来看,收敛主要发生在发达国家和地区内部;除了少数成功实现"赶超"的后发国家和地区(例如亚洲"四小龙"和中国)外,全球经济在现代资本主义世界呈现出"大分流"的图景。而不平衡的经济发展,将为地区和国家间的政治与文化冲突埋下隐患。

(二)民族国家内部的收入差距与经济学思想史中的再分配政策

在民族国家内部,收入差距与贫富悬殊也一直是困扰现代人类经济生活的危机。在工业革命早期,人们一度对现代市场体系能够带来普遍繁荣持有乐观态度,集中体现在1776年出版的《国富论》里。该书的作者亚当·斯密认为,现代市场体系可以如同天文体系一样带来社会各阶层的和谐与普遍富裕。但是很快,人们就看到了伴随增长的差距并被其所困扰。

在马克思之前,古典政治经济学对收入分配的研究主要是从再分配角度进行的。例如,马尔萨斯(Malthus)在其《人口学原理》中把收入差距扩大的原因归于贫困人口的过高生育率，并相应提出了节欲和改革《穷人法》以降低生育率的公共政策建议；李嘉图（Ricardo）进一步指出，收入差距扩大来自优质可耕地的有限及其边际产出的递减，并相应提出了向地主征收税收以缓解收入差距的建议；第一次世界大战后，欧美等国家进一步给出了福利国家的政策架构，试图通过以税收支出为经费来源的教育、医疗、失业、养老等社会福利体系来缓解收入差距扩大所带来的社会与政治压力。伴随1929年经济危机和第二次世界大战，20世纪前半期一度见证了发达国家内部收入差距的降低。经济学家库兹涅茨（Kuznets）通过经验数据分析对美国收入差距的研究发现，以1930年代为拐点，美国的收入差距到1950年代初呈现下降趋势。这一经验事实被命名为"库兹涅茨的倒U型曲线"，在冷战的公共舆论氛围下，"随着经济增长，逐渐扩大的收入差距会自动缩小"一度成为国际经济学界的"共识"。

2012年，法国经济学家皮凯蒂（Piketty）出版了《21世纪资本论》一书，其研究结果可谓颠覆了上述"共识"，在2007年全球金融危机的背景之下，把收入差距问题再次提到经济学研究与讨论的中心。皮凯蒂与其学术团队运用更新的统计数据和更严谨的计量分析方法，对1900到2010年间主要发达国家内部的收入差距进行了更为精确的测算。他们发现：1900到1950年间，这些国家的收入差距确实存在"倒U型"，但是，收入差距在1950年代到1970年代持平，并在1980年代后又开始快速持续上升。他们把这一趋势归结为财富遗传、社会阶层固化和金融回报率过高等社会和经济结构因素，并提出了大幅提高边际税率的公共政策建议。

该书英文版于2013年出版，一度成为全球畅销书，被誉为"出版现象"。2014年中译本出版后，在国内也引起了很大反响。习近平总书记在《不断开拓当代中国马克思主义政治经济学新境界》一文中也谈到了这一著作，他指出，"法国学者托马斯·皮凯蒂撰写的《21世纪资本论》，在国际学术界引发了广泛讨论。他用翔实的数据证明，美国等西方国家的不平等程度已经达到或超过了历史最高水平，认为不加制约的资本主义加剧了财富不平等现象，而且将继续恶化下去。他的分析主要是从分配领域进行的，没有过多涉及更根本的所有制问题，但得出的结论值得我们深思”。如何理解习近平总书记所指出的财富不平等现象的更根本层面是所有制问题这一论断？这是第二部分的核心内容，在此之前，我们再简单介绍一下不涉及所有制问题的再分配理论的内涵、困境与其视角下的当代中国经济治理。

（三）再分配政策、机会均等与当代中国经济治理

再分配理论认为，可以借助税收和福利等公共政策，对市场中所形成的“初次分配结果”进行“再分配”，以达到与特定的公正内涵相一致的分配结果。20 世纪后半期以来，该分配结果的衡量常常以“机会均等”为准绳——不仅体现在经济学的再分配理论中，也体现在政治哲学的公正理论中，特别是在以罗尔斯（Rawls）的理论为起点的政治哲学讨论中。简言之，机会均等理论认为，再分配所要达成的分配目标，不是让所有人在经济状况上实现绝对平均，而是实现“机会均等”；而作为“非个人可控因素”的“机会”，被视为应该通过教育、医疗、就业、住房等福利政策的尽量平等而实现一致。

机会均等和再分配是当代中国经济治理的重要内容，特别集中体现在保障和改善民生的有关理论中。2015 年 11 月 23 日，中共中央政治局召开会议，审议通过《关于打赢脱贫攻坚战的决定》，提出打赢脱贫攻坚战，是促进全体人民共享改革发展成果、逐步实现共同富裕的重大举措。习近平总书记指出，在我国当前阶段，打赢脱贫攻坚战，是第一民生工程，就全面建成小康社会、实现第一个百年奋斗目标而言，农村贫困人口全部脱贫是一个标志性指标。从这个角度看，消除贫困是新中国为世界所作出的巨大贡献。根据世界银行统计，1981—2010 年，中国贫困人口减少人数占全球的 95%。贫困人数从 1989—1992 年的 2.6 亿降到 2001 的 1.14 亿，再降到 2015 的 0.56 亿。党的十八大以来，我国成为世界上脱贫人口最多的国家，也是世界上率先完成联合国千年发展目标的国家，在 2020 年实现全面脱贫，意味着我国要比世界银行确定的在全球消除绝对

贫困现象的时间提前十年。

习近平总书记指出，除了精准扶贫和坚决打赢脱贫攻坚战之外，还要着力解决好人民群众最关心、最直接和最现实的利益问题。这些问题既服务于扶贫脱贫，也各有其自身的重要意义，和脱贫攻坚一起构成民生工程的有机整体，具体主要包括：(1) 优先发展教育事业。习近平总书记说，教育不仅关乎脱贫，更是争夺下一代的灵魂工程；是人类传承文明和知识、培养年轻一代、创造美好生活的根本途径；是提高人民综合素质、促进人的全面发展的重要途径，是民族振兴、社会进步的重要基石，是对中华民族伟大复兴具有决定性意义的事业；而教育公平则是社会公平的重要基础。(2) 提高就业质量和人民收入水平。习近平总书记说，除了脱贫之外，就业还是最大的民生工程、民心工程、根基工程。做好就业工作的主要措施包括：增加就业岗位、提高就业质量、创造创业环境；提高就业能力；做好以高校毕业生为重点的青年就业工作；鼓励各类市场主体吸纳就业；推动城乡劳动者平等就业、同工同酬等。(3) 加强社会保障体系建设。例如，要构建以政府为主提供基本保障、以市场为主满足多层次需求的住房供应体系；发展和完善老年服务业，在养老保险制度改革中要厘清政府、企业和个人的责任；要不断提高农村基本公共服务标准和水平，逐渐推进城乡基本公共服务均等化；对丧失劳动能力的人口，要通过纳入低保体系实施政策性兜底。(4) 实施健康中国战略。健康是促进人的全面发展的必要要求，是经济社会发展的基础条件，也是人民群众的共同追求。在新的形势下，我国卫生与健康工作的方针是：以基层为重点，以改革创新为动力，预防为主，中西医并重，把健康融入所有政策。就具体实施而言，要科学界定政府和市场的边界，坚持医疗卫生事业的公益性，不走全盘市场化、商业化的路子，在基本医疗领域要由政府主导，在非基本医疗卫生服务领域则市场要有活力。在文化氛围上，要倡导“每个人是自己健康第一负责人”的理念。

然而，在强调民生问题和再分配政策重要性的同时，习近平总书记同时强调，要在发展中保障和改善民生。也即，改善民生要从实际出发、要努力让改善民生和发展经济实现良性循环。这不仅是因为再分配政策与经济激励、进而与经济增长密切相关，而且从马克思主义政治经济学的角度看，仅依靠再分配无法在根本上应对现代经济生活的困境，甚至可能陷入自由与平等难以兼得的困境。那么，马克思如何分析和看待现代经济生活？社会主义运动史中的经济治理与实践具有哪些经验和教训？这就需要了解马克思的政治经济学批判理论的基本内容。

二、马克思的政治经济学批判、社会主义运动史中的经济治理与中国经济转型

（一）马克思的政治经济学批判入门：走进《资本论》第一卷的剧场

马克思的政治经济学批判是一个极为复杂的理论体系，且未能在其生前完成。他在《政治经济学批判》序言中指出，“我考察资产阶级经济制度是按照以下的次序：资本、土地所有制、雇佣劳动；国家、对外贸易、世界市场”。作为对第一个话题的研究成果，马克思生前只完成了《资本论》第一卷的出版工作，第二和第三卷由恩格斯整理其手稿而出版。

《资本论》第一卷是一个以“资本”为主角的戏剧，拉开帷幕时，站在舞台中央的却是“商品”。对马克思而言，这是“不得已而为之”，也即，是由其所要言说的内容决定的：他想要研究“资本主义生产方式以及和它相适应的生产关系和交换关系”，而“资本主义生产方式占统治地位的社会的财富，表现为‘庞大的商品堆积’，单个的商品表现为这种财富的元素形式”。对刚走入剧场的人们来说，商品是“一种简单而平凡的东西”；但在序曲中，马克思向我们展示，商品其实是“一种很古怪的东西，充满形而上的微妙和神学的怪诞”，而且这一神秘性就来自“商品形式”本身：“商品形式在人们面前把人们本身劳动的社会性质反映成劳动产品本身的物的性质，反映成这些物的天然的社会属性，从而把生产者同总劳动的社会关系反映成存在于生产者之外的物与物之间的社会关系。”由于社会总劳动是“私人劳动的总和”，这也就意味着，人与人之间的“现实的”关系转变为物与物之间的“虚幻的”关系。

他安排了多个场景来向观众们展示这一点：（1）孤岛上的鲁滨逊。为了满足自身的各种需要，鲁滨逊进行着“制家具、养羊驼、捕鱼、打猎”等各种“有用劳动”，这些劳动的生产职能不同（所满足的需要不同），但都是“同一个鲁滨逊的不同的活动形式”，也即“人类劳动的不同方式”；“需要”（needs）本身迫使他精确分配所花费在这些职能上的时间，而制造不同产品的难度差异导致“平均耗费的劳动时间”的差异，也就反映了“鲁滨逊和构成他自己创造的财富的物之间的全部关系”。（2）中世纪欧洲。虽然相互依赖的人（农奴和领主、陪臣和诸侯、俗人和牧师）取代了独立的鲁滨逊，但是人与人之间的关系依然“简单明了”：劳动和产品以劳役和实物贡赋的方式进入社会，劳动的社会形式就是其自然形式，清晰向观众展示了个体之间的人身依附关系。（3）家庭内部。个人劳动力“只是作为家庭共同劳动力的器官而发挥作用”。（4）商品的世界。“生产者把他们的产品当作商品……通过这种物的形式，把他们的私人劳动当作等同的人类劳动来互相发生关系”；劳动不再以其自然形式的“特殊性”，而是以其作为“人类劳动”的“一般性”进入社会；个人之间的关系披上了“劳动产品之间的社会关系的外衣”。

随之而来的问题是：如果说鲁滨逊必须靠自己的经验和计算来分配其劳动时间，中世纪和家庭内部可以通过习俗和宗教的权威来直接配置其社会总劳动的话，在这个没有“自然特殊性和等级差异”的商品世界中，如何协调复杂的私人劳动？马克思的回答是：价值。为了向人们清晰展示这一机制，他带我们来到观众们最为熟悉的场景：剧场外随处可见的“市场”。镜头定格在一个正以“1 夸特小麦 = a 英担铁”进行的交易上，当买卖双方就“a（交换比例）应该是多少”展开热烈谈判的时候，马克思提醒大家注意“a”之前的“=（等号）”：为什么在“小麦”和“铁”之间可以用“等号（=）”？他随即指出，这种“等量的共同的东西”显然不是让商品体具有“有用性”，并进而“成为使用价值”的“物体属性”——就其物理特征而言，小麦和铁缺乏任何可比性、具有“质的差别”，而“等号”所连接的两端则只能有“量的差别”，且“如果把商品体的使用价值撇开，商品体就只剩下一个属性，即劳动产品这个属性”。这个剩下的“同一的幽灵般的对象性，只是无差别的人类劳动的单纯凝结，即不管以哪种形式进行的人类劳动力耗费的单纯凝结”，也即“抽象人类劳动”，就是价值——商品价值。而且，价值不仅让交换成为可能，还像“重力定律”一样规定着交易双方最关心的问题——“交换比例”。

恍然大悟的观众立刻提问：价值又是由什么决定的？为了回答这一问题，马克思带观众走出“经验空间”的“具体”的“市场”，进入“价值”的“抽象”世界，在这个“纯粹的理念空间”中，他向我们隆重介绍其中的“仲裁者”：社会必要劳动时间，即“在现有的社会正常的生产条件下，在社会平均的劳动熟练程度和劳动强度下制造某种使用价值所需要的劳动时间”。随后，他在商品的矛盾中推导出货币，在货币的矛盾中推导出资本，并给出了资本的总公式和剩余价值的界定。

伴随着资本总公式和剩余价值的给出，序曲结束。接下来的内容主要包括三个部分：（1）在以流通领域为布景的第一幕中，马克思展示了剩余价值的来源——作为一种特殊商品的劳动力，并指出，劳动力成为商品的历史条件是“双重”自由的工人。“一方面，工人是自由人，能够把自己的劳动力当作自己的商品来支配”，也即工人不是永久性出卖劳动力的奴隶，但是同时却也不得不以“分段”方式持续出卖自己的劳动力；“另一方面，他没有别的商品可以出卖，自由得一无所有，没有任何实现自己的劳动力所必需的东西”，也即没有任何生产资料，“没有可能出卖有自己的劳动对象化在其中的商品”。（2）在以生产领域为布景的第二幕中，资本主义社会结构中的“平等和自由”只存在于流通领域，而在生产领域则荡然无存。马克思写到，“劳动力的买和卖是在流通领域或商品交换领域的界限以内进行的，这个领域确实是天赋人权的真正伊甸园。……一离开这个简单流通领域或商品交换领域，——庸俗的自由贸易论者用来判断资本和雇佣劳动的社会的那些观点、概念和标准就是从这个领域得出的，——就会看到，我们的剧中人的面貌已经起了某些变化。原来的货币所有者作为资本家，昂首前行；劳动力占有者作为他的工人，尾随于后。

一个笑容满面，雄心勃勃；一个战战兢兢，畏缩不前，像在市场上出卖了自己的皮一样，只有一个前途——让人家来鞣”。[①] 随后，他分析了绝对剩余价值和相对剩余价值的生产，对工业革命早期的英国围绕工作日的斗争，以及组织、技术创新等进行了详细描述和分析。(3) 在恩格斯经整理手稿而成的第二卷和第三卷中，马克思带我们从第一卷所给出的“抽象空间中的资本主义经济体系”，逐步回到资本主义经济的现实世界，探讨了资本的循环、竞争与社会的资本化。涉及诸多对后日实践更有“政策”价值的危机(周期)理论、货币金融理论等。

(二) 社会主义运动史中的经济治理实践与当代中国经济转型的特点

恩格斯指出，社会主义从空想到科学的关键在于马克思所提出的剩余价值理论和唯物史观，这也是前一部分内容的核心。马克思去世后，在第一次世界大战和十月革命前，经济政策一直处于“是否要通过无产阶级革命夺取政权”这一问题的主导之下。革命胜利后，问题发生转变。和平时期的社会主义经济建设该如何进行？随着德国和奥地利的社会民主党逐渐走向议会政治，这个问题留给了十月革命后的俄国布尔什维克。由于马克思和恩格斯没有分析社会主义经济的具体形式，而且对乌托邦主义的设计进行了强烈批判，导致对相关理论的阐释争议不断。在这种情况下，作为第一个指导马克思主义政党制定现实经济政策的人，列宁不得不依靠自己的创新。1921 年，进入和平时期后，列宁主导实施了新经济政策，用粮食税替代征收，提倡通过税收调节来促进贸易，强调农业的重要性，把农产品和手工业品之间的交换比例看作重要的政策变量，允许农民留有余粮，这些措施积极推动了俄国的农业和工业基础建设；他还强调让国家垄断控制银行、煤铁、重工和铁路等领导性行业，但是其他行业则让私人企业自由发展。新经济政策构成对社会主义经济建设的开创性探索。其中，列宁不仅尝试首次在社会主义经济体系中引入市场机制、运用

---

① 《资本论》(第一卷)，人民出版社 2018 年版，第 204—205 页。

价格机制，并且考虑到了后来被证明对于社会主义经济建设极为关键的激励和组织问题。这些都是富有洞见的政策，在当时的历史环境中看，可谓颇具智慧。遗憾的是，随着斯大林掌权，新经济政策逐渐被高度集中化的中央计划经济体制所替代。

20世纪后半期，苏联和东欧各国尝试对斯大林体制进行调整，而在1990年代后，这演变为基于华盛顿共识的全面市场转型。在这个过程中，这些国家经济建设与转型的探索揭示了市场体制在协调现代社会经济生活的复杂信息和提供经济激励方面的重要性和局限性，同时也揭示了法律和文化对于市场体制的建立和有效运转的重要性。而与这些国家的市场转型相比，中国的经济转型则具有下列明确特点：理论的开放性和实践检验标准的确立。具体而言，通过价格机制改革上的双轨制保障了市场转型的渐进性和这一过程中的相对稳定；通过行政层级改革、央地关系和财政体制的持续调整，保持政治体制和经济体制的相互支撑；在生产资料的所有制方面，坚持“两个毫不动摇”，并就生产资料公有制的多种实现方式进行探索（土地资源方面的农村土地制度三权分离、城市工业用地出让机制、商业用地和居住制度改革、国有企业改革、混合所有制改革等）等。伴随着这一系列改革，随之而来的问题是：如何在马克思主义政治经济学的理论框架内解释当代中国的经济治理和经济发展？如何基于马克思主义的政治经济学为当代中国的经济发展出谋划策？

三、当代中国马克思主义政治经济学：机遇与展望

（一）中国经济发展的马克思主义政治经济学逻辑

在马克思主义政治经济学的视野中看待和解释当代中国的经济发展，其基本视野是唯物史观视野中人的历史必然性和历史自由性问题。马克思指出，人们创造自己的历史，但不是随心所欲地创造。他详细论证和阐释了生产力提高引起生产关系变迁和生产方式变革的这一必然性，同时也指出，上层建筑改变也可以带来生产关系变革，进而导致生产力提高。后者，也就是人的自由的空间。就当代中国而言，在坚定这一信念的

同时，在经济治理问题上需要回答的直接问题则是：实现这一自由的关键着手点何在？这就体现在中国共产党在当代中国经济治理中所起的作用上。中国共产党是自觉承担了特定历史功能（破除一切妨碍生产力发展的力量）的使命型政党，通过掌握权力并全面深化改革、全面依法治国、全面从严治党来推动上层建筑改变，并逐渐探索变革生产关系，由此推动生产力发展。因此，邓小平指出“改革是中国的第二次革命”，[①]习近平总书记说“改革开放只有进行时，没有完成时”。[②]

也正是在这一精神的指导之下，中国共产党领导中国人民，把马克思主义的基本原理与中国的经济社会发展情况结合了起来，从批判资本到运用资本，坚持以人民为中心、坚持人类命运共同体，贯彻新发展理念，警惕被资本和官僚权力捕获。正是在这一精神的指导下，在改革开放和新时代的一系列经济治理实践中，中国的经济总量跃居全球第二，人均收入也步入中等收入国家行列。

（二）建设现代化经济体系和加快完善社会主义市场经济体制

进入新时代以来，中国经济呈现出新常态：一是从高速增长转为中高速增长；二是经济结构不断优化升级；三是从要素驱动、投资驱动转向创新驱动。作为应对，我们提出了供给侧结构性改革，并指出当代中国经济发展重在解决结构性问题，注重激发经济增长动力，主要通过优化要素配置和调整生产结构来提高供给体系质量和效率，进而推动经济增长。基于这一研判，习近平总书记提出了建设“现代化经济体系”的任务，涵盖了现代市场、收入分配、城乡协调、绿色发展、全面开放等多方面内容。其中的重中之重，依然是加快完善社会主义市场经济体制。

中国特色社会主义市场经济体制的建立，是中国经济转型的核心特点，也是当代中国的基本经济制度。习近平总书记在《不断开拓当代中国马克思主义政治经济学新境界》中强调，在社会主义条件下发展市场经

---

① 《邓小平文选》（第三卷），人民出版社 1993 年版，第 113 页。

② 习近平：《关于〈中共中央关于全面深化改革若干重大问题的决定〉的说明》（2013 年 11 月 19 日），中国共产党新闻网，http://theory.people.com.cn/n/2015/0105/c83845-26327182.html，最后浏览日期：2022 年 8 月 17 日。

济，是我们党的一个伟大创举。我国经济发展获得巨大成功的一个关键因素，就是我们既发挥了市场经济的长处，又发挥了社会主义制度的优越性。我们是在中国共产党领导和社会主义制度的大前提下发展市场经济，什么时候都不能忘了“社会主义”这个定语。之所以说是社会主义市场经济，就在于要坚持我们的制度优越性，有效防范资本主义市场经济的弊端。我们要坚持辩证法、两点论，继续在社会主义基本制度与市场经济的结合上下功夫，把两方面优势都发挥好，既要“有效的市场”，也要“有为的政府”，努力在实践中破解这道经济学上的世界性难题。

2020 年疫情发生后，我们提出了利用好国内国外两个大循环，同时不断提出新的治理政策，以应对疫情。2020 年 3 月 30 日，中共中央和国务院在《关于构建更加完善的要素市场化配置体制机制的意见》中指出，要构建更加完善的要素市场化配置体制机制：推进土地要素市场化配置；引导劳动力要素合理畅通有序流动；推进资本要素市场化配置；加快发展技术要素市场；加快培育数据要素市场；加快要素价格市场化改革；健全要素市场运行机制；组织保障。2020 年 5 月 11 日，中共中央和国务院又出台《关于新时代加快完善社会主义市场经济体制的意见》。该意见指出，要坚持公有制为主体、多种所有制经济共同发展，增强微观主体活力；夯实市场经济基础性制度，保障市场公平竞争；构建更加完善的要素市场化配置体制机制，进一步激发全社会创造力和市场活力；创新政府管理和服务方式，完善宏观经济治理体制；坚持和完善民生保障制度，促进社会公平正义；建设更高水平开放型经济新体制，以开放促改革促发展；完善社会主义市场经济法律制度，强化法治保障；坚持和加强党的全面领导，确保改革举措有效实施。这些措施，是当代中国马克思主义政治经济学的直接体现，中国经济发展的实践，必将推动当代中国马克思主义政治经济学的发展完善。

第九专题　向废墟作战

1949年中华人民共和国的成立具有划时代的意义，它标志着中国共产党通过28年的浴血奋战，完成了新民主主义革命，实现了民族独立、人民解放和国家统一，是中国从几千年封建专制政治转向人民民主的一次伟大飞跃。

尽管这个新生的政权完成了反帝反封建的历史任务，迈出了中华民族在激烈动荡的近代重新"站起来"的第一步，但是迎接它的却不是一帆风顺的阳关大道，而是从四面八方涌来的棘手问题。近代以来，中国长期陷入内忧外患的黑暗境地，中国人民经历了战乱频仍、山河破碎、民不聊生的深重苦难，初掌全国政权的中国共产党所面对的，可以说是一片废墟。一方面，长期的战争创伤使得经济和物质遭到极大损毁；另一方面，多年来的动荡不安也撕裂着社会共识和意识形态，这两者都需要进行有序的修复和重建，有必要建立起一整套和旧中国根本不同的新制度以及新格局，才能使人民政府真正站稳脚跟，并对国家今后的长远发展产生根本性的影响。中国共产党和新成立的中央人民政府，正是在当时错综复杂的环境中，沉着冷静地加以应对，在新中国初期的治理中取得了惊人的成功，为国民经济的恢复与发展，以及社会主义制度的确立奠定了基础。这些治国理政的重要经验，值得我们进行深入的探讨和研究。

一、新中国成立初期中国共产党所面临的现实挑战及其有效应对

中国共产党在这一时期面对着自然灾害频仍、财政经济崩溃、社会问题严峻以及文化医疗落后等一系列现实挑战，如果从天时地利人和的角度来看，这些问题都是复合性的，每一个问题背后都是各种隐患和矛盾的叠加。

（一）根治水患，兴修水利

首先第一个严重影响社会民生的挑战，就是严重的自然灾害给人民造成了深重苦难。

正如《人民日报》在回顾 1949 年时所总结的，“一九四九年是中国人民胜利最大的一年，也是困难最大的一年，不少地区灾荒的连续，就是困难之一”。[①] 这一年全国自然灾害严重，不仅波及地区广泛，遍及华东、中南、华北、东北等地；而且从春到秋，先旱后涝，各类灾害如旱、冻、虫、风、雹、水、疫等交相发生。其中最为严重的是水灾，据统计，1949 年全国被淹耕地达到 12 156 万亩，因灾减产粮食 220 亿斤，灾民达到 4 000 万人，而重灾区灾民则有 1 000 万人之多。华东地区当时灾情最为严重，8 月以来由于连降大雨，继之以台风袭击，江河决口，一片汪洋，皖北、苏北、山东等地圩堤全线崩溃，江苏南通、泰州两专区江堤决口百余处，皖北自宿松到望江之间的马华大堤沿江千里水漫金山，整个华东地区的受灾面积达到 5 256 万亩，灾民 1 642 万人，其中重灾区灾民约 1 501 万人，占到了全部人数的 91.4%。[②]

当时严峻的自然灾害，其实很大程度上也是由旧中国留下的人为因素所造成的，由于国民党统治时期水利长久失修，加上连年战乱的破坏，甚至还有花园口决堤这样人为制造的生态破坏事件，就使得受灾面积和

---

① 内务部研究室：《救灾工作及其问题》，《人民日报》1950 年 1 月 15 日。

② 农业部农村经济研究中心当代农业史研究室编：《共和国农业史料征集与研究报告》（第三集），2000 年版，第 107—108 页。

受灾程度都大大加剧了。能否妥善处理自然灾害造成的严重饥荒，并且从根本上解决天灾所造成的不利局面，这对初掌政权的中国共产党无疑是一道摆在面前的难题。尽管当时的社会经济条件都极为不发达，政府的各项工作也是千头万绪，但是人民政府仍然把通过兴修水利来彻底解决水患旱灾作为新中国成立后迫切要解决的重要任务之一。政务院先后发出《关于生产救灾的指示》(1949 年 12 月 19 日)、《关于一九五〇年水利春修工程的指示》(1950 年 3 月 20 日)，强调生产救灾关系到几百万人的生死问题，是新民主主义政权在灾区巩固存在的问题，是建设新中国的关键问题之一。并以黄河、长江、淮河等主要河流为工作的重点，在水利部下设立黄河水利委员会、长江水利委员会、淮河水利工程总局，各省设水利局，各专区各县设水利科(局)。而这一时期水利建设最典型的例子，就是对淮河这条“中国最难治理的河流”，花大力气进行了彻底的根治。

淮河位于长江北部，发源于河南桐柏山，全长 1 000 公里，落差 196 米，流域横跨河南、安徽、湖北、江苏、山东 5 省，流域总面积为 18.57 万平方公里，年均径流量为 621 亿立方米，与黄河相当，是一条大河。淮河流域，涉及 1 亿人口，两亿亩耕地，在我国政治、经济、军事上都具有重要的战略位置。但是考虑到气候和地理的原因，淮河也是灾害频发的一条水道。一方面，淮河流域处于中国气候分界线上，气候多变，5 月至 8 月的汛期，三个月通常降雨量达到 500—600 毫米，特别是 6—7 月间，江淮地区特有的梅雨季节，降雨可持续一二个月。再加上黄淮争道，河道淤塞、下泄不畅，由此带来严重的水患，淮河在历史上每两到三年就发生一次水灾。如 1931 年淮河大水，水淹蚌埠，导致 7.5 万人死亡。而 1938 年国民党挖开黄河花园口大堤后，造成黄河水向南改流入淮河流域，前后长达 9 年。黄河裹挟的 100 亿吨泥沙淤积于淮河流域，厚达 3 米，造成淮河水系严重紊乱，排水不畅或水无出路，进一步加剧了淮河的水患。淮河下游的洪泽湖由于常年淤积，导致洪泽湖湖底居然比安徽蚌埠淮河底还要高出 2 米多，排水不畅加剧了“小雨小灾、大雨大灾，无雨旱灾”的局面，以致淮河被称为“中国最难治理的河流”。

1950年6月，淮河再次发生大决口的严重灾情。河南与安徽交界处，滂沱大雨数日不停，津浦线两侧一片汪洋，数百里河堤完全失去作用，田埂村庄俱被淹没，许多灾民被迫挤在高地上，甚至爬到树上求生。河南、安徽境内受灾面积4 000余万亩，灾民1 300万人。倒塌房屋89万间，断粮人数581万，其中489人死亡。8月1日，华东军政委员会致电中央，称"今年水势之大，受灾之惨，不仅重于去年，且为百年来所未有"。①

毛泽东接到电报后，先后作了4次批示，责令政务院、水利部拟定治淮计划。他不仅强调"除目前防救外，须考虑根治办法，现在开始准备，秋起即组织大规模导淮工程"，同时批示"导淮必苏、皖、豫三省同时动手，三省党委的工作计划，均须以此为中心"。② 中央人民政府在对灾区紧急赈济的同时，决定从根本上对淮河水患进行治理。

1950年8月25日—9月12日，在政务院总理周恩来的亲自指导下，由新任水利部部长傅作义主持召开了治理淮河会议。10月14日，政务院发布《关于治理淮河的决定》，明确了"蓄泄兼筹"的治淮方针，并确定淮河上游以蓄洪发展水利为长远目标，中游蓄、泄并重，下游则开辟入海水道，以泄洪为主。所谓"蓄"，一是在淮河上游兴建水库控制洪水，库容20亿立方米；二是在平原地区的中游（主要在安徽）兴修4个湖洼蓄洪区和22个行洪区（总面积1 000平方公里，库容50亿立方米，涉及500万亩耕地和200万人口），通过在汛期行蓄洪以削减洪峰，保护淮干堤坝，最终保护沿淮城市。所谓"泄"是在淮河下游，从洪泽湖向东开辟淮河入海水道，加强运河堤防及建筑三河活动坝等工程。同时，为加强统一领导，专门成立治淮委员会，分设河南、皖北、苏北三省、区治淮指挥部。③

治淮工程量极其庞大，沿淮各县市均有大量配套工程，到1951年7月第一期工程胜利完成时，总计完成土方1.95亿。若把这些土方筑成1米的土墙，长约20万公里，可以绕地球5圈。其中，工程量最大的就是下

① 曹应旺：《周恩来与治水》，中央文献出版社1991年版，第14页。
② 水利部淮河水利委员会、《淮河志》编纂委员会编：《淮河大事记》，科学出版社1997年版，第124页。
③ 《建国以来重要文献选编》（第一册），中央文献出版社2011年版，第428页。

游入海水道的建设，也就是后来建成的苏北灌溉总渠，这条入海水道从洪泽湖高良涧开始，经淮安、苏家嘴、盐城东坎、六垛至滨海扁担港出海口止，全长 168 公里，堤距为 2 500 米，每秒能泄洪 800 立方米，成为淮河下游泄洪的关键出口。水利部从 1950 年秋开始就组织入海水道查勘团赴苏北实地查勘，编写了《淮河入海水道查勘报告》，提出淮河入海水道方案，工程总经费折合 100 万吨大米。1951 年冬至 1952 年春，在以工代赈的艰苦条件下，先后组织了 110 万人的治淮大军投入这一工程，在技术人员不足，施工条件恶劣的环境下，仅用了 85 天就完成了全部工程，以灌溉为主，辅以防洪、排涝、航运、发电能力。整个工程量达到土方 7 320 万立方米，可灌溉苏北平原 2 580 万亩土地，十倍于秦始皇修建的“郑国渠”，使苏北成为中国重要的产粮基地之一。1954 年，淮河发生特大洪水，且江淮并涨，已建成的洪泽湖拦洪蓄水工程、苏北灌溉总渠，以及里运河堤防加固等工程，发挥了调洪、泄洪、挡洪的显著作用，确保了里下河地区大面积安全，没有再重演历史上洪水泛滥的悲剧。淮河经过 8 年的不懈治理，到 1957 年冬，工程初见成效。国家共投入资金共 12.4 亿元，治理大小河道 175 条，修建水库 9 座，库容总量达 316 亿立方米，还修建堤防 4 600 余公里，极大地提高了防洪泄洪能力。

淮河能够在新中国成立初期就得到全面有效的治理，充分体现了中国共产党以人民为中心的治国理政实践方略。

一方面，毛泽东等中央领导和人民政府对治理淮河高度重视，在财政极为困难的情况下，从解决民生的迫切需要出发，下决心花大力气根治。为了全面治理淮河，新生的人民政府投资并贷款了 1 亿美元，当时在沿淮一线，总共动员了 300 万民工进行劳动。不仅组织了十几万人的后勤运输队伍，为工地日夜赶制工具、加工粮食、运送器材；同时还组织了 18 万多名的宣传员在工地进行宣传鼓动，邮电、商业、医疗卫生单位也纷纷上工地为民工提供服务。1951 年 5 月，中央组织了治淮视察团，带有毛泽东颁发给治淮委员会及河南、皖北、苏北三个省区治淮指挥机关的四面锦旗，锦旗上有毛泽东的亲笔题字“一定要把淮河修好”，要求河南、安徽、江苏“三省共保，一齐动手”。毛泽东的题字还被精印了15万份，由视察团分赠给治淮干部和民工劳动模范，这一深切慰问广泛传达了人民政府治淮的决心，极大地鼓舞了全体民工和干部的工作热情。

另一方面，中国共产党在组建新的政府机构时，能够充分发挥统一战线的优势，选贤与能，知人善用。比如任用傅作义担任新中国的水利部部长，统筹管理新中国的水利建设工作就是一个典型的例子。早在1939年抗日战争时期，傅作义奉命率部进军绥西后套时，就提出“治水与治军并举”的思路，开展了“大兴水利，大办屯垦”的生产自救运动，在后套地区兴修渠道，使这一地区逐渐形成了自成一体的渠道网络，不仅可以养鱼甚至可以航运。1945年夏天，傅作义还规划治理黄河。为大规模开发河套一带的水利作准备，他亲自陪同测量队到现场，对从宁夏石嘴山到后套这一段黄河的流速、降波、河床变迁等作了一系列的实地勘察工作，掌握了第一手的资料。但由于内战的爆发，治理黄河的愿望没能实现。新中国成立后，作为第一届政协的全国委员，考虑到他的意愿和能力，中央人民政府任命傅作义为政务院水利部部长。作为新中国的第一任水利部部长，傅作义全心投入水利建设中，在最初七八年间，每年约有四分之一的时间到外地考察水利，全国各省区和重要河流湖泊如长江、黄河、淮河、珠江、海河、松花江、钱塘江、闽江及洞庭湖都留下了他的足迹。在治淮期间，他经过49天的视察，对淮河流域的基本情况、淮河水灾的成因、治淮方针都已经做到心中有数。在向政务院汇报治淮规划时，他不仅准备了数据详尽的治淮规划示意图、水文计算示意图，以及淮河润河集分水闸①示意图，同时在书面报告之外，还花两三天时间专门写了一个口头发言的补充材料，根据自己以往的治水经验，提出具体的治淮方案。在他担任水利部长的24年里，中央人民政府有计划、有步骤地治理大江大河，变水害为水利。傅作义曾经在座谈会上深有感触地说：“旧社会坏就坏在那个制度，那个体系，想办的事都办不成；新社会好就好在这个制度，一切难办的事

① 润河集分水闸位于皖北霍邱县境内，根据“蓄泄兼筹”的治淮方针于1951年初修建。

都能办成。”①

新中国成立之初，除了傅作义以外，中央人民政府各个部门都广泛吸收了其他民主党派和无党派人士参政。在选举产生的6位中央人民政府副主席中，党外人士有3位；56位政府委员中，党外人士接近一半；15名政务院委员中，党外人士有9人；而政务院所辖34个部门中，担任正职的党外人士有14人之多，如轻工业部部长黄炎培、纺织工业部部长蒋光鼐等都发挥了重要的积极作用；大量旧社会的专业人员，都在中国共产党的统一领导下，迸发出巨大的工作热情和能量。正如周恩来在主持政务院工作时所强调的，要保证非党人士“有职、有权、有责”，充分发挥他们的积极性。这充分表明中国共产党在新中国成立初期，能够团结各方人士，凝聚党内外一切力量，充分调动各种积极因素，促进社会主义事业的蓬勃发展，这可以说是中国共产党从革命党迈向成熟的执政党过程中的重要收获和经验。

（二）稳固金融，统一财政

新中国诞生时，另外一个迫在眉睫的问题是如何应对国民党政府留下的财政经济总崩溃、物价上涨完全失控、投机活动异常猖獗的烂摊子。经济方面的这些问题可以说是极为复杂而艰难，中国共产党对于处理全国性的经济问题，特别是大城市所面临的恶性通货膨胀，可以说是完全没有任何的实际经验。而这些问题又必须迅速得到妥善解决，否则就会面临民怨沸腾、政权无法稳固的危险。在这方面，陈云所领导的中央财经委员会，通过标本兼治的方法，制止了旧中国连续12年的恶性通货膨胀，统一了全国财政经济工作，打赢了这场新中国成立初年的经济战争。毛泽东评价它的意义“不下于淮海战役”。

首先，这场战争的第一步就是打击投机商的兴风作浪，稳定失控的物价。物价飞涨，投机猖獗可以说是多年累积所形成的一个痼疾，国民党政

① 中国中共党史人物研究会编：《中共党史人物传：精选本·民运卷》，中共党史出版社2010年版，第304—308页。

府当时就束手无策，最终坐视整个经济系统崩溃，导致了其在大陆统治的覆灭。1949年新中国成立之前，物价更是大幅波动，1月、4月、7月分别出现了物价的大幅飞涨。而从10月15日开始，天津由粮食带头，上海由纱布带头，又掀起了物价上涨的狂潮，纱布、粮食的价格在一个月内都翻了两番。其中上海的情况尤为严重，11月中旬的物价比7月平均上涨两倍，有些商品甚至涨了五六倍。抗战结束后，上海投机风潮严重，投机资本家当时非常嚣张，认为“只要控制了两白一黑，就能置上海于死地”，[①]囤积居奇，哄抬物价，扰乱金融市场。

陈云认为，当时解决上海问题和稳定全国物价的关键是抓住“两白一黑”（即大米、纱布、煤炭）。原因在于这三样东西是城市的命根子，是老百姓的日常生活必需品。煤炭相对来说难以搬运和保存，只要能保证运输，问题不是很大，因此“两白一黑”中的关键是大米和纱布。对此，陈云明确指出：粮食和纱布，一个是吃，一个是穿，是市场的主要物资，我掌握多少，即是控制市场力量的大小。人心乱不乱，在城市中心是粮食，在农村主要靠纱布。[②] 当时大部分地区战争已经结束，各解放区之间可以互相支援，因此能够在全国范围内实行城乡之间的物资大调运。陈云领导下的中央财经委员会迅速从华东各省和东北、华中、四川等地调运粮食支援上海，国家手中掌握的粮食、纱布等关键物资大大超过了投机商的经济力量。当手里掌握充足物资之后，陈云果断决定，“预定十一月底十二月初于全国各主要城市一齐抛售”，全力稳住已经上涨两倍的物价，并且指示“对于投机商人，应在此次行动中给以适当教训”。[③] 投机商错误地估计了形势，最初将政府抛售的大量物资全部吃进，甚至不惜借取高息贷款来囤积粮食，结果市场上粮食源源不断供应，越买越多，粮价不涨反而持续回落。最终银根紧缩，不少投机商人的资金链断裂，不得不抛售主要物资，而国家在此时则乘机买进，市场的主动权就完全掌握在人民政府手里

① 逄先知、金冲及编：《毛泽东传（1949—1976）》（上），中央文献出版社2003年版，第61页。
② 张远航、刘晴主编：《陈云纪事（1905—1995）》（上册），中央文献出版社2011年版，第341页。
③ 《陈云文选》（第二卷），人民出版社1995年版，第30—31页。

了,这样就把物价基本上稳住了。这一次"两白一黑"经济战役的胜利,是中国共产党正确运用商品规律,驾驭复杂多变的市场取得的,不禁使得工商界人士刮目相看。这正表明了中国共产党能够根据具体的客观情况,通过学习经济运行的发展规律,提升自己管理大城市、处理经济问题的切实能力。

其次则是建立起稳固的金融货币体系,人民币的发行和币值稳定是其中的关键。1948 年 12 月 1 日,中国人民银行在石家庄成立,发行了第一套人民币(又称"人民券"),面值包括 1 元、2 元、5 元、10 元和 20 元等面值,人民币发行之初,就遇到了币值稳固的问题,而能否解决好这一难题,对中国共产党来说也是一场考验。国民党政府曾对货币进行过多次改革,先后发行了法币、新法币、金圆券、银圆券等,均是在物价飞涨、货币严重贬值后,重新改换一套货币系统,导致物价金融长期处于不稳定状态,最终走向了覆灭。而人民币在诞生之初,也遭遇了金融波动的剧烈冲击。早在 1948 年 12 月北京西郊海淀市场上就已经出现了人民币和各种解放区流行的钞票,当时金圆券 2 元折合人民币 1 元,但是物价飞涨,附近的老百姓到清华园去买菜、肉、鸡蛋等,摊贩都希望他们以煤油、面粉去换,大家对于各种钞票都不信任。金圆券已经遭到人们的唾弃,但老百姓对人民币还不放心,不敢轻易兑换。1949 年 1 月天津解放后不久,中国人民银行规定以金圆券 6 元兑换人民币 1 元;对于工人、学生的优惠兑换率则是金圆券 3 元兑换人民币 1 元(限额金圆券 510 元)。北京解放后,兑换比价降到了金圆券 10 元兑换人民币 1 元,并且在 20 天内迅速结束了兑换工作。4 月 29 日南京解放后,人民政府规定以人民币为所有公私交易、买卖、票据交易的定价和结账本位。5 月 25 日解放军进入上海市区,6 天以后,中国人民银行以金圆券 10 万元兑换人民币 1 元,在一星期内收兑完毕。从 6 月起,完全禁止金圆券流通。[①] 尽管人民币已经是合法流通货币,但是它在新中国成立之初却遭遇了几次大的风潮,在发行不

① 王红曼:《中国近代货币金融史论》,上海人民出版社 2011 年版,第 288—289 页。

到一年的时间里，于 1949 年 9 月就发行了 5 000 元和 1 万元的新钞面值，这也代表着经济困难和金融动荡危险。

人民币在发行之初，奸商投机倒把、囤积居奇、物价仍然继续上涨、币值非常不稳定。为此，人民政府采取了直接发放粮食作为月薪的办法，使得广大公职教职人员的实际收入尽量少受物价飞涨的影响，因此当时的月薪是以"小米"为单位数量的。比如，清华教师浦江情在其日记中就记载了当时为安定知识分子所发放的工资情况，"不久即有一百万人民券及若干斤小米可发到清华以应急。教授每人仍同上次，可得人民券九百余元，小米六十斤云。至于一月份正式薪金则根据去年十一月份南京政府所发薪水及一袋（44 斤）面粉、二百斤煤球之价值，折合成当时购买力之小米数，以此为标准而发薪。如此则教授最高薪额者可得一千三百斤小米云"。[①] 当时的薪资规定，高级知识分子如北京大学、清华大学的教授，月薪最高可以达到 1 300 斤小米，能够保障正常的生活；记者、编辑一般是 920 斤小米，刚毕业的大学生拿到 480 斤小米。而解放初期的工人工资，也折合成当时购买力的小米数进行发放，如太原市的重工业工人薪资是 300—320 斤小米，轻工业工人薪资是 270—285 斤小米。北京饭店的理发师每月工资是 300 斤小米，理发一次大概折合 3 斤小米。[②] 在刚解放的几年内，薪金一直是按照小米斤数来计算，再折合成当月的人民币发放，近似一种实物工资，照顾到了生活费指数上涨的变化，在一定程度上抵消了通货膨胀、人民币贬值带来的损失，这种实物工资可以说是中国共产党在货币史上的一个创举，是破解当时人们对货币的信任度接近崩溃时的良方，对于公教人员支持新政权起到了至关重要的作用。

通过打击投机，折实工薪等方法，暂时止住了全国普遍的恶性通货膨胀，但是这些只是治标的方法，1949 年 11 月—1950 年 2 月，最初政府的财政赤字仍然很大，物价水平上升了 1.5 倍。1950 年 7—11 月中旬，财政总收入只占总支出的 34.6%，赤字高达 65.4%。为了弥补赤字，人民

① 浦江清：《清华园日记·西行日记》，生活·读书·新知三联书店 1999 年版，第 269 页。
② 陈明远：《知识分子与人民币时代》，文汇出版社 2006 年版，第 31—33 页。

政府只得大量增发纸币。这就导致币值大跌，物价仍然在猛涨。这主要是因为：第一，军费开支巨大。大规模的军事行动还没有完全结束，当时人民解放军还在向华南和西南地区大举进攻，财政赤字太大，钞票发行过多，军费开支在整个财政开支中占比重将近一半。第二，财政负担加重。随着军队的不断推进，新解放区迅速扩大，国民党政府的旧人员和起义军队等都需要加以妥善安置，军队和公职人员人数激增至750万，而这个数字以后还在不断增加。第三，财源增长缓慢。在新解放的地区，由于战争刚刚结束不久，只有一部分地方开始征收公粮；城乡交流需要有一个缓慢的恢复过程；城市工商业处境还很困难，很多工厂都没有开工，一时难以征收到应有的税收。正如周恩来在政务会议中讨论物价问题时把这些困难都归于“胜利的负担”，他解释道，“为什么物价上涨呢？基本上还是因为开支很大，票子发得很多，物价当然会上涨。为什么开支很多呢？因为我们所解放的地区扩大了，在这些新地区内一开始又不可能收入得很多，而负担就会增加。所以这种负担的增加是必然的过程，胜利的过程。它与国民党反动派的物价上涨、负担增加的没落过程是完全相反的”。[1] 尽管这种“胜利的负担”一时无法避免，但是如果不从根本上使物价得到稳定，重整经济命脉，那么新中国将无法实现国家安定和经济发展，因此这是一个必须彻底解决的问题。

治本的方法就是必须改变财政收支严重不平衡的状况。除了增加税收、厉行节俭等举措外，陈云在新中国成立之初还着手进行统一财经的重要工作。他在中央财经委员会的两次讲话中强调，从当时收支脱节的情况看，统一财经工作具有紧迫性和重要性；从落后贫困的现实国情来看，必须尽可能地集中物力、财力加以统一使用；从中国共产党革命工作的阶段性来看，此时已经不是一个地区或一个部队的工作，而是事关四亿多人民，地大物博的全国性的工作。因此在这几点意义上，有必要统一国家财政经济工作，进行从上到下的管理。[2]

---

① 金冲及：《二十世纪中国史纲》（下册），社会科学文献出版社2009年版，第704页。
② 杨胜群、龙平平主编：《陈云画传》，浙江人民美术出版社2011年版，第140页。

1950年2月13—25日，第一次全国财政会议在北京举行，陈云主持起草了《关于统一国家财政经济工作的决定》(以下简称《决定》)，并两次进行修改，这一决定于1950年3月3日由政务院颁布实施。《决定》的内容主要有三点：第一，统一全国财政收支，使财政收入的主要部分集中到中央，统一调度使用；第二，统一全国物资调度，清理全国仓库物资，实行国家的重要物资的统一调度，这增加了国家能应付各种危机的有效力量；第三，统一全国现金管理，一切军政机关和公营企业的现金，除留若干近期使用者外，一律存入国家银行。有效避免了社会上通货过多的现象，大大增加了国家能够使用的现金。[①] 这三项措施调整了中央与地方的经济权限，形成统一领导、分级管理的体制，它的共同效果是避免因当时十分有限的财力物力过分分散使用而造成很大浪费，达到能集中起来办大事的目的。为了回答广大干部、群众所关心的问题，陈云还专门在《人民日报》撰写社论《为什么要统一财政经济工作》，指出“如果国家支出不按统一制度并遵守节省原则，如果现有资金不加集中使用，则后果必然是浪费财力，加剧通货膨胀”。[②] 此后，政府采取了统一的财政制度，1950年农业税以及货物税和各种工商税都纳入中央统一支配下。

除了统一财经的重要工作以外，着眼于从增加收入的长效机制考虑，这一时期陈云还推动了折实公债的发行，这与折实工薪一样，是中国共产党对货币经济规律的一种创造性运用，很大程度上解决了新中国成立初年收入不足的现实问题。陈云在1949年11月15日召开的政务院第六次会议上，提出发行折实公债的建议，按各时期不同的价格，折算实际收款，又按各时期不同的价格折实还款。保证人民购买公债不会损失，又能解决政府的财政收入问题。经过充分讨论，人民政府正式通过了《关于发行人民胜利折实公债的决定》，决定于1950年度发行人民胜利折实公债，将公债的本金和利息都与上海、天津、汉口、西安、广州、重庆六大城市的大米、面粉、棉布和煤炭的当时的批发均价挂钩，统一由中国人民银行十

① 中共中央文献研究室编：《陈云传》(上册)，中央文献出版社2005年版，第676—679页。
② 《陈云文选》(第二卷)，人民出版社1995年版，第71页。

日公布一次，公债分五年偿还，年息定为五厘，每满一年付利息一次，均按照实物的时价计算。[1] 这次发行公债，符合国家和人民的利益，考虑细致周密，得到了人民群众的普遍拥护。加上得力的宣传和组织工作，公债认购踊跃，第一期公债发行超额完成。这对解决收支平衡的问题起到了重要推动作用。

新中国成立初期，中国共产党能够充分利用经济规律，有效解决积弊已久的财政和金融问题。在新中国成立不到一年的时间里，1950 年 3 月的财政收支就接近平衡；到 1950 年 8 月全国银行存款，比 1949 年年底增加了 14 倍以上，1950 年的财政总收入达到 65 亿；而 1951 年的财政收入则实现翻番，达到 133 亿。过去几十年来，无论清政府、北洋军阀还是国民党政府都没有做到财政收支平衡，都是靠发行巨额纸币和举借外债度日，而新中国在刚成立初期就依靠治国理政的智慧实现了，为此后的社会主义建设奠定了重要的物质基础。

（三）社会治理，扫除乱象

建立新中国是同建立一个全新的社会紧密联系在一起的。近代以来，许多贫苦的民众被压迫在社会的最底层，受尽各种非人的折磨，不仅生活没有保障，还一直处于黑暗的生活环境之中。如果这种局面不彻底地改变，就很难谈得上建设人民当家作主的全新国家。因此在新中国成立之初，除了应对棘手的天灾和民生问题外，中国共产党花大力气解决旧社会遗留的各种社会丑恶现象：封闭妓院，解放妇女，禁绝烟毒，打击黑恶势力，将曾经受压迫的人群从苦难中解脱出来，涤荡旧社会的污泥浊水，使整个社会面貌焕然一新。

妓院是旧社会最惨无人道的黑暗场所，娼妓制度是一个严重的社会问题。1911 年，卖淫许可证制度由袁世凯首先推行，并对妓女和妓院开始征税。国民党统治时期，把征收妓女的“花捐”作为一项常规财政收入，从而使得娼妓制度合法化和商业化。在这样的政策法律的纵容下，1949

---

① 中共中央文献研究室编：《陈云传》(上册)，中央文献出版社 2005 年版，第 659—660 页。

年以前，全国有近万家妓院，还有为数不少的暗娼，卖淫嫖娼活动极为猖獗。据统计，1912 年北京有妓院 353 家，注册妓女 2 996 人，1917 年妓院上升到 406 家，注册妓女 3 887 人；1947 年上海以卖淫为生者则不下 10 万人。[①] 此外，南京、天津、重庆等地，妓院林立，妓女人数也极为惊人。新中国成立后，中央人民政府把取缔娼妓制度作为改造社会的一项重要内容。具体做法是：封闭妓院，惩治老板，取缔嫖娼，改造妓女。北京最先采取措施废除娼妓制度。1949 年 11 月 21 日下午，北京市第二届各界人民代表大会通过《关于封闭妓院的决议》。大会决定，成立"封闭妓院总指挥部"，并从下午 5 时半开始立即采取行动。北京市公安局和民政局、妇联等单位动员干警 2 400 余人，分成 27 个行动小组包围全市 224 家妓院，一夜之间把它们全部封闭，400 多个老板、领家被收审法办。此次行动收容妓女 1 288 人，她们被送到教养院检查身体，医治性病，学习政治、文化和生产技能，并在帮助下得以就业和成家，成为自食其力的劳动妇女。1950 年 2 月 24 日，《人民日报》报道，北京市取缔、封闭妓院后，集中在改养院中的妓女经过 3 个多月的政治思想和文化学习，出院参加生产。北京市政府共支出 1 亿多元医药费为她们医治性病，大部分人已不具有传染性。昔日妓女获得做人的尊严和人身自由，重新走上社会。[②] 此后，上海、天津、哈尔滨、沈阳、大连、武汉、西安等地也陆续取缔当地所有妓院。经过一年的整治，新中国根除了娼妓制度，解放了妇女的劳动力，从 1951—1958 年，仅上海一地，就改造了 7 500 名妓女成为自食其力的劳动者。

除了封闭妓院、根除娼妓制度以外，中国共产党在新中国成立后，继续致力于妇女解放事业，为实现男女平等、提高妇女的社会地位不懈努力。1950 年 5 月 1 日，中央人民政府颁布《中华人民共和国婚姻法》(以下简称《婚姻法》)，这是新中国颁布的第一部法律。《婚姻法》明确规定：

---

① 李文海主编：《民国时期社会调查丛编·一编：底边社会卷》(下)，福建教育出版社 2014 年版，第 493 页。

② 中共北京市委党史研究室：《中国共产党北京历史》(第二卷)，北京出版社 2011 年版，第 40—43 页。

废除包办婚姻、男尊女卑、漠视子女利益的封建主义婚姻制度;实行男女婚姻自由、一夫一妻、男女权利平等、保护妇女和子女合法利益的新民主主义婚姻制度;禁止重婚、纳妾,禁止童养媳;禁止干涉寡妇婚姻自由;禁止任何人借婚姻关系索取财物。同时为宣传贯彻《婚姻法》,在小说和戏剧领域涌现出了争取婚姻自由的作品,如评剧《刘巧儿》、小说《小二黑结婚》,受到群众广泛欢迎。《婚姻法》为社会稳定奠定了基础,为妇女参加政治、经济和其他社会活动创造了条件,有效推动了妇女解放事业。

与娼妓制度一样,鸦片烟毒也是近代中国社会的顽疾,吸毒、贩毒、制毒是旧中国危害社会的最大公害之一。新中国刚成立时,据统计,吸毒者约有 2 000 万人,占全国总人数的 4.4%。西南地区吸毒者多达 600 万人,仅贵州省就有 300 万人。城乡烟馆林立,重庆有 3 000 多家,昆明有 1 100 多家,贵阳有 1 000 多家。上海发现制毒场所 33 处,参与者达 3 万人。1950 年 2 月 24 日,政务院向全国下达《关于严禁鸦片烟毒的通令》(以下简称《通令》)。《通令》严格规定:在军事上已完全结束地区,从 1950 年春起应禁绝种烟;在军事尚未完全结束地区,军事一经结束,立即禁绝种烟,尤应注意在播种之前认真执行。从禁令颁布之日起,全国各地不许再有贩运制造及售卖烟土毒品情事,犯者不论何人,除没收其烟土毒品外,还须从严治罪。吸食烟毒的人民限期登记(城市向公安局登记,乡村向人民政府登记),并定期戒除。隐不登记者,逾期而犹未戒除者,查出后予以处罚。[①] 各级政府根据《通令》的精神,一方面强制封闭烟馆,勒令制毒、贩毒者投案自首,追缴毒品,并动员群众揭发检举,对首犯、惯犯严加惩处;另一方面帮助一般吸毒者戒毒,对于贫困者给予"免费或减价医治"。设立戒毒所。引导罂粟种植者铲除罂粟,发放专款解决他们暂时的生活困难和帮助他们从事农业生产。1952 年 4 月 15 日,中共中央发布《关于肃清毒品流行的指示》;7 月,中共中央宣传部、公安部联合发出《关于禁毒的宣传指示》,这一期间,各地检举毒犯 22 万人,全国逮捕情节严

① 《建国以来重要文献选编》(第一册),中央文献出版社 1992 年版,第 128—129 页。

重毒犯 82 056 人，其中罪恶深重和民愤极大者 880 人被枪毙。新中国人民政府领导全国人民，在短短两年内就将延续 100 多年的吸毒贩毒彻底根除，这在世界禁毒史上是一个奇迹。

这些巨大的社会变化是人人所见所知的。在新中国成立初期，这些重要的社会治理举措，不仅扫除了旧社会的各种乱象，也让人民群众对“新旧社会两重天”有了切身体会，这对巩固中国共产党的政权，引导人民走向社会主义，起到了关键的作用。

(四) 普及教育和卫生工作

近代以来，中国的落后还体现在只有少数人能接受系统完整的教育，卫生医疗也只服务于少数人群，这长期制约了中国的政治经济发展，也是中国共产党在执政后力图彻底改变的局面。

根据《剑桥中华人民共和国史》的统计，“中国的文盲率大约是 80%，而且被视为识字的 20%的人当中，已经包括了那些只认识几百个中国汉字的人和在今天只能列为半文盲的人”。[①] 美国学者卜凯(Buck)在 30 年代初期对中国农村进行了调查，认为在 7 岁以上的人口中，只有 30%的男性和 1%的女性具有能够读懂一封简单信件的文化水平。

为了改变这一落后的教育局面，使教育文化适应社会主义建设全局需要，成为人民的、科学的、大众的文化，这一时期开展了全国规模的群众学习运动，参加各地人民革命大学和政治训练班的人数达 47 万人；同时，对旧有高等学校的课程进行有步骤的改革，加大中小学生中工农子弟的比重，使教育事业从掌握在少数人手里，转向为广大劳动人民服务的模式。其中为了适应工农群众的需求，还创办了许多工农速成学校。招收参加革命或产业劳动一定时期之优秀的工农干部及工人，施以中等程度的文化科学基本知识的教育，使其能升入高等学校继续深造，培养成为新中国的各种高级建设人才。1950 年起，中央和各大区开始创办工农速成中学。据《人民教育》统计，截至 1950 年 6 月，全国已创办 18 所工农速成

① ［美］R.麦克法夸尔、费正清编：《剑桥中华人民共和国史(上卷)：革命的中国的兴起(1949—1965 年)》，谢亮生、杨品泉、黄沫等译，中国社会科学出版社 1990 年版，第 194 页。

中学，再加上其他3所未开学的，共计21所。到1950年年底，全国共有工农速成中学24所，123个班，招收学生4 447人。苏北、陕西、山东等地都办了，清华大学在1951年也开办了清华大学附设工农速成中学，总共招生1 100人，最后900多人毕业，195人升入清华大学，并有180人拿到了清华大学的毕业证书。到1954年，全国已有87所工农速成中学，1 168个班，在校学生达5万多人。1955年7月，教育部和高等教育部联合颁布了《关于工农速成中学停止招生的通知》，规定从1955年秋季开始停止招生。工农速成学校在新中国成立之初百废待兴的环境下，不仅为国家建设输送了大量人才，尤其是中层干部，而且为新中国的群众性教育提供了宝贵的经验，巩固了新生的人民民主政权。

除了普及教育以外，医疗卫生的普及工作也新中国成立初期的重要之举。1949年中国人的预期寿命只有35岁。当时的死亡率高主要是卫生条件不过关，天花和霍乱是中国乡村人口死亡率的重要原因，特别是婴儿的死亡率可能高达20%左右。[①]

针对这一现实状况，1950年8月，第一届全国卫生会议在北京召开。周恩来提出“面向工农兵”“预防为主”“团结中西医”的卫生工作方针。1952年，又提出“卫生工作与群众运动相结合”，这样就形成了新中国卫生工作的四大方针。截至1951年4月，全国已恢复、建立县卫生院1 841所，占全国总县数的84%。到1952年年底，全国已有90%的地区建立了县级卫生机构，县卫生院已达2 123所。工矿、机关、学校普遍建立了医院或者医务室。大中城市在街道都建立了街道医院、门诊部和居民委员会的群防站、红十字卫生站等。这些基层医疗机构分别承担了30%的病人门诊任务和50%的地段保健任务。同时，妇幼医疗机构得到快速发展，到1951年年底，妇幼保健院、妇幼保健所、妇产科医院、产院、儿童保健院、儿童医院等全国已有156处；分布在各大中城市的妇产科及儿科病床共7 699张。

---

① 侯杨方：《中国人口史》(第六卷)，复旦大学出版社2005年版，第384页。

新中国成立初期的群众性卫生运动在1952年年底前主要包括两大方面：一是开展卫生防疫工作，防疫的重点是预防急烈性传染病、肺结核病、寄生虫病和性病；二是开展改善环境卫生工作。新中国成立初期防疫工作的重点放在加强预防注射方面，从1951年起将鼠疫、天花等危害严重的传染病列入重点防疫范围，同时在全国范围内开展种痘和卡介苗接种等疫苗防治工作。1952年5月，国际科学委员会在我国各地进行实地考察后指出，中国正在进行一个改进个人卫生和社会卫生的运动，这一运动受到5亿人民全心全意的支持，这样规模的卫生运动是人类有史以来所未有的。这个运动已经发生了作用，使得由于传染病而引起的死亡率和发病率大大降低了。①

新生的中华人民共和国政权在医疗服务上获得的进步是一种真正的进步，因此得到了人民的真心拥护。中国共产党是一个真正从人民出发，真正以“民主”与“科学”理念改造中国社会的具有现代化执政理念的政党。

二、新中国初期治国理政的重要启示

新中国初期中国共产党领导全国人民在经济、社会、民生、教育、医疗等各方面所取得的成绩是举世瞩目的，可以说是在一片废墟之上，建立起了一个崭新的人民当家作主的国家。1950年9月30日，周恩来在国庆庆祝大会上充满豪情地说道“国内外的人民都看到：经过了这一年，中国已经比过去几百年甚至几千年经历了更重要的变化，旧面貌的中国正在迅速地消失，新的人民的中国已经确定地生长起来了”。②

中国共产党在这一时期的治国理政，也体现出了一些重要的特点，值得我们今天进行深入的探讨和思考。

（一）建设学习型政党，不断在学习、总结中提高自身能力，尤其是强化执政能力建设

解放初期，中国共产党面临着如何管理城市的问题，特别是5 000万

① 《国际科学委员会报告书结论》，《人民日报》1952年9月15日。

② 《周恩来选集》（下卷），人民出版社1984年版，第31页。

人口的中心大城市的管理。在1948年年底以前，中国共产党只有管理华北和东北少数中小城市的经验，党在城市中心的力量一直很薄弱，在那里只有比较单薄的地下力量，在南方地区尤其如此，这些力量在接管城市时只能起辅助作用。而革命的胜利又来得太过迅猛，使得共产党面临着城市管理迅速上手的艰巨任务。因此，随着控制的区域不断扩展，党深感进行全国统治所需要的人员和技能不足，特别是当党的领导接触现代部门时，他们敏锐地认识到自己缺乏经验。一方面，它通过发挥统一战线的优势作用，留用了大量旧社会的专业人才，以及充分发挥党外人士的力量，补足了治理技术经验不足的短板；另一方面，则是通过认真学习新的经济、社会、科学等多方面技术和管理知识，迎难而上，不断在各项事业上取得胜利。

正如习近平总书记所指出的，"面对新形势新任务，我们党总是号召全党同志加强学习；而每次这样的学习热潮，都能推动党和人民事业实现大发展大进步"。党的十九大报告更是强调，要全面增强执政本领，在全党营造善于学习、勇于实践的浓厚氛围，建设马克思主义学习型政党。党的十六大以来，中共中央政治局紧紧围绕中央工作部署和治国理政的重大理论和实际问题，坚持集体学习并形成制度，成为中国共产党加深认识执政规律，提高领导能力和水平的重要途径，为建设学习型政党起到了重要的推动和示范作用。

（二）坚持以人民为中心的发展思想，从群众出发，依靠群众，充分利用人民的智慧解决各种难题

中国共产党在新中国成立初期的实践中，之所以能够使社会面貌焕然一新，解决了天灾频仍、经济崩溃、社会乱象和文化落后等众多难题，归根到底在于坚持以人民为中心的执政理念和发展思想。中国共产党自成立之日起，就把坚持人民利益高于一切鲜明地写在自己的旗帜上，把全心全意为人民服务作为根本宗旨，把实现好、维护好、发展好最广大人民根本利益作为一切工作的出发点和落脚点。这也是96年来，党能够从小发展到大、从弱转变为强的关键，以人民为中心深刻诠释了党的根本立场和

价值取向。

正如习近平总书记在党的群众路线教育实践活动工作会议上的讲话所指出的,“密切联系群众,是党的性质和宗旨的体现,是中国共产党区别于其他政党的显著标志,也是党发展壮大的重要原因”。党的十九届四中全会明确要求建立不忘初心、牢记使命的制度,把“不忘初心、牢记使命”作为加强党的建设的永恒课题和全体党员、干部的终身课题,因为“我们党来自人民,为人民而生,因人民而兴”。中国共产党的历史经验表明,在治国理政的理念、举措和评价上,都要坚持以人民为中心,密切联系群众、依靠群众,这是中国共产党生命力的来源。

(三) 坚持实事求是的路线,基于现实,团结所有能团结的力量,表现出很强的社会整合与驾驭能力

治国理政在新中国成立初期阶段,就是要在一片废墟的情况下,建设一个物质上超越前代,精神上欣欣向荣的国家。具体来说,就是接管国家政权后的中国共产党如何在 4 个维度上发展 4 种执政能力的转变:一,从革命党到执政党的转变;二,从区域治理到全国治理的转变;三,从治理农村到农村、城市统筹并重的转变;四,工作方式由军事为主到政治为主的转变。可以说执政的性质、治理的范围、治理的层次、工作的方式都发生了根本性的变化,这代表着中国共产党的根本任务从革命斗争转向国家治理。革命是用最激烈的手段推翻旧有政治结构,而执政则是要维持社会秩序、促进经济繁荣、保障国家安全,整个工作重心发生了转变。

只有认清楚自身的历史使命,客观分析所面临的各种现实条件,才能真正认识世界、改造世界,为中国人民谋幸福,为中华民族谋复兴。正如习近平总书记所指出的,“实事求是,是马克思主义的根本观点,是中国共产党人认识世界、改造世界的根本要求,是我们党的基本思想方法、工作方法、领导方法”。中国共产党作为执政党,必须胸怀中华民族伟大复兴战略全局与世界百年未有之大变局,坚持真抓实干,勇于变革、勇于创新,永不僵化、永不停滞,才能在新时期承担起历史的全新重任。

第十专题 “敢教日月换新天”

“敢教日月换新天”这句诗作来自毛泽东1959年6月写的《七律·到韶山》。诗词写道：

别梦依稀咒逝川，故园三十二年前。
红旗卷起农奴戟，黑手高悬霸主鞭。
为有牺牲多壮志，敢教日月换新天。
喜看稻菽千重浪，遍地英雄下夕烟。

毛泽东曾经说过，“写《七律·到韶山》的时候，就深切地想起了三十二年前的许多故事，对故乡是十分怀念的”。[①] 其中颈联的“为有牺牲多壮志，敢教日月换新天”，写的是无数革命志士的鲜血没有白流，它更增强了后继者的斗争意志，他们踏着烈士们的血迹前进，换来了春满人间的新中国，赞美了革命者不屈不挠、不怕牺牲、前赴后继、勇于胜利的英雄气概。而“敢教日月换新天”一句，更成为中国共产党人责任担当和精神风貌的生动体现。

---

① 徐廷华：《毛泽东诗词中的夏》(2016年7月27日)，中国共产党新闻网，http://dangshi.people.com.cn/nl/2016/0727/c85037-28587355.html，最后浏览日期：2022年8月17日。

一、中国共产党为什么要让中国“换新天”

中国共产党从成立伊始,就明确提出了自己的政治理想和政治目标,那就是要打碎一个旧世界,建立一个新世界。

党的一大通过的党纲规定:党的任务和奋斗目标是承认无产阶级专政,消灭资本家私有制。

党的二大进一步明确:中国共产党是中国无产阶级政党,目的是要组织无产阶级用阶级斗争的手段,建立劳农专政的政治,铲除私有财产制度,渐次达到共产主义社会,最低纲领是联合全国革新党派,组织民主的联合战线,以扫清封建军阀推翻帝国主义的压迫,建设真正民主政治的独立国家为职志。

(一) 不“换新天”无法改变半殖民地半封建的中国国情

1840 年后的中国,伴随着封闭自守的大门被西方列强的坚船利炮打开,一步一步地沦入半殖民地半封建社会的深渊,中华民族受欺压、中国人民被屠戮,两大历史性的课题尖锐地提了出来,即:如何实现民族独立、人民解放;如何实现民族复兴、国家富强、人民幸福。历代志士仁人奋起而抗争,试图解决这两大历史性的课题,但都归于失败。原因何在?1906 年 12 月,同盟会机关报《民报》举行创刊周年庆祝会,章太炎在演说中说道:“以前的革命,俗称强盗结义;现在的革命,俗称秀才造反。”[①]形象地概括了“以前的革命”失败的原因。

1. “强盗结义”无疑是指太平天国和义和团的农民英雄们的革命斗争

太平天国(1851—1864 年)在 1853 年颁布了《天朝田亩制度》,这是解决生产资料与产品分配的革命纲领,其以解决土地问题为核心,涉及经济、政治、文化、社会各个方面,描绘农民阶级理想社会的蓝图——有田同耕,有饭同食,有衣同穿,有钱同使,无处不均匀,无人不饱暖。

① 《民报》第 10 期第 96 页。

这是中国农民“均贫富”思想的集大成，是农民反封建思想发展的高峰。

同时，太平天国还颁布了《资政新编》。在政治方面，主张“禁碰党之弊”，加强中央集权；学习西方，制定法律制度。在经济方面，主张发展近代工矿、交通、邮政、金融等事业；吸取外国的科学技术，奖励科技发明和机器之制造；提倡资本主义的雇佣劳动制。在思想文化方面，提出设新闻官，设“暗柜”，用以监督官员，改革弊政；主张革除缠足等社会陋习；提倡兴办学校，医院和社会福利事业。在外交方面，主张同世界各国交往通商，强调外国人不得干涉天朝内政。

不过，太平天国所颁布的纲领其局限与缺陷也是明显的。

《天朝田亩制度》所规定的分配土地和“通天下皆一式”的社会经济生活方案，是要在小生产的基础上废除私有制和平均一切社会财富，以求人人平等，是农民的绝对平均主义思想。这种方案不可能使社会生产力向前发展，相反，它将使社会生产力停滞在分散的小农经济的水平上，把农业和家庭手工业相结合的自给自足的自然经济理想化、固定化。因此，它又具有违反社会发展规律的落后性。这个文件还规定了天王的高度集权、官员的世袭制等，都表现了封建的等级关系。

《资政新篇》则是一个带有鲜明的资本主义色彩的改革与建设方案，但通篇未涉及农民问题和土地问题，不代表农民阶级运动的本来方向。这一致命的弱点，决定了这个方案从一开始就缺乏实施的阶级基础和社会条件。

最终，“强盗结义”的太平天国归于失败。马克思是这样评价太平天国的：“他们给予民众的惊惶比给予老统治者们的惊惶还要厉害。他们的全部使命，好像仅仅是用丑恶万状的破坏来与停滞腐朽对立，这种破坏没有一点建设工作的苗头……太平军就是中国人的幻想所描绘的那个魔鬼的化身。……这类魔鬼是停滞的社会生活的产物。”①

---

① 《马克思恩格斯全集》(第 15 卷)，人民出版社 1963 年版，第 545—548 页。

2. “秀才造反”无疑是指戊戌变法——资产阶级维新派变法图强的努力

戊戌变法，又名百日维新、戊戌维新、维新变法，是清朝光绪二十四年间(1898 年 6 月 11 日—9 月 21 日)的短暂政治改革运动。变法由光绪皇帝领导，企图通过自上而下的改革方法，实现挽救民族危亡、发展民族资本主义经济的两大目标。然而其遭到慈禧太后与守旧派的反扑，他们发动了戊戌政变，戊戌变法仅经历了 103 日就告终。维新派首领康有为和梁启超逃出中国，许多维新人士被追捕杀害，光绪帝则被软禁于中南海瀛台，太后重新当政。变法失败亦引发了民间支持更为激烈的改革主张，推翻帝制，建立共和。这场运动把鸦片战争以来中国反抗外来侵略、寻求国家出路的斗争推进到一个新的阶段。

戊戌变法失败，是由于这场变法的领导者——资产阶级维新派(资本主义)发展不充分，导致该阶级具有软弱性和妥协性，其势力过于弱小，而顽固势力十分强大；缺乏坚强的组织领导，依靠的是一个没有实权的皇帝；维新派没有势力，又不能发动广大的人民群众；对帝国主义列强抱有不切实际的幻想。这证明：在半殖民地半封建的中国，资产阶级改良主义道路是行不通的。

3. 孙中山领导的辛亥革命

辛亥革命结束了中国长达两千年之久的君主专制制度，是一次伟大的革命运动。辛亥革命是近代中国比较完全意义上的资产阶级民主革命。不过，辛亥革命并没有能够改变半殖民地半封建的国情。

4. 旧民主革命时期救亡图存斗争失败

其原因，要么是用落后的封建旧制度来改造封建的旧中国，而归于失败；要么是采取走全盘西化道路，脱离了国情，而归于失败。

2014 年 4 月 1 日，国家主席习近平在比利时布鲁日欧洲学院发表重要演讲时指出：“1911 年，孙中山先生领导的辛亥革命，推翻了统治中国几千年的君主专制制度。旧的制度推翻了，中国向何处去？中国人苦苦寻找适合中国国情的道路。君主立宪制、复辟帝制、议会制、多党制、总统制都想过了、试过了，结果都行不通。最后，中国选择了社会主义道路。”①

这不仅是中国共产党人的分析与结论，同样是西方有识之士的研究结论。对于1911年的辛亥革命不能建立西方式的多党制等西式制度，美国著名学者费正清(John King Fairbank)在他的历史巨著《美国与中国》中曾分析指出，原因一是没有共同目标，二是缺乏政治体制并缺乏人民参与。第三点最为重要的是，中华民国向西方借鉴，通过立宪议会和内阁组织政府的想法，是同中国的政治传统脱节的。

作为历史当事人，孙中山在评论中国实行多党制这段历史的时候，也曾无限感慨地说：中国照搬外国的多党制和议会制，“不但是学不好，反且学坏了”!

(二) 中国共产党要“换新天”——“新”与“旧”思想武器的根本差异

中国究竟用什么思想武器来挽救民族的危亡？封建主义的思想武器打了败仗，从西方传来的资产阶级民主共和国方案也徒有虚名，多党制、议会制这一套不能解决中国的实际问题，而只是成为各派军阀、官僚、政客借以争权夺利的工具。救亡图存迫在眉睫，旧的路走不通了，就迫使人们去寻找新的出路；旧的思想武器不灵了，就迫使人们去寻找新的思想武器。在这样的历史背景之下，中国共产党人选择了马克思主义作为自己的思想武器，从而与“旧”的思想武器区别了开来，并且中国革命在马克思主义的指导下取得了成功。

1. 榜样的巨大示范作用

十月革命是在马克思主义指导下成功的。俄国的国情与中国有许多相似之处，又是中国的近邻，这使中国的先进分子认识到，中国应该走和俄国一样接受马克思主义指导的道路。李大钊高声欢呼：俄国十月革命的胜利，是社会主义的胜利，是布尔什维克的胜利，是世界劳工阶级的胜利，是20世纪新潮流的胜利。② 陈独秀则表示：“想要把我们的同胞从奴

① 《人民日报》2014年4月2日。
② 《李大钊选集》，人民出版社1959年版，第113页。

隶境遇中完全救出，非由生产劳动者全体结合起来，用革命的手段打倒本国、外国一切资本阶级，跟着俄国的共产党一同试验新的生产方法不可。”①而毛泽东在对当时各种资产阶级和小资产阶级的社会改造方案进行比较分析以后，毅然选择了“激烈方法的共产主义”，即列宁主义道路。他认为：社会改良的方案“是补苴罅漏的政策，不成办法”。无政府主义“否认权力，这种主义恐怕永世都做不到”。用发展教育、科学和实业等以改造社会的“温和方法的共产主义……亦是永世做不到的”。只有用“激烈方法的共产主义，即所谓劳农主义，用阶级专政的方法，是可以预计效果的，故最宜采用”。② 尤其是苏俄政府曾三次发表对华宣言，郑重宣布废除旧俄国政府与中国签订的不平等条约，废除在华特权，放弃庚子赔款，建议两国建立平等关系，并表示支持中国人民的革命斗争。这使中国的先进分子更加坚定地认识到，苏维埃政权是世界上最公正最合理的制度。

2. 文化思想的相互融通

马克思主义被中国的先进分子所选择是多种因素促成的，其中一个重要原因是马克思主义与中国传统文化有很多相通之处，很容易被中国人所理解和接受。中国古代哲学中的朴素唯物主义和朴素辩证法是中国人民接受马克思主义的内在契机。

一是唯物论。在中国历史上，始终存在着一个唯物论的传统，先秦哲学中最显著的唯物论是荀子的学说。在政治方面，荀子主张“仁义”和“王道”，“以德服人”，并提出“君者舟也，庶人者水也。水则载舟，水则覆舟”。在哲学方面，荀子坚持“天行有常”，“制天命而用之”。荀子认为人生来就是有感官上的要求，饿了要吃饭，冷了要穿衣，这就形成了人们“好利好声色”的本性需求。但通过学习礼仪，通过法治，可以使小人变为君子，普通人变为圣人。荀子的这种主张，被称为“性恶论”。

二是辩证法。中国古代哲学中存在着丰富的辩证法思想。老子的

---

① 《陈独秀选集》，天津人民出版社 1990 年版，第 128 页。
② 《毛泽东文集》(第一卷)，人民出版社 1993 年版，第 2 页。

“物或损之而益，或益之而损”“祸兮福之所倚，福兮祸之所伏”已成为人们的常识；《易传》的“一阴一阳之谓道”“刚柔相推而生变化”是更精粹更深邃的辩证观点。

三是唯物史观。唯物史观是马克思、恩格斯的创造性贡献，但在以前亦非全无端萌。在中国思想史上，有许多思想家谈到物质生活与精神生活关系的问题，《管子》云“仓廪实则知礼节，衣食足则知荣辱”，肯定了物质生活是精神生活的基础。

四是社会理想。马克思主义的目的是解放全人类，实现共产主义。《吕氏春秋》中就有“天下非一人之天下，天下之天下”的思想。《礼运》篇中则提出“大同”的理想，大同社会的原则是“天下为公”。这种理想模式，与共产主义这一人类向往的理想社会模式相吻合。因此，共产主义学说传来以后，进步人士是以欢喜的心情欣然接受的。

3. 同工人群众结合、同中国实际结合

中国先进分子接受马克思主义，从一开始就不是把它当作单纯的学理来探讨，而是把它作为观察国家命运的工具。他们以马克思主义基本原理为指导，积极投身到现实斗争中去，注意同工人群众结合，同中国实际结合。这是中国马克思主义思想运动一开始就具有的一个特点和优势。马克思主义广泛传播并且日益同中国工人运动相结合。

二、中国共产党为什么能够让中国“换新天”

我们从一个党史经典案例——毛泽东与胡耀邦谈政治说起。

抗战时期，毛泽东派胡耀邦去基层锻炼一年，积累经验。一年后，胡耀邦回来报到，见到了毛泽东。毛泽东没有问他这一年去干了什么，而是问了他两个问题。第一个问题是：什么是军事？胡耀邦向来以思维敏捷、口才好著称，当即从古代的《孙子兵法》，谈到西方的《战争论》，再到近代的东西方各种兵法战略，口若悬河，滔滔不绝。然而，胡耀邦说着说着，却发现毛泽东有点心不在焉，就小心翼翼地问：“主席，有什么不对吗？”毛泽东笑着说：“你说这么多，都把我听糊涂了。军事没那么复杂，其实就两句话——打得赢就打，打不赢就走。”

接着，毛泽东又问了第二个问题：什么是政治？胡耀邦吸取了刚才的教训，没有再引经据典，而是从理论上阐述了政治的重要性、复杂性。然而，毛泽东还是听得不是很满意，最后打断他说：“其实政治也没有那么复杂，还是两句话——把拥护我们的人搞得多多的，把反对我们的人搞得少少的。”①

“把拥护我们的人搞得多多的，把反对我们的人搞得少少的”这两句话生动地揭示了中国共产党成功的根本原因。

（一）“把拥护我们的人搞得多多的，把反对我们的人搞得少少的”——中国共产党深知“换新天”的革命事业是群众的事业，所以努力组织千千万万的民众，调动浩浩荡荡的革命军，组成广泛的统一战线，最大限度地孤立和打击敌人，保证了革命的成功

群众工作对中国共产党来说，是一项意义非凡的工作。一方面，要让中国“换新天”，不应该仅仅是少数先进分子、党内成员的事情，而应该体现为政党所代表的阶级、阶层的广大民众的理解、拥护。另一方面，作为一个新生的肩负伟大历史使命的政党，中国共产党却又没有任何执政资源，还遭受国内外反动势力的政治迫害、军事围剿，不得不处于“地下”状态，与反动当局争夺民众、赢得本阶级成员的人心，让广大人民群众了解和拥护其价值观，不能不说是最为紧迫的事情了。因此，中国共产党从成立起就通过举办夜校，成立劳动组合书记部和中华全国总工会，培养工人运动骨干，领导工人运动；通过成立农民运动讲习所和农民协会，培养农民运动骨干，领导农民运动；通过成立共青团和中华女界联合会等组织，领导青年和妇女运动。团结劳动群众，进行“劳动组合的目的……尤在养成阶级的自觉，以全阶级的大同团结，谋全阶级的根本利益”。② 中国共产党注重将实现自己的价值观直接同满足和实现人民群众尤其是农民阶

---

① 《毛主席有一个非常特殊的能力，胡耀邦说：我一辈子也学不会》(2017年11月23日)，搜狐网，http://www.sohu.com/a/206075442_247380，最后浏览日期：2022年5月1日。

② 《毛泽东文集》(第一卷)，人民出版社1993年版，第6页。

级的政治利益和经济利益联系起来，因为“农民问题乃国民革命的中心问题，农民不起来参加并拥护国民革命，国民革命不会成功；农民运动不赶速地做起来，农民问题不会解决；农民问题不在现在的革命运动中得到相当的解决，农民不会拥护这个革命”。[1] 打土豪、分田地，开展土地革命，将占中国人口绝大多数的农民阶级紧紧地团结在自己的旗帜下，有力地推动了中国革命的历史进程。群众工作和群众路线，成为中国共产党在一切工作中克敌制胜、克难制胜的传家宝。

(二)“把拥护我们的人搞得多多的，把反对我们的人搞得少少的”——中国共产党在“换新天”的伟大斗争中注重推进先进的道德文化建设，动摇和摧毁了半封建半殖民地旧中国的思想文化根基

毛泽东曾经精辟地揭示了旧中国的文化特征：中国的男子，普遍要受三种有系统的权力的支配，即：政权、族权、神权。至于女子，还受男子(夫权)的支配。“这四种权力——政权、族权、神权、夫权，代表了全部封建宗法的思想和制度，是束缚中国人民特别是农民的四条极大的绳索”。[2] 基于这种价值判断，中国共产党积极推进民族的科学的大众的文化建设，使“革命文化，在革命前，是革命的思想准备，在革命中，是革命总战线中的一条必要和重要的战线”，[3]使先进的道德文化建设同争取民族独立和人民解放的伟大斗争紧密结合在一起。中国共产党注意通过举办工人夜校、农民夜校、农民讲习班等途径，对人民大众进行文化知识教育，进行先进道德文化的启蒙。在中国共产党的领导下，组织起来的人民大众破除封建陋习，女人不再是卑贱的了，她们能够同男人一起“进祠堂吃酒”了；家里“死了人，敬神、做道场、送大王灯的，就很少了”；“共产党领导农会在乡下树立了威权，农民便把他们所不喜欢的事禁止或限制起来。最禁得严的便是牌、赌、鸦片这三件”。[4] 这在旧中国是破天荒的事情，毛泽东不禁为之拍手称快。因此，中国共产党领导的与争取民族独立紧密

---

① 《毛泽东文集》(第一卷)，人民出版社 1993 年版，第 37 页。
② 同上书，第 31 页。
③ 《毛泽东选集》(第二卷)，人民出版社 2009 年版，第 708 页。
④ 同上书，第 32—35 页。

相连的民族文化发展史，就是一部在中国消弭奴性，宣扬平等、民主、自立和自强意识的文明发展史；一部新民主主义的民族的科学的大众的文化发展历史，就是争取人民解放的历史，就是在中国对剥削制度下的旧伦理道德、旧思想文化原则实施革命性颠覆的历史。

（三）“把拥护我们的人搞得多多的，把反对我们的人搞得少少的”——中国共产党在领导“换新天”的伟大斗争中，高度重视自身建设，不断增强了党的领导力、凝聚力、政治竞争力和影响力

任何政党都要不断地优化和完善自己，以保持生机和活力。尤其对身处旧中国社会历史环境的中国共产党来说，要减少流血牺牲，增强政治竞争力，完成所肩负的伟大历史使命，必须加强自身建设，以造就“一个全国范围的、广大群众性的、思想上政治上组织上完全巩固的布尔什维克化的中国共产党”。[①] 因此，中国共产党始终把思想建设放在首位，其主要任务就是用马克思主义理论武装全党，使党员干部掌握科学的世界观和方法论，善于把马克思主义的普遍真理与中国革命的具体实际结合起来，实现马克思主义的中国化。思想建党确保了中国共产党无产阶级先锋队的性质，走出了一条中国特色的新民主主义革命的道路，形成了马克思主义中国化的第一个理论成果——毛泽东思想，为中国革命的胜利指明了方向。用毛泽东思想武装起来的中国共产党人为了争取民族独立、人民解放，在敌人面前不畏强暴、英勇斗争，不惜牺牲个人利益乃至生命；在人民面前正直善良、无私奉献、舍生取义、自觉摒弃一夫多妻制等封建陋习；自觉遵守建立在民本思想基础上的严格的党纪、军纪，带头实施的男女平等、婚姻自由等经济、政治和文化的实践，不仅显示了维护和实现其政治理想与政治秩序的才能，而且展现了良好的道德形象，从而广泛地赢得了人民群众的信任、尊重与支持，也注定了中国共产党必然会赢得中国革命——“换新天”的最后胜利。

在这当中，尤其要指出的是，中国共产党人有为“换新天”而不懈奋斗

---

① 《毛泽东选集》(第二卷)，人民出版社 1991 年版，第 602 页。

的坚定信仰和牺牲精神。根据国家民政部统计,民主革命时期牺牲的烈士共有2 000万名。2 000万名烈士目前有姓名可考、已列入各级政府编纂的烈士英名录中的仅180万人左右,只占牺牲烈士总数的百分之八。其中,中共中央委员、候补中共中央委员171人中,牺牲和遇难的就有42人,占24.57%,就是说每4名中央委员和候补委员就有一名牺牲或遇难。中共中央政治局委员和候补委员55人中,牺牲或遇难的有15人,占27.2%,就是说每4名政治局委员和候补委员中就有一名牺牲或遇难。

(四)“把拥护我们的人搞得多多的,把反对我们的人搞得少少的”——中国共产党有“敢教日月换新天”——改造河山、改造社会的自信

我们这里以红旗渠为经典案例。[①]

1. 红旗渠的修筑背景

红旗渠,是一个人工修建的灌渠(英文名为Red Flag Canal),位于河南省林县(今林州市)。林州处于河南、山西、河北三省交界处,历史上严重干旱缺水。

据史料记载,从明朝正统元年(即1436年)到中华人民共和国成立的1949年,共514个春秋,林县发生自然灾害100多次,大旱绝收30多次。有时大旱连年,河干井涸,庄稼颗粒不收。元代潞安巡抚李汉卿筹划修建了天平渠,明代林县知县谢思聪组织修建了谢公渠,但是这些工程也只解决了部分村庄的用水问题,不能从根本上改变林县缺水的状况。当时全县的耕地面积共有98.5万亩,但水浇地只有1.24万亩,粮食产量很低,人民群众生活十分困苦。

民国初,任村桑耳庄村桑林茂,大年除夕爬上离村七里远的黄崖泉担水,等了一天才担回一担水,新过门的儿媳妇摸黑到村边去接,不小心把一担水倾了个净光,儿媳妇羞愧地回屋悬梁自尽了。采桑狐王洞村王老二,媳妇洗衣服用水多了,婆婆说了几句,媳妇一气之下,上吊自杀,后来王老二含悲搬家到桃园村就水吃,从此该村王姓断绝。原康西南山村民,

---

① 根据红旗渠网站(http://www.hqqjs.cn/)相关资料改编。

一到旱年，就携儿带女，到浙河畔的头道河村就水居住。因为缺水，很多山区小伙子娶不上媳妇，任村牛岭山村因为缺水，本村闺女嫁到山下，别村闺女不上山，当时全村 40 岁以下的未婚“光棍汉”有 30 多个。张大郊村王白丑 73 岁没有娶上媳妇，自己找了个 12 岁的死姑娘，告人说，待他死后和她合葬。因此，长期以来，林县人民养成了惜水如命的传统习惯，有些山村的农民，平时很少洗手脸、洗衣服，只有逢年过节、走亲戚时才洗手脸。

1949 年，林县全境解放，随后县政府组织修建了许多水利工程，在一定程度上缓解了用水困难的问题。1957 年起，先后建成英雄渠、淇河渠和南谷洞水库弓上水库等水利工程。但由于水源有限，仍不能解决大面积灌溉问题。1959 年，林县又遇到了前所未有的干旱。境内的 4 条河流都断流干涸了，已经建成的水渠无水可引，水库无水可蓄见了底，山村群众又得远道取水吃。经过多次讨论，要解决水的问题，必须寻找新的可靠的水源，修渠引水入林县。但是在林县境内没有这样的水源，县委把寻水的目光移向了林县境外，想到了水源丰富的浊漳河。

1959 年 10 月 10 日，中共林县县委召开会议作决定把浊漳河的水引到林县来。时任中共林县县委书记的杨贵发出了“重新安排林县河山”的号召。专门研究“引漳入林”工程。工程决定于 1960 年 2 月开工，当时正逢三年困难时期，全县只有 150 亩耕地、300 万元储备金、28 名水利技术人员。1960 年 2 月，林县人民开始修建红旗渠（原称“引漳入林”工程），经过豫晋两省协商同意，后经国家计划委员会委托水利电力部批准。

2. 红旗渠的修筑

红旗渠工程开工后，一系列困难接踵而至。面对困难，林县人民众志成城，沉着应对。

没有住处，修渠民工就睡在山崖下、石缝中，有的垒石庵，有的挖窑洞，有的露天打铺。几块布撑起来，就是指挥千军万马的指挥部。在 10 年的修渠过程中，住地再难再苦，整个工地上都没有人用修渠的钱盖过一间房子。

没有工具，民工们带着家里的铁镢、铁锹、小推车上了工地，用这些原始的劳动工具，开始了修建红旗渠这样的大工程。

修建红旗渠石灰用量非常大，石灰供应不上成了修渠的主要障碍。指挥部发动群众，在全县招收烧制石灰的能手。东姚公社的“烧灰王”原树泉，自告奋勇献计烧石灰。河顺公社在学习原树泉烧灰法的基础上又创造了明窑堆石烧灰法，一窑可以烧 400 公斤石灰，彻底解决了工地用石灰难的问题。

石灰难问题解决了又出现了炸药难的问题。于是县委、县政府从全县 58 万人口中招聘制造炸药的人才。经过考核选拔，确定了人员，办起了工厂，解决了炸药难的问题。

要办水泥厂，首先得有技术人才。听说合涧公社雪山大队有个老人，曾在太原水泥厂当过工程师，现在退休在家。指挥部工作人员不辞辛苦，翻山越岭徒步 90 多里登门邀请。老人凭着对家乡人民的无限崇敬，不顾自己年迈，下山筹办水泥厂，奉献出自己的光和热，保证了建渠的顺利进行。

1960 年 3 月 6 日到 7 日，林县引漳入林委员会在盘阳村召开全体会议，会上把引漳入林工程正式命名为“红旗渠”，意思就是高举红旗前进。红旗渠从 1960 年 2 月动工，到 1969 年 7 月建成，历时 10 年。总投工 3 740.2 万个，总干渠长达 70.6 公里，干渠、支渠和斗渠总长度 1 520 多公里，削平了 1 250 个山头，打通了 211 个隧道，挖土石方 1 818 万立方米，相当于从哈尔滨到广州修筑一道高 3 米、宽 2 米的“万里长城”。同时，修建小型水库 48 座，塘堰 346 座，各种建筑物 12 408 座，架设渡槽 157 个，还建起了扬水站、水电站等等。总投资 12 504 万元，其中国家投资 4 625 万元，占 37%，社队投资 7 878 万元，占 63%。

在红旗渠修建的 10 年当中，先后有 81 位干部和群众献出了自己宝贵的生命。其中年龄最大的 63 岁，年龄最小的只有 17 岁。红旗渠总设计师吴祖太，不畏艰险，翻山越岭，进行实地勘测。其间，他遭遇了母亲病故和妻子救人牺牲的巨大变故，仍没有停下手中的工作，坚持奋斗在红旗渠建设的第一线。1960 年 3 月 28 日下午，吴祖太听说王家庄隧洞洞顶裂缝掉土严重，深入洞内察看险情，却不幸被洞顶坍塌掉下的巨石砸中，被夺去了年仅27岁的生命。

提及红旗渠，不能不说青年洞。红旗渠要从陡峭如切的狼牙山悬崖绝壁上穿过，必须凿通一条长达600多米的隧洞。青年洞是红旗渠的咽喉工程，坚硬如钢的石英砂石，一锤下去，只能留下一个斑点。尽管如此，民工们仅仅用了一年多的时间就将山洞凿通。因参加凿洞的突击队员是从全县民工中抽调出来的优秀青年，故将此隧洞取名为青年洞。

3. 红旗渠的价值与意义

红旗渠的建成，彻底改善了林州人民靠天等雨的恶劣生存环境，解决了56.7万人和37万头家畜的吃水问题，54万亩耕地得到灌溉，粮食亩产由100公斤增加到1991年的476.3公斤。红旗渠被林州人民称为“生命渠”“幸福渠”。红旗渠是社会主义革命和建设时期林州人民创造的一大奇迹，全长1 520公里的红旗渠，结束了林州十年九旱、水贵如油的苦难历史。

林县人民在建设这项惊天地、泣鬼神的伟大工程中，锻造了气壮山河的“自力更生、艰苦创业、团结协作、无私奉献”的“红旗渠精神”。红旗渠已不是单纯的一项水利工程，它已成为民族精神的一个象征，成为党和人民刻在太行山岩上的一座丰碑。特别是改革开放以来，林州人民不断赋予“红旗渠精神”新的内涵，将中华民族艰苦奋斗的传统美德与时代精神结合起来，谱写了气壮山河的“战太行、出太行、富太行”创业三部曲，实现了林州由山区贫困县向现代化新兴城市、生态旅游城市的跨越。

1996年，红旗渠被国家教育委员会、民政部、文化部、国家文物局、共青团中央、解放军总政治部联合命名为“全国中小学爱国主义教育基地”。1997年，红旗渠被中宣部命名为“全国爱国主义教育示范基地”。

(五)“把拥护我们的人搞得多多的，把反对我们的人搞得少少的”——中国共产党相信“六亿神州尽舜尧”，坚持人民至上、生命至上，依靠群众的力量将扼住人们命运的瘟神血吸虫病彻底消灭

我们这里以江西省余江县消灭血吸虫病为经典案例。[①]

① 本案例所选内容，根据中共江西省委党史研究室提供的相关史料改编。

1. 严重的血吸虫病疫情

血吸虫病在中国流行数千年，俗称大肚子病，疫区主要分布在江南，以鄱阳湖、洞庭湖、太湖周围的湖区最为多见。据江西省余江县血防史志记载，从1919年到1949年，余江近3万人死于血吸虫病。解放后，全县累计发现钉螺分布面积为96万平方米，累计查出血吸虫病人6 200多人。1951年3月，江西省卫生厅的医师章祖宪、检验员齐绍武通过调查，首次证实余江县为血吸虫病流行县。

2. 血吸虫病防治工作起步

党和政府高度重视余江血吸虫病防治工作。1952年4月，在邓埠镇设立血吸虫病防治所。4月22日派出两个调查组分赴马岗、西坂等地进行血吸虫病流行病学调查，将有限经费优先用于修建病房，9月就开始收血吸虫病人，接着选定马岗乡为预防实验区，组织实验组常驻该乡上黄村，开展粪管、灭螺等预防实验工作。经过将近3年的宣传、调查、治病和预防实验，到1955年基本上普及了防治知识，查清了疫情，治好了1 000多名病人，并找到了“开新填旧”灭螺等一套切实可行的预防办法。

3. “一定要消灭血吸虫病”号召的发出

1955年冬天，党中央发出了“一定要消灭血吸虫病”的号召。余江县委制订了两年消灭血吸虫病的规划，成立了县委防治血吸虫病五人小组和县血吸虫病防治委员会，配备专职工作人员，区乡也建立了血防三人小组和防治委员会。为了稳步前进，县委采取由点到面的步骤和从上游到下游的灭螺原则。1955年隆冬，在地处上游的马岗乡进行大面积开新沟填旧沟灭螺试点，取得了在一个乡范围内搞好“开新填旧”群众灭螺运动的经验。紧接着，县委、县政府调集疫区和非疫区28个乡两万多民工，投入全县首次“开新填旧”灭螺突击战。经过半个月的奋战，一举消灭了60%的有螺面积。

首战大捷，引起了上级的极大关注。中央和省地委血防领导小组分别派干部、专家和医务人员前来视察和支援，使余江干部群众受到鼓舞。

继首次灭螺突击战之后，县委及其血防五人小组及时总结经验教训，带领广大干群连续作战。在灭螺方面，于1956年冬至1958年春，结合冬修水利又打了两次突击战和一次扫尾战，结合夏秋积肥施肥，多次进行了茶枯灭螺和铲草堆肥灭螺，经过反复围歼，广大群众用两臂双肩，挑了416万方土，填平了347条全长410华里的旧沟和520口水塘，投工231万个，消灭了全部96万平方米的有螺面积。同时开挖了87条全长330华里的新沟，使全疫区实现了灌溉自流化。在治病方面，采取设组驻村，就地治疗的办法，革新治疗技术，推行短程疗法，加快了治病进程，凡查出的病人病畜全部获得了治疗。在两管方面，疫区干群自力更生，就地取材，村村新建了公共厕所和储粪窖，挖了新井新塘，订立了两管公约，实行专人管理。

4．取得根除血吸虫病的伟大胜利

1958年5月12日至22日，省里组织专业技术人员全面复查鉴定，证实“余江县血防工作不论在消灭钉螺，治疗病人，粪便管理方面，都完全超过了中央制定的基本消灭血吸虫病的标准，取得了根除血吸虫病的伟大胜利”。[①] 中共江西省委除七害灭六病总指挥部为余江县颁发了《根除血吸虫病鉴定书》。5月25日至27日，省委书记方志纯亲自主持了在邓埠镇举行的“余江县根除血吸虫病庆功大会”。

5．毛泽东诗篇《送瘟神二首》

1958年6月30日，《人民日报》以《第一面红旗》为题，报道了余江县消灭血吸虫病的经过。毛泽东看了这篇报道后，心情十分激动，提笔写下了气壮山河的诗篇《送瘟神二首》：

绿水青山枉自多，华佗无奈小虫何！

千村薜荔人遗矢，万户萧疏鬼唱歌。

坐地日行八万里，巡天遥看一千河。

① 余江县血吸虫病地方病防治站编印：《余江血地防志（1953—2010）》，2011年版，第101页。

牛郎欲问瘟神事，一样悲欢逐逝波。

春风杨柳万千条，六亿神州尽舜尧。
红雨随心翻作浪，青山着意化为桥。
天连五岭银锄落，地动三河铁臂摇。
借问瘟君欲何往，纸船明烛照天烧。①

“六亿神州尽舜尧”——毛泽东站在历史唯物主义的高度，认识到人民的力量及其创造历史的作用。解放了的人民，确定了社会主人的地位，本质力量得到了淋漓的发挥，让高山低头，令河水让路，将扼住人们命运的瘟神彻底消灭，这样的人民是真正的神、真正的舜尧。毛泽东用一颗热爱人民、服务人民的心，唱出了热情澎湃的心声，一扫封建君主蔑视人民群众、封建文人轻视百姓的历史唯心主义陈腐见解，表达了无产阶级革命领袖对人民的关怀、推崇。

在毛泽东《送瘟神》诗篇的巨大鼓舞下，余江县委把巩固血防成果当作保障人民健康、造福子孙后代的一件大事来抓。从 1958 年起，余江年年坚持复查，严格监测，从不放松警惕。来余江考察访问的国内外医学专家学者实地考察后认定，余江县内传播血吸虫病的各个环节已切断，血吸虫病在余江早已终止流行。在党的领导下，依靠人民群众的支持和血防战士的奋战，余江巩固了根除血吸虫病的成果，使全国血防战线上的第一面红旗一直鲜艳夺目。

三、如何理解新中国的“新”

如前所述，新中国的“新”是与旧中国的“旧”相比较而言的。“新”有多重内涵，包括社会制度、社会风尚、核心价值、发展趋向、发展阶段，以及各阶级在国家中的地位变化等。“新”也意味着执政党与国家建设将面临

① 亦老编著：《毛泽东诗词赏析》，中国文艺出版社 2011 年版，第 209 页。

许多新课题。

(一) 中国共产党建立起了人民民主的国家政权,开创了中国政治发展的新纪元

半殖民地半封建旧中国贫穷落后的根源在于政治上的封建与专制,国家所维护的只是“四大家族”的利益和西方列强在华的利益。由此,国家对社会经济资源的动员能力,对财政的组织能力,对社会经济发展的协调能力和对主权的维护能力等均只能处于不断弱化的发展势态之中。带来的结果必然是国家和掌握国家权力的政党运用统治地位在民众中制造政治共识,以维护其政治统治地位的能力,即合法性能力的丧失,而只能凭借国家的强制能力,即通过暴力手段来镇压民众的反抗情绪,维护其统治。这就不得不面临被人民革命运动推翻、被历史淘汰的命运。因此,消除中国贫穷落后的政治根源,发展民主政治是中华民族在现代文明基础上实现复兴问题的首要任务。随着中国革命的胜利,中国共产党消除内乱,打倒军阀,建设国内和平;推翻国际帝国主义的压迫,达到中华民族完全独立,同时顺应历史发展的要求,将马克思主义无产阶级专政理论同中国国情相结合,完成了新中国国体的正确定位,即建立起了工人阶级领导的、以工农联盟为基础的人民民主专政的国家制度;将马克思主义政权理论同中国国情相结合,确立了新中国的国家政体,即建立起了以民主集中制为根本领导制度和组织制度的人民代表大会制度;将马克思主义政党理论发展创新,形成了中国特色的政党制度,即建立起了中国共产党领导的多党合作制度和政治协商制度;将马克思主义关于处理民族关系的理论结合中国国情发展创新,形成了中国特色的国家结构形式,即建立起了统一的多民族以及在这种单一制国家中的民族区域自治制度。全新的国体、政体、政党制度和国家结构形式,成为当代中国政治制度的“四大根基”。这既是马克思主义中国化的伟大成果,也是中国共产党长期领导的人民民主政权建设实践的必然产物。

(二) 中国共产党确立了社会主义制度,为巩固人民民主政权,推动社会生产力的发展和中华民族的复兴创造了新条件

马克思主义认为,国家的基本职能“既包括执行由一切社会的性质产

生的各种公共事务，又包括由政府同人民大众相对独立而产生的各种特殊职能”。[①] 经济是人类社会生存的基础，履行经济职能即组织和实施社会生产，毫无疑问是人民民主政权所承担的各种公共事务中最为重要的任务了。对新中国来说，半殖民地半封建旧中国留下来的是“一穷二白”的烂摊子。虽然经过三年国民经济恢复，我国的工业已经恢复并且超过了历史上的最高水平，但是工业化的起点仍然很低。毛泽东指出：“现在我们能造什么？能造桌子椅子，能造茶壶茶碗，能种粮食，还能磨成面粉，还能造纸。但是，一辆汽车、一架飞机、一辆坦克，一辆拖拉机都不能造。”[②]如果不能使生产事业尽可能迅速地恢复和发展，获得确实的成绩，并且使工人生活有所改善，并使一般人民的生活有所改善，“那我们就不能维持政权，我们就会站不住脚，我们就会要失败”。[③]

然而，怎样发展经济、发展怎样的经济才能巩固和发展我们的人民民主政权，却又是一个新问题。面对这个问题，中国共产党认识到，刚刚在政治上独立的新中国，由于没有独立和比较完整的工业体系和国民经济体系，如果走资本主义道路，就不可能摆脱对外国垄断资本的依赖，就连已经赢得的政治上的独立地位也将难以维持；而帝国主义对中国共产党和中国人民持敌视态度，实行封锁政策，使我们连正常的对外经济贸易活动都无法开展，更不用说去依赖外国垄断资本了。因此，资本主义道路不能走也走不通，只有社会主义才能救中国和发展中国。毛泽东认为：“我们不搞资本主义，这是定了的，如果又不搞社会主义，那就要两头落空。”[④]中国共产党对国情保持着清醒的认识，对执政以后可能面临的风险保持着强烈的危机意识，从而促使中国共产党实施中国革命两步走目标的第二步价值目标。在推进中国社会政治改造的同时，积极推进经济改造——在农村进行的土地改革，摧毁了中国封建制度的经济基础，消灭了封建地主阶级，使深受剥削压迫的中国农民获得了土地等基本生产资

---

① 《马克思恩格斯全集》（第二卷），人民出版社 1995 年版，第 510 页。
② 《毛泽东文集》（第六卷），人民出版社 1999 年版，第 329 页。
③ 《毛泽东选集》（第四卷），人民出版社 1991 年版，第 1428 页。
④ 《毛泽东文集》（第六卷），人民出版社 1999 年版，第 299 页。

料，摆脱了千百年来封建宗法的人身束缚。在国营企业进行的民主改革，清除了隐藏在企业内部的敌特分子和封建残余势力，废除了旧社会遗留的官僚机构和各种压迫工人的旧制度，建立了企业民主管理制度，使工人阶级不仅在政治上，而且在经济上也翻了身。这些极大地解放了生产力，促进了经济的恢复与发展。在此基础上，中国共产党确定了过渡时期的总路线：要在一个相当长的时期内，逐步实现国家的社会主义工业化，并逐步实现国家对农业、对手工业和对资本主义工商业的社会主义改造。总路线成为团结和动员全国人民共同为建设一个伟大的社会主义新中国而奋斗的新的纲领。并且，随着总路线的提出和国家"一五"建设计划的实施，以及 1956 年对农业、手工业和资本主义工商业有系统的社会主义改造的基本完成，社会主义制度在中国初步确立了起来，为独立自主、自力更生地建设社会主义，为中华民族的复兴奠定了坚实的基础。

（三）中国共产党正确处理社会主义社会存在的基本矛盾和社会矛盾，调动一切积极因素，全面推进新中国人民民主政权建设和社会主义建设

人民民主的政治制度和社会主义的经济制度在新中国初步建立起来了，那么在这样的社会里还存不存在矛盾？如果存在矛盾又是属于什么性质的，如何处理才能治国安邦，保证人民民主政权和社会主义制度的长治久安？这是一个科学社会主义理论与国际社会主义运动还没有解决的问题。中国共产党以巨大的理论勇气和开拓精神，总结了历史经验，考察了我国社会主义制度确立以后的社会实际情况，明确提出：社会主义社会还存在矛盾。首先，社会主义社会的基本矛盾仍然是生产关系和生产力之间的矛盾，上层建筑和经济基础之间的矛盾。矛盾着的对立面又统一又斗争，由此推动事物的运动和变化。正是基本矛盾的运动推动着社会主义社会不断完善和发展。不过，在社会主义社会里，这两对矛盾已经不再是对抗性质的了，它不需要改变现存的社会制度，而是可以依靠社会主义制度本身的不断调整和完善来解决。其次，除了基本矛盾以外，"在我们的面前有两类社会矛盾，这就是敌我之间的矛盾和人民内部的矛盾。

这是性质完全不同的两类矛盾”。[1] 我们的重点是要处理好人民内部的矛盾，基本方法是：团结—批评—团结。就是从团结的愿望出发，经过批评或者斗争，分清是非，在新的基础上达到新的团结。基本途径是：百花齐放，百家争鸣，即艺术上不同的形式和风格可以自由发展，科学上不同的学派可以自由争论。基本要求是：共产党与民主党派要长期共存、互相监督。基本原则是：在人民内部，不可以没有自由，也不可以没有纪律；不可以没有民主，也不可以没有集中。这种民主和集中的统一，自由和纪律的统一，就是我们的民主集中制。在这个制度下，人民享受着广泛的民主和自由；同时又必须用社会主义的纪律约束自己。[2] 基本目标是：要造成一个又有集中又有民主，又有纪律又有自由，又有统一意志、又有个人心情舒畅、生动活泼，那样一种政治局面，以利于社会主义革命和社会主义建设，较易于克服困难，较快地建设我国的现代工业和现代农业，党和国家较为巩固，较为能够经受风险。[3] 中国共产党关于正确处理社会主义社会矛盾问题的理论，不仅使科学社会主义理论在中国获得了重要发展，而且为社会主义建设的发展指明了方向，产生了重要影响，开启了长达 10 年的全面建设社会主义时期，并且取得了辉煌的成就。我国赖以进行现代化建设的物质技术基础，很大一部分是这个时期建设起来的；我国经济文化建设等方面的骨干力量和他们的工作经验，大部分也是在这个时期培养和积累起来的。

（四）中国共产党积极推进社会主义道德文化建设，为新中国政治经济的发展奠定坚实的精神基石

社会主义的政治经济，需要社会主义的道德文化与之相适应。道德作为人类社会的特有现象，是人类调节自身行为的基本手段，同人类社会的文明进程休戚相关，其社会功能与社会作用是我们所不能忽视的。作

---

① 《毛泽东文集》（第七卷），人民出版社 1999 年版，第 204—205 页。

② 同上书，第 209 页。

③ 《[党史百年・重要论述]7 月 19 日》（2021 年 7 月 19 日），学习强国，https://www.xuexi.cn/lgpage/detail/index.html? id = 3190015679265704021& item_id = 3190015679265704021，最后浏览日期：2022 年 8 月 17 日。

为一种社会意识形态，道德可以在人们的道德实践中逐步积淀而形成，也可以由先进政党顺应社会历史发展的要求通过提炼、培育与倡导而形成。这种提炼、培育与倡导，必将有助于加快新道德尤其是先进道德文化的形成，从而推动社会的进步与发展。中国共产党执政以后将道德文化建设同建设和巩固政权结合起来，同动员全国人民全面建设社会主义结合起来，建立起了以马克思主义为指导，以社会主义公有制为基础，以为人民服务为核心，以集体主义为基本原则，以爱祖国、爱人民、爱劳动、爱科学、爱护公共财物的"五爱"原则为基本要求的社会主义思想道德体系。

道德文化建设紧密结合党和国家的中心工作，显示出新中国特有的勃勃生机与活力。中国共产党结合抗美援朝战争，开展了爱国主义教育，后方全力支援前方，保证了战争的胜利，又通过战争的胜利，使人民群众尤其是知识分子的思想完成了从亲美、崇美、恐美到热爱社会主义新中国的转变；中国共产党结合农村土地改革、国营企业民主改革和社会改造的进行，加强对农民阶级、工人阶级和广大劳动群众的思想道德建设，使他们牢固树立起了翻身得解放的国家主人翁的思想；中国共产党树立起了雷锋、焦裕禄和"南京路上好八连"的道德模范形象，影响的不仅仅是一代人，在新世纪之初，雷锋精神、焦裕禄精神和"好八连"精神又有了新的含义，获得了新的发展。爱国奉献、以民为本、劳动光荣、崇尚科学和集体主义的新型道德观念，催生了新中国民风淳朴、政风清廉的社会道德风尚，建立起了公正安全、奋发向上的工作和生活秩序，有力地促进了人民思想道德素质的提高、生产力的解放和社会主义建设事业的发展。

（五）开启改革开放新时期：社会主义制度在自我完善中获得新发展

社会主义制度无疑是迄今为止人类最先进的社会制度。但是，社会主义运动由空想转化为科学，社会主义制度的发展与完善，不是一蹴而就的，而是在曲折中前进的。

邓小平指出："按照历史唯物主义的观点来讲，正确的政治领导的成果，归根结底要表现在社会生产力的发展上，人民物质文化生活的改善上。生产力发展的速度比资本主义慢，那就没有优越性，这是最大的政治，这是社会主义和资本主义谁战胜谁的问题。生产力总是需要发展的。外国人议论中国人究竟能够忍耐多久，我们要注意这个话。我们要想一想，我们给人民究竟做了多少事情呢？我们一定要根据现在的有利条件加速发展生产力，使人民的物质生活好一些，使人民的文化生活、精神面貌好一些。”[①]加速发展生产力，建设现代化的社会主义强国，集中体现了党心民意。总结世界社会主义运动和中国探索社会主义建设道路的历史经验，适应世界经济发展的潮流，顺应党心民意，在1978年12月召开的党的十一届三中全会上，中国共产党作出了把全党工作的着重点和全国人民的注意力转移到社会主义现代化建设上来的战略决策，指出这是社会主义制度的自我完善与发展。实现现代化是一场广泛、深刻的革命，要求大幅度提高生产力，多方面改变同生产力发展不相适应的生产关系和上层建筑，改变一切不适应的管理方式、活动方式和思想方式。作为一个经历革命和建设伟大实践锤炼，积累了30年执政经验的政党，中国共产党已经是一个成熟的马克思主义执政党，并体现出了强烈的主体自觉性，从而开启了改革开放和现代化建设的新时期。

（六）开启全面建设社会主义现代化国家新发展阶段：展现了中国特色社会主义新时代催人奋进的光明前景

习近平总书记在党的十九大报告中明确，从十九大到二十大，是“两个一百年”奋斗目标的历史交汇期。我们既要全面建成小康社会、实现第一个百年奋斗目标，又要乘势而上开启全面建设社会主义现代化国家新征程，向第二个百年奋斗目标进军。综合分析国际国内形势和我国发展条件，从二〇二〇年到本世纪中叶可以分两个阶段来安排。第一个阶段，从二〇二〇年到二〇三五年，在全面建成小康社会的基础上，再奋斗十五年，基本实现社会主义现代化。第二个阶段，从二〇三五年到本世纪中叶，在基本实现现代化的基础上，再奋斗十五年，把我国建成富强民主文明和谐美丽的社会主义现代化强国。[②]

① 《邓小平年谱（1975—1997）》（上），中央文献出版社2004年版，第380页。
② 《习近平谈治国理政》第三卷，外文出版社2020年版，第22—23页。

2020年，是一个很不寻常的年份。在极度不确定的世界面前，中国展现了她的确定性——面对错综复杂的国际形势、艰巨繁重的国内改革发展稳定任务，特别是新冠肺炎疫情的严重冲击，以习近平同志为核心的党中央不忘初心、牢记使命，团结带领全党全国各族人民砥砺前行、开拓创新，奋发有为推进党和国家各项事业。为确保如期全面建成小康社会、实现第一个百年奋斗目标，为开启全面建设社会主义现代化国家新征程奠定坚实基础。2020年10月召开的党的十九届五中全会审议通过了《中共中央关于制定国民经济和社会发展第十四个五年规划和二〇三五年远景目标的建议》，标志着新中国将开启新征程，进入新发展阶段——全面建设社会主义现代化国家。

新发展阶段的“新”特点之一：我国的现代化是人口规模巨大的现代化。到现在为止，全世界已经实现现代化的国家和地区，人口总数大约是十亿，就单个国家来说，就在几千万人口，或者是一到两三亿人口规模。我国有十四亿人口，将整体迈入现代化社会。这种规模，将会超过现有发达国家人口的总和，将彻底地改写现代化的世界版图。这在人类历史上是一件具有深远影响的大事。

新发展阶段的“新”特点之二：我国的现代化是全体人民共同富裕的现代化。共同富裕是中国特色社会主义的本质要求，我国现代化坚持以人民为中心的发展思想，自觉主动地解决地区差距、城乡差距、收入分配差距，促进社会公平正义，逐步实现全体人民共同富裕，坚决防止两极分化。

新发展阶段的“新”特点之三：我国的现代化是物质文明和精神文明相协调的现代化。我国坚持和培育社会主义核心价值观，加强理想信念教育，弘扬中华优秀传统文化，增强人民精神力量，促进物的全面丰富和人的全面发展。

新发展阶段的“新”特点之四：我国的现代化是人与自然和谐共生的现代化。我国现代化注重同步推进物质文明建设和生态文明建设，我国走的是生产发展、生活富裕、生态良好的文明发展道路。我国的资源消耗不能像某一些发达国家那样浪费，否则的话资源环境的压力是不可承受的。

新发展阶段的“新”特点之五：我国的现代化是走和平发展道路的现代化。世界上一些老牌资本主义国家，在其发展过程中走的都是暴力掠夺殖民地的道路，是以其他国家落后为代价的现代化。我国的现代化强调同世界各国互利共赢、推动构建人类命运共同体，走的是一条全新的发展道路。

总之，中国特色社会主义的现代化道路既切合中国实际，体现中国特色社会主义建设规律，也体现了人类社会发展规律，是中国共产党对中华民族实现伟大复兴，也是对世界和平与发展的崇高事业作出的伟大贡献。

中国共产党已经让中国换了“新天”，并将为中华民族和中国人民、也为整个世界迎来更加美好的“新天”！

第十一专题　城市基层社会治理：社区治理的理论与实践*

中国的治理时代已经来临。治理时代赋予中国的不再仅仅是革命时代的动员，改革时代的体制机制转型，而是全面的结构转换、主体塑造、权利义务关系调整、体系与系统的转型等。这种系统化转型在最为基层的社区中体现得至为明显：社区治理已经成为国家治理的基层逻辑。

一、国家与城市治理的基层逻辑：社区何以重要

城市社会的来临向人们昭示了社区的重要性。伴随着工业化而来的城市生活的疏离感弱化了乡村共同体的内聚性与认同感，原子化的个人在茫茫的城市人流中无法找到个体的归宿，由此，行为失范成为社会科学家对城市生活的最大诟病。① 作为对城市异化病的医治良方或“世外桃源”，社区与邻里成为社会科学家青睐的实践空间与学术研究对象。社区的重要性便逐渐提上国家的政治议程与学者的研究议程。

从消极意义上讲，社区的重要性在于它能够规避城市陌生人生活的

---

* 本文得到上海市哲学社会科学规划青年课题“上海近郊城镇化进程中的‘镇管社区’与社区治理体系研究”（2015EZZ002）与 2016 年度高校示范马克思主义学院和优秀教学科研团队建设项目（16JDSZK006）资助。

① ［美］保罗·诺克斯、琳达·迈克卡西：《城市化》，顾朝林、杨兴柱、汤培源译，科学出版社 2009 年版，第 445 页。

匿名性与疏离感，从而构建具有熟人性质的共同体，这在中外皆然。“作为应对城市扩大和人与人之间可能疏远的方式，社区被认为是个体形成归宿感和至少得到部分身份认同的途径。”[①]城市原子化个体或居民的社会关系与认同感，在作为熟人共同体而存在社区中得以恢复与增强，从而成为喧嚣、匿名、陌生、孤独城市生活中的有生命意义的共同体人。[②] 由此，这个共同体的重要性就在于它使冷冰冰的城市生活增添了“温度”[③]，亦即“有温度的社区”。[④]

从积极意义上讲，社区的重要性在于它是养成公民能力（civic capacity），锻炼公民技能（civic skill）的至关重要单元（unit）。[⑤] 这是被美国所强调的社区的积极意义所在，因为囊括邻里的社区是城市最为基层的单元，社区是实践公民权利、表达政治诉求的重要潜在渠道，城市政府、非政府组织、政党，以及其他行为体通常将社区作为动员政治参与，组织政治过程并解决政策问题的单元。[⑥] 在社区层次，公民技能得以有机会发展与训练，这就是社区被认为是民主实践基础的理由所在。[⑦] 无论是托克维尔（Tocqueville）还是达尔（Dahl），都认为政治参与的小单元有利于培养公民对政体的政治效能感和政治认同感；同理，城市政治精英与居民也无一例外地将社区看作政治参与的最小单元，在其中公民技能得以发展并被实

---

① ［英］诺南·帕迪森：《城市研究手册》，郭爱军、王贻志等译，格致出版社、上海人民出版社2009年版，第248页。

② ［美］约翰·J.马休尼斯、文森特·N.帕里罗：《城市社会学：城市与城市生活》，姚伟、王佳等译，中国人民大学出版社2016年版，第98页。

③ 刘建军：《社区的温度》（2016年6月28日），城市社区参与治理资源平台：http://www.ccpg.org.cn/bencandy.php? fid=42&id=788，最后浏览日期：2022年5月1日。

④ 《什么是幸福？中国研究院工作坊研讨中国式“有温度”的居民社区建设之路》（2016年3月8日），观察者网，http://www.guancha.cn/society/2016_03_08_353234.shtml，最后浏览日期：2022年5月1日。

⑤ Clarence Arthur Perry. “City Planning for Neighborhood Life,” *Social Forces*, 1929, Vol. 8, No. 1, pp. 98-100.

⑥ See Jay Walljasper, *Great Neighborhood Book: A Do-It-Yourself Guide to Placemaking*, New Society Publishers, 2007.

⑦ 吴晓林、郝丽娜：《“社区复兴运动”以来国外社区治理研究的理论考察》，《政治学研究》2015年第1期。

践，由此，许多美国城市研究者将社区视作政治参与的泉源（wellspring）。[①]

从中国的角度来讲，社区的重要性在于它是国家治理最为基层的空间与逻辑。市场化转型后，中国人就从"单位人"转变成"家庭人""社区人""社会人"，后三个名词指向本质意义上的"具有自我利益的独立的个体社会人"。[②] 从此，人们开始重新回归家庭、回归生活、回归社会，这三个过程汇集为人们回归社区的过程；"尽管有极少一部分人可以通过购买市场资源或调动社会资源来满足自身的需求，但对于百分之九十的人来说，他们是难以冲破地理阻隔而调动更为丰富的社会资源的。区域层面的社区共同体就是他们身心的归宿。因此，大多数人是依靠区域层面的社区共同体来满足其情感需求、交往需求和日常生活需求的"。[③] 因应这一社会转型，"面对不断增加的社会复杂性，国家将管理任务下放到社区，努力维护社会的可治理性，以'社区建设'的名义，通过重建以地方场所为基础的社区，营造新的空间秩序"[④]，中国国家治理的主要空间便从单位转向以个体、家庭所在地为主体的社区。社区成为国家治理最为基层的空间，社区治理成为中国国家治理的基础环节与基层逻辑。[⑤]

二、社区治理的理论：从观察研究到定性介入

美国与欧洲的社区研究，一般集中于城市规划学、城市地理学、城市社会学以及城市政治学的领域中。前两者以城市学的综合性学科优势将社区作为城市的一个组成部分来研究，"他们关注比单体建筑物范围更大的场所，如建筑物、街坊、邻里、公园系统、公路走廊或整个新镇。他们研

---

① K. Mossberger, S.E. Clarke, P. John., *The Oxford Handbook of Urban Politics*, Oxford University Press, 2012, pp. 254-256.

② 根据录音整理的林尚立教授在"2012 杭州'生活与发展'论坛"上的发言，杭州，2012 年 11 月 8 日。同时参见：《2012"生活与发展"论坛开幕》，《杭州日报》2012 年 11 月 9 日。

③ 刘建军：《居民自治指导手册》，格致出版社、上海人民出版社 2016 年版，第 7 页。

④ 吴缚龙：《退离全能社会：建设中的中国城市化》，载[美] 理查德 · T. 勒盖茨、弗雷德里克 · 斯托特（英文版主编），张庭伟、田莉（中文版主编）：《城市读本》（中文版），中国建筑工业出版社 2013 年版，第 612 页。

⑤ 《民政部："三社联动"推进社区治理创新》（2015 年 5 月 4 日），新华网，http://news.xinhuanet.com/politics/2015-05/04/c_1115173985.htm，最后浏览日期：2022 年 5 月 1 日。

究人们在环境中的行为特性，运用心理学知识，分析人们如何感知控件以及人与人之间如何互动，搜索历史学知识，了解场所的物质形态演化，依据人类学和社会学知识，创造满足社会群体的场所空间”。[①] 城市社会学者则以社会学的社会本位视角，从社会关系、人的行为与认同的角度来研究社区[②]，他们多认为“社区就是居住在某一特定地域中的一群人，他们的生活围绕着日常的互动模式而组织起来，这些模式包括工作、购物、娱乐等活动，以及教育、宗教、行政等设置，在一种与此不同而又有关联的意义上，社区也用来指这样一些地方或群体，在其中人们感到团结一致，并通过共同的认同感强有力地联系在一起”[③]，在这方面他们大多数认为“共同关系与认同更甚于空间（或地域）”。[④] 城市政治学者则从权力结构的角度切入，形成了社区权力理论，其将“城市决策过程视为研究的中心工作，关注不同的代理人所形成的集体决策的方式”。[⑤]

相对于西方的社区研究来讲，中国学者对于社区的关注始于中国的市场化转型导致的巨大社会变迁。这一社会变迁使国家的基层治理中心从单位转向社区[⑥]，社区开始成为中国学者关注的焦点。林尚立教授的观点具有代表性，他认为“伴随着人的生活空间的位移，社会资源配置和社会调控中心也就开始逐渐转移出单位组织，向社会积聚。以人们的生活和居住空间为核心的社区开始逐渐上升为社会结构的基本单位”，社区替代单位成为“中国政治建设的战略性空间”。[⑦] 随着中国社区实践的发展，学者的关注点逐渐从对社区重要性的强调转移到对社区自身的研究。

---

① ［美］理查德·T.勒盖茨、弗雷德里克·斯托特（英文版主编），张庭伟、田莉（中文版主编）：《城市读本》（中文版），中国建筑工业出版社2013年版，第507页。

② ［美］马克·戈特迪纳、雷·哈奇森：《新城市社会学》（第三版），黄怡译，上海译文出版社2011年版，第178—194。

③ ［美］戴维·波普诺：《社会学》（第十一版），李强等译，中国人民大学出版社2007年版，第622页。

④ 李易骏：《当代社区工作：计划与发展实务》，（台北）双叶书廊有限公司2012年版，第65页。

⑤ ［英］乔纳森·S.戴维斯、戴维·L.英布罗肖主编：《城市政治学理论前沿》（第二版），何艳玲译，格致出版社、上海人民出版社2013年版，第33页。

⑥ 参见石发勇：《准公民社区：国家关系网络与城市基层治理》，社会科学文献出版社2013年版。

⑦ 林尚立：《社区：中国政治建设的战略性空间》，《毛泽东邓小平理论研究》2002年第2期。

基于社区的现实发展，学术界考察了与社区治理相关的一系列研究对象的发生、发展与趋势。[①]

总体而言，国内外对中国社区治理的研究，可以归结为三个理论视角，它们分别是国家中心论视角、社会中心论视角与宏观结构—微观行动论视角。

第一，国家中心论视角。这一研究视角强调公权力（中央、地方政府，政党等）以现代国家建设为目的[②]，为创造一个可治理的社会，对社区进行渗透，从而成为社区治理的最为重要的行动者[③]，并主导了社区治理的大部分结构、机制与过程，导致了社区居民、社会组织对公权力的合作与服从，这本质上强化了国家对基层社会的控制，是国家原有城市治理模式的延续而非转型。[④] 但是，这种研究视角不能给予社区居民针对基层行政机构的抗争行为以有力的解释。[⑤]

第二，社会中心论视角。从一定意义上讲，社会中心论视角是对国家中心论视角的一种“反动”，是公民社会研究在社区治理场域中的体现。[⑥]社会中心论视角认为城市社区的生成与发展，改善了基层的社区治理与中层的城市治理绩效[⑦]，尤其是社区自治的发展促进了国家—社会权力结构的变化，为人民民主奠定了一定的基础[⑧]；如果社会组织继续在社区

---

① 李友梅：《社区治理：公民社会的微观基础》，《社会》2007 年第 3 期；桂勇等：《社区社会资本测量：一项基于经验数据的研究》，《社会学研究》2008 年第 3 期；王汉生、吴莹：《基层社会中“看得见”与“看不见”的国家——发生在一个商品房小区中的几个“故事”》，《社会学研究》2011 年第 1 期。

② 林尚立：《社区：中国政治建设的战略性空间》，《毛泽东邓小平理论研究》2002 年第 2 期。

③ Wu, Fulong. “China's Changing Urban Governance in the Transition towards a More Market Oriented Economy,” *Urban Studies*, 2002, Vol. 3, No. 7.

④ 卢汉龙：《单位与社区——中国城市社会生活的组织重建》，《社会学》1998 年第 4 期；Wong, L. &B. Poon. “From Serving Neighbors to Recontrolling Urban Society: The Transformation of China's Community Policy,” *China Information*, 2005, Vol. 19, No. 3, pp. 413-442.

⑤ Perry, Elizabeth J. 2002. Challenging the Mandate of Heaven: Social Protest and State Power in China. Armonk, N. Y.: M. E. Sharpe. 陈映芳：《行动力与制度限制：都市运动中的中产阶层》，《社会学研究》2006 年第 4 期。

⑥ 参见邓正来：《国家与社会：中国市民社会研究》，四川人民出版社 1997 年版。

⑦ 徐勇：《“绿色崛起”与“都市突破”——中国城市社区自治与农村村民自治比较》，《学习与探索》2002 年第 4 期。

⑧ 刘春荣：《中国城市社区选举的理论想象：从功能阐述到过程分析》，《社会》2005 年第 1 期。

治理中参与、成长，那么这将会进一步促进公民社会的成长[1]，从而发展出具有自身独立性，与公权力、市场良性互动的现代社区。[2] 但是，这种研究视角，从一定程度上对现代国家建设过程中公权力对社会的渗透缺少清醒的认识，同时也忽视了公民社会内部的复杂性。

第三，宏观结构—微观行动论视角。宏观结构—微观行动论视角强调调和的中间立场，既吸取国家、社会中心论视角的长处，又不拘泥于两者。[3] 这种视角既关注国家—社会二元结构限制，又关注在这种宏观结构限制下作为社区行动者的微观行动，以及其在社区治理体系网络中的合作、冲突与疏离。[4] 利用人类学的研究方法，多位学者深入社区进行嵌入式观察，发现国家、社会、市场等行为主体在社区场域的互动是十分复杂的，"依(以)法抗争"[5]"准公民社区"[6]"地方增长联盟"[7]"再造城民"[8]等，都是此一视角的研究成果。宏观结构—微观行动论视角看似综合了上述两种视角的长处，避免了两者的短处，但是却在一定程度上使研究隐没在了"零散"的观点之海中，造成了零散观点替代整体理论的现象。

国内外学者对于社区治理的研究经历了三个渐进且相互交叉的研究阶段，这三种研究视角不是相互排斥的独立阶段，而是不断完善的交叠过程。然而，从整体来看，这三种研究视角都是从"国家—社会""城市—乡村""结构—行动"二元论的视角来探讨社区治理。这种二元论视角具有

---

① Derleth, James & Daniel R. Kokdyk. "The Shequ Experiment: Grassroots Political Reform in Urban China," *Journal of Contemporary China*, 2004, Vol. 13, No. 41.

② 沈关宝：《发展现代社区的理性选择》，《探索与争鸣》2000年第3期。

③ 参见邹谠：《二十世纪中国政治——从宏观历史与微观行动角度》，(香港)牛津大学出版社1994年版。

④ 参见桂勇：《邻里空间：城市基层的行动、组织与互动》，上海书店出版社2008年版。

⑤ See Kevin J. O'Brien, Lianjiang Li, *Rightful Resistance in Rural China*, Cambridge University Press, 2006.

⑥ 参见石发勇：《准公民社区：国家关系网络与城市基层治理》，社会科学文献出版社2013年版。

⑦ Zhang, Tingwei. "Urban Development and a Socialist Pro-growth Coalition in Shanghai," *Urban Affairs Review*, 2002, Vol. 37, No. 4.

⑧ 参见施芸卿：《再造城民：旧城改造与都市运动中的国家与个人》，社会科学文献出版社2015年版。

自身的优势，也具有局限性：二元论视角过重强调静态的对立性与理论推理的逻辑性，从而忽视了作为动态过程的社区治理的多样性、复杂性与交互性，以及不同社区治理的多样性与复杂性在最大程度上所遵循的一般化原则与方法论。

在上述研究的基础上，一些学者或者社区行动者以介入式定性观察、干预、引导的方法，做出了类似凯文·林奇（Kerin Lynch）与威廉·怀特（William H. Whyte）的"城市意象"与"街道生活"的研究。[①] 他们并没有先验地从既定理论开始，以"月映万川"的所谓的普世规律推理出人们如何认知城市、社区（推理逻辑），用既定的理论框定居民的行为，用客观的规律去过滤行为者的情感；而是先采取介入式观察、干预与引导的方式，深入社区了解居民的行为、习惯、生活方式与情感认同，研究社区工作者的工作方法、行政与志愿行为、政策规范实施、居民自治工作等，收集经验性信息，然后建构理论，解释中国社区治理的行为、逻辑与他们的发现（归纳逻辑）。[②] 以此种定性研究方法，宋庆华女士带领的团队通过社区参与的真切行动，从社区参与式治理的角度，以社区参与式方法为抓手，对社区参与思想、方法与技术作出了较为前沿的探索与实践。[③] 刘建军教授则以学者的身份，从"原理与方法"入手，对社区治理的重要面向——居民自治，作出了重要的社区干预探索与学术研究。[④]

三、中国的社区治理实践：模式与阶段

在单位中国的国家治理过程中，城市的生产性单位与生活性社区是一体的。从严格意义上来讲，社区治理在这种一体化形态中是不存在的。以工业化为目标的国家建设，于"一五"期间在整个国家范围内建构了城

① 参见[美] 凯文·林奇：《城市意象》，方益萍、何晓军译，华夏出版社 2001 年版。

② 参见[美] 理查德·T. 勒盖茨、弗雷德里克·斯托特（英文版主编），张庭伟、田莉（中文版主编）：《城市读本》（中文版），中国建筑工业出版社 2013 年版，第 521、532—533 页。

③ 参见宋庆华：《沟通与协商：促进城市社区建设公共参与的六种方法》，中国社会出版社 2012 年版。

④ 参见刘建军：《居民自治指导手册》，格致出版社、上海人民出版社 2016 年版。

市与大型国企为一体的单位形态，国企工人既是职工，也是社区居民与城市市民。然而，单位的生产性却压倒了社区的生活性。以洛阳拖拉机厂为例，职工来自五湖四海，却同被“一拖”所塑造，由此成为“一拖”人。[①]虽然“单位社区不一定必须包含单位的生产空间，它也可能成为‘离厂型’的单位社区”[②]，但是国企单位的生产性是社区生活性的源泉，社区的生活性是国企单位生产性的延伸，生产性如果消失，那么国企社区的生活性也就无法存在。因此，单位中国中没有社区治理，有的只是单位治理。

这种单位与社区的一体结构，具有以下四个方面的特征。第一，承担国企生产性职能的单位人，都以个人的身份生活在与单位相对应的社区空间，交叉单位、社区空间、私人利益很少具有存在的合理性[③]；第二，国企的生产性决定着社区的生活性，单位的国家性决定着个人的社会性；第三，国企与单位是一体的，社区与个人是一体的，但是，社区中个人的生活依附于国企单位的生产；第四，社区中个人的社会关系源于国企单位的生产关系，国企单位的生产关系决定着社区个人的社会关系，后者的变革与转型取决于前者。[④] 总而言之，社区是国企单位的延伸，国企单位是社区的扩大，两者是一体的，一体的主体是具有生产性功能的国家性工业企业。国家以计划经济的治理思维治理国企单位，单位而非社区是国家治理的基层逻辑。[⑤]

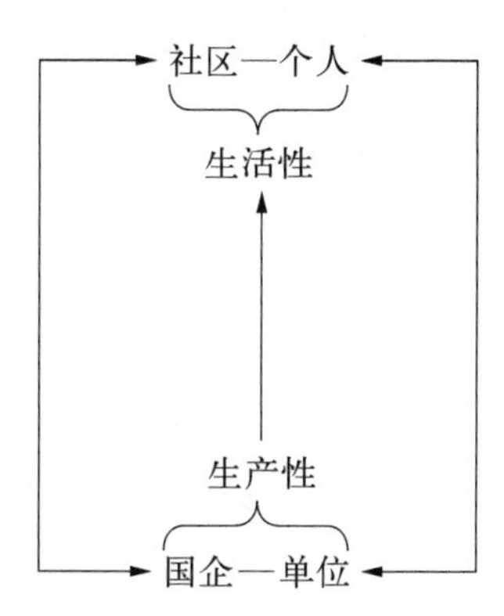

从改革开放开始，尤其从20世纪90年代中后期至今30多年的时间

① 殷照玲：《大型国有企业单位制社区空间变迁的个案研究》，华东师范大学2012年硕士学位论文，第26页。

② 张纯：《城市社区形态与再生》，东南大学出版社2014年版，第32页。

③ 张静：《阶级政治与单位政治：城市社会的利益组织化结构和社会参与》，《开放时代》2003年第2期。

④ 参见刘建军：《权力、仪式与差异：人类学视野中的单位政治》，载邓正来主编：《重新认识中国：中国社会科学辑刊》(2010年冬季卷)(总第33期)，复旦大学出版社2011年版。

⑤ 参见宋道雷：《城市力量：中国城市化的政治学考察》，上海人民出版社2016年版。

里，社区体制在中国得到了比较显著的发展。从此社区治理替代单位治理，成为国家治理的基层逻辑。虽然社区在中国的发展时间还比较短暂，也不可能形成统一的模式，但是不同城市根据自身城市属性探索了各具特色的社区治理模式。近年来，尤其以青岛，上海，沈阳，武汉江汉、百步亭与成都的社区治理模式最为突出。[①]

模式	百步亭模式	青岛模式	上海模式	沈阳模式	江汉模式	成都模式
治理	企业主导的区域化治理	中层治理	自治办＋居委治理	居委治理	居委治理	院落治理
划分	整个新建小区作为社区，不设街道办事处	由1 176个居委会调整为521个社区，位于街道与居委会之间，平均规模是1 340户	2014年上海市委“一号课题”落地，2001年的街道（社区）模式向街道与居委所在社区分离转变，社区规模为2 000多户	2 011个居委会调整为1 295个社区，社区规模为1 000到1 500户	248个居委会调整为112个社区，位于街道与居委会中间	计划经济时代遗留的单位化自然住宅院落，规模较小，居民熟悉度高
核心特征	不设街道派出机构，社区直接在区政府下自治管理	以社区服务为龙头，提升社区功能，推进社区发展	街道与社区分离，街道成立自治办，社区以居委会为载体开展治理	通过组织建设推进社区民主自治的体制完善	转变政府职能，明确政府、社区功能	居民协商议事制度、社区公共服务和社会管理基金、社区自组织嵌套

① Yuan Ren. “Globalization and Grassroots Practices: Community Development in Contemporary Urban China,” in Fulong Wu, *Globalization and the Chinese City*, Routledge, 2006, pp. 292-309；同时可以参见任远、章志刚：《中国城市社区发展典型实践模式的比较分析》，《社会科学研究》2003年第6期；刘建军：《居民自治指导手册》，格致出版社、上海人民出版社2016年版，第32—60页。

续 表

模式	百步亭模式	青岛模式	上海模式	沈阳模式	江汉模式	成都模式
组织体系	社区党委、社区居民代表大会、社区行政中心与社区服务中心	市、区、街、居四级社区服务体系，包括社区服务管理、服务求助和设施服务三个方面	街道自治办主管社区自治工作，居委会是社区治理的主体性制度平台	决策层：社区成员代表大会；议事层：社区协商议事委员会；执行层：社区居民委员会；领导层：社区党组织，各类协会	决策层：社区成员代表大会；议事层：社区协商议事委员会；执行层：社区居民委员会；核心层：社区党组织	社区居民为主体，建立院落居民议事会、院落自治小组（院落管委会和业委会），参与并管理社区公共事务
资源运作	社区委员会、物业管理和业主委员会，三位一体的自治管理	政府投入，促进社区服务专业化，提倡驻社区单位资源共享、共驻、共建	街道设立自治办，依托居委会、居民自组织、社区领袖、驻区单位、社会组织等开展社区治理	政府补贴，政党整合，驻区单位支持，建立资源整合平台	区街政府部门必提供权力和必要的经费支持	成都市从政策设计层面实现"院落自治"全覆盖，确保配套措施、治理资源、规章制度
推进方式	政府、市场推进	政府推进、社会参与	党委领导下政府主导的居民自治与共治	政府推进、民主自治	政府推进	政府支持、院落组织、居民参与

资料来源：中国社工；Yuan Ren. "Globalization and Grassroots Practices: Community Development in Contemporary Urban China," in Fulong Wu, *Globalization and the Chinese City*. Routledge, 2006, pp. 292-309；同时参见：任远、章志刚：《中国城市社区发展典型实践模式的比较分析》，《社会科学研究》2003 年第 6 期；刘建军：《居民自治指导手册》，格致出版社、上海人民出版社 2016 年版，第 32—60 页。作者自行收集的资料与数据。

这些典型的社区治理模式，基本上是因应单位体制松解后国家治理与城市治理的需求而生。从社区治理模式成形时间来看，它们大多集中于中国城市化发展水平从 1995 年的 29.04%到 2000 年的 36.22%时间段。这时城市化的迅速发展，逐渐使中国摆脱低城市化现象[①]，自由劳动力涌入城市直接挑战着以封闭/隔离为特色的、以单位体制为主导的国家治理的有效性。由此，社区治理模式的探索，成为国家治理的首要任务。在六种社区治理典型模式中，除百步亭社区以外，其他五个社区都是依托带有行政性质的街道、单位、居委会重新调整而成。由此可见，市场化、城市化浪潮冲击下的城市依据多元社会需求，开始调整依托单位形成的城市治理体系，形成以社区治理为基层逻辑的国家、城市治理体系。这无论对于工业化较高的城市——沈阳，还是商业化较高的城市——上海，甚或是处于两者之间的城市——青岛、武汉、成都来讲，都无一例外。

在各种社区治理模式的核心特征中仍然有政府或者政党的显现，但是，这个时期的公权力要素不同于单位中国的治理；在治理的时代，它已经成为参与社区治理主体中的一元。这体现在政府与社区的职能得到相对分离，其服务性加强，行政性减弱，强调社区自治、社区服务与社区功能，以期实现社区的自我治理。在社区中城市的社会性与生活性已经占据主体地位，这些典型特征明显体现了社区治理区别于单位治理的特质，社区治理开始成为主导国家治理的基层逻辑。

虽然社区治理已经成为当下中国国家治理、社会治理与城市治理的重要支撑机制，政府治理、社会自我调节和居民自治在社区治理过程中已经开始互动，但是它仍然受到公权力要素的重要影响。[②] 首先，从治理主体上看，政府是社区治理的主导性力量。在六种模式中，社区的建立、推进与进一步发展，都是由政府发起并推进的。虽然百步亭模式是以百步亭集团建立的整个小区为社区，没有设置街道办事处，但是它也离不开政府的推进，只不过是政府与市场化力量协作共进而已。就青岛模式来讲，在社区治理的推进与发展过程中，虽然加入了社会化力量，但是仍然离不

① Li Zhang, *China's Limited Urbanization: Under Socialism and Beyond*, Nova Science Inc., 2003, p.3.

② 罗思东的研究表明：社区制虽然已经建立起来，但是，实际上并未真正运行，作为国家权力建制化设置的街居体制依然忙碌。参见罗思东：《城市弱势社区的组织化参与——构架社区权力的路径分析》，载何艳玲：《变迁中的中国城市治理》，格致出版社2013年版。

开政府的作用。其次，从资源运行上看，社区自身的资源基础虽然薄弱，但是社区治理却离不开社区居民与自组织。六种社区模式的运作离不开六种资源力量的支撑：(1) 政府的行政性资源；(2) 驻社区单位的体制性资源；(3) 政党的组织性资源；(4) 物业公司的商业化资源；(5) 社区的自治资源；(6) 社会组织的专业资源。这六种资源成为支撑社区治理的基础性资源，并形成一个整合性平台，社区居民作为主要的参与者虽然力量薄弱，但却不可或缺。最后，从组织体系上看，社区甚至还被作为国家准行政性配置的一个环节。在沈阳，武汉江汉、百步亭，成都模式中，社区的自治体系是社区自主运行的主要环节与力量，但是，政党、政府在其中仍然是领导角色与支持力量。社区治理虽然已经替代单位体制成为国家治理的基层逻辑，但是建立政党领导下的社区自治与共治治理体系的前景仍然是前路漫漫。①

当下中国的社区治理模式各有不同，但是，中国 30 多年的社区治理实践经历的阶段却大体相似。根据中国各大城市社区治理的现实实践，通过我们的实际调研，我们可以将中国的社区治理分为四个阶段。

第一，基础设施建设配备阶段，我们形象地称之为动“物”的阶段。这个阶段主要是为社区治理的重要参与主体——居委会配备工作用房，为居民开展活动配备物理空间，以及为居民服务供给提供公共场所，这是社区治理的硬指标。对于老旧小区来讲，并未事先配备此类公共空间，因此，主要是做增量配给：通过与物业、业委协商腾挪空房或重新规划房间功能供公共之用，或以市场化租赁配备公共空间。对于新建商品房小区而言，政府以法律形式规定：小区楼盘规划之初，就必须配备居委公共用房。

第二，社区居民参与社区治理阶段，我们形象地称之为动“人”的阶段。社区治理的主体是居民，没有居民的主体性参与也就没有真正的社

① 石发勇：《准公民社区——国家、关系网络与城市基层治理》，社会科学文献出版社 2013 年版，第 236—245 页。

区治理。[①] 由此,社区治理在具备了物质硬指标后,还要具备软指标。动员居民参与社区治理,首先是需要将社区的党员动员出来,以"党员双报到"制度,激励或者要求党员积极参与社区治理事务,发挥先进带动后进的效应。其次是将社区中的居民领袖或社区能人调动起来,使之成为社区治理的骨干力量。再次是组建居民志愿者团队,使之成为居委会的外围力量,形成"居委会 + 居民团队"的社区治理参与队伍。[②] 最后是动员一般居民走出家庭,参与社区公共事务。在居委会、社区领袖与社区团队的活化下,社区治理便实现了参与化。

第三,动员资源参与社区治理阶段,我们形象地称之为动"钱"阶段。在有了公共空间与人力资源之后,社区治理就到了动用经费、资金、基金、自治金等资源的阶段。一旦到了动钱的阶段,中国的社区治理与居民自治可能会进入一个全新的阶段,"当社区中的很多硬件设施(如电梯),都已经到了更换的时间。但其费用又是维修基金难以承担的,于是,社区治理到了'动钱'的阶段。一旦到了'动钱'阶段,无论在议题还是制度上,社区治理到了真正经受考验的时候。在很多社区,出现了众筹资金、居民出资的自治金等新鲜事物"。"动钱阶段的社区治理和居民自治对制度化水平、公开化、民主化的要求愈来愈高。近年来,在深圳、上海、广州、重庆、天津的很多社区,已经出现了居民自发集资形成的自治金以及社区公益基金会,社区治理和居民自治与社区基金的结合,是一个极为重要的发展方向。"[③]

第四,社会组织参与社区治理阶段,我们形象地称之为动"专业"阶段。以上海为例,城市化的迅速推进使社区中的许多问题已经不是仅仅依靠政府、居委会、居民等主体就可以解决的了,原因在于这些主体只能提供一般化的公共物品,不能做到社区治理"精准化"。社区遇到越来越多的专业化治理难题,例如社区灾后重建过程中的儿童心理康复、社区矫

---

① 李友梅:《社区治理:公民社会的微观基础》,《社会》2007 年第 2 期。

② 罗峰等:《社会的力量:城市社区治理中的志愿组织》,上海人民出版社 2016 年,第 39 页。

③ 刘建军:《居民自治指导手册》,格致出版社、上海人民出版社 2016 年版,第 108、151 页。

正、社区精神障碍群体的看护等等，这些社区难题的治理需要的是具有专业化业务素质的社会组织。[①] 社会组织凭借自身的专业化优势，可以为社区治理提供精准化的专业服务，解决政府想解决却不能解决，居民想解决却无力解决，市场不想解决的专业化治理难题。社区组织参与社区治理的风潮由此而生，从而推动中国的社区治理向专业化方向迈进。

总而言之，以社区治理的主体标准划分，以上四个阶段可以分为两个大阶段，即政府主导的社区治理与政府、社会、居民，甚至市场等多元主体互动的社区治理阶段。中国的社区治理开始走向多元主体共同参与的真正的“治理”阶段。

四、结论

社区与社区治理对于中西来讲，都是国家治理的基层空间与基层逻辑。国家治理的价值关怀与最终归宿都落脚于社区及其居民，社区治理的良莠直接影响居民的主观感受，居民的感受关乎国家治理的合法性与绩效。中西都注重社区，但是其取向是不一样的，美国将社区作为养成公民能力和锻炼公民技能的基层空间，中国将社区作为国家治理体系的基础环节与基层逻辑，前者的落脚点在个体化公民，由此，社区服务（community service）成为国家治理的基础性环节[②]；后者的落脚点在整体化国家，由此，社区建设与社区治理（community governance）成为国家治理体系的基层逻辑。

中国社区治理的理论与实践都是与国家治理的微观关切息息相关的。概括来讲，社区治理作为一种国家治理的基层实践，在中国表现为六种典型模式，这些治理模式不尽相同，却都经历了从动“物”到动“人”到动“钱”再到动“专业”四个阶段，它们共同体现了作为国家治理基层逻辑的社区治理的一般性特征与独特的地方要素。基于此，对中国社区治理的

---

① 潘修华、龚颖杰：《社会组织参与城市社区治理探析》，《浙江师范大学学报》（社会科学版）2014 年第 4 期。

② 感谢美国明尼苏达大学公共事务学院城市与区域规划系曹新宇（Jason Cao）教授的讨论。

理论关切，从国家中心论到社会中心论，再到以宏观结构—微观行动论视角考察社区治理，最终对社区治理进行介入式定性观察、干预与引导。学者不再仅仅以研究者的姿态研究社区治理，而是以参与者的身份共同治理社区，完成了从观察社区到研究社区再到治理社区达成社区善治的嬗变。在这个过程中，政府、社会、居民向形成良性互动的社区治理格局迈进，从而真正将国家治理的基层逻辑落到社区。

第十二专题　新中国成立以来中国共产党人口治理的演变历程与基本经验

新中国成立以来，中国共产党带领全党全国各族人民不断地探索大国人口治理的理念、方法、体制和机制。回顾70多年国家发展与国家治理的伟大历程，人口治理在国家发展和国家治理中始终发挥着基础性和关键性的作用。而在不同的发展时期，人口治理的重点难点、方式方法也经历了变化。这些变化与我国人口的发展变化和国家的发展变化是相伴随的，也是相适应的。中国共产党人口治理对国家发展和国家治理的基础性和关键性作用也在这样的发展变化中更加明显和突出。回顾新中国成立70多年以来中国共产党的人口治理，可以说，中国共产党进行大国人口治理的能力正在不断提升，治理体系也正在不断完善，逐步形成了一套具有中国特色、符合中国基本国情的人口治理方案，逐步总结出了一套具有大国人口治理智慧的基本经验。

一、人口治理在国家治理体系中的地位与意义

中国是一个人口大国，人口基数大一直是我国基本国情的一个重要方面。作为基本国情中的重要方面，人口问题影响着国家发展的方方面面，因而人口治理也就成为国家治理中举足轻重的一项内容。那么，人口

治理究竟是指什么,人口治理又在国家治理体系中处于什么样的地位、发挥着怎样的作用,需要我们系统研究和正确认识。

(一) 人口治理的内涵与范畴

谈及人口治理,我们往往会有这样的偏见——人口治理就是实施计划生育政策。这样的理解不仅是狭隘的,更是错误的。人口治理,是指人口与经济社会之间发展关系的治理,旨在促成人口发展与经济社会发展之间形成和谐关系。由此可知,人口治理是一个范畴较大的概念,它至少涉及人口与经济之间发展关系的治理、人口与社会发展关系的治理、人口与资源环境发展关系的治理等主要领域。正因为它的范畴较大,人口治理所涉及的治理工具是多种多样的,涉及的治理机理也是复杂而又多维的。理解人口治理的内涵与范畴,是我们理解新中国成立以来中国共产党人口治理的前提和基础。

(二) 人口治理在国家治理体系中的地位与意义

在国家发展中,人口问题是一个基础性的问题。在国家治理体系中,人口治理是一个基础性的治理内容,发挥着基础性的治理作用。

首先,人口治理在国家治理体系中是一个基础性的治理内容。人口治理事关国家的发展和民族的发展。它与国家发展和民族发展的基础性关联表现在两个层面:一是它与任何一个国家的发展都息息相关;二是它与国家发展的任何一个阶段都紧密关联。人口治理同时也事关每一个家庭和每一个个人的发展。这是因为,人口治理涉及生育政策、民生福利、发展机遇等影响家庭与个人的发展的关键要素。

其次,人口治理在国家治理体系中发挥着基础性的治理作用。这个基础性的治理作用表现在两个层面。其一,人口治理所产生的治理效能对国家发展所涉及的各个方面(如政治、经济、文化、社会、生态文明等)都起到直接的影响。其二,人口治理的基本对象是人口与国家发展各个方面之间的关系,其所要达成的治理目标就在于要让人口发展与国家发展的各个方面之间达到协调和平衡的状态。

二、中国共产党人口治理的演变历程

新中国成立以来，中国共产党对于人口发展规律和人口治理方法的认识经历了逐步形成、逐渐发展和走向成熟的过程。这一过程与我国人口发展态势的变化相伴随，同时也紧扣了我国国家发展战略的发展和演变。我们可以从四个阶段来深入理解和把握新中国成立以来中国共产党人口治理的演变历程。

（一）基于生产和国防的发展需要而实施鼓励生育治理

新中国成立之初，我们党的人口治理以鼓励生育为基本理念。这一基本理念的形成来源于两个主要的现实需要。一是生产与发展的需要。新中国成立之初，我国处于一穷二白、百废待兴的发展境况中。要在一个生产力水平极为落后的中国大力发展生产，劳动力供给是极为关键的一个要素。因为充足的劳动力供给是生产发展的重要保证。二是国防军事的需要。新中国成立之初，尽管我们已取得了民族独立和人民解放，但国际和国内的形势仍然严峻，包括应对世界大战在内的各种国防军事需要十分突出。我们知道，要在传统战争中取得胜利，军队规模起着重要作用。以上两个方面共同表明，新中国成立之初，我国对于人口规模的发展是有极大的期待和现实需求的。那么，新中国成立之初我国的人口状况是否能够满足这些需要呢？我们可以透过几个关键指标来理解。一是人口更替模式。新中国成立之初，我国人口更替处于“高出生、高死亡”的模式。要在这样的更替模式中，寻求年轻劳动力的增长，显然鼓励生育是十分必要的。二是人口平均预期寿命处于较低水平。我们要在这样一个低下的预期寿命背景下，寻求年轻劳动力的快速增长，同样地就只能实行生育鼓励。

当然，正如上文所述，我们党对于人口是如何发展的，对于人口发展是如何影响经济社会发展等问题的认识，经历了一个逐步发展、逐步成熟的过程。也因此，我们党的人口治理也经历了一个从意识薄弱到意识深刻，从单一治理到全局治理的发展过程。我们党在人口治理方面的知识储备和理论积淀也经历了从无到有，从少到多的发展过程。新中国成立之初到改革开放之前的这一时期，我们党的人口治理就是处在起步和形成的阶段。这一阶段，我们党在人口治理方面取得了阶段性的治理成果，满足了国家发展的整体目标，为改革开放积累了重要的理论准备和物质准备。同时，经过这一阶段的实践，我们党在人口治理的思想、认识、理论等层面均得到了实质性的进步和发展，这为之后的人口治理提供了十分宝贵的经验和准备。

（二）基于人口规模的极速膨胀而实施计划生育治理

改革开放前的这段时期，是新中国人口增长最快的一个时期。这一快速增长得益于两个方面。一是党的人口治理以鼓励生育为主要原则和基本理念。在这样的原则与理念下，人口的出生率得到了显著而快速的提升。二是这一时期全国人民的健康水平明显改善。这一改善，促使人口死亡率显著下降。在出生上升和死亡下降这两个重要因素的共同作用下，我国出现了史无前例的人口剧增。从人口统计数据上来看，从新中国成立到改革开放前的将近 30 年的时间，我国人口总量从 5 亿 4 000 万增长到将近 10 亿，几近翻了一番。20 世纪 60 年代初，我国出现了比较明显的“出生反弹”。人口规模的快速增长，在满足前述的两个重要需求之余，也带来了一些问题。其中比较突出的一个问题就是，人口增长与就业之间的矛盾。伴随新中国成立之后的第一代“婴儿潮”人口逐渐进入就业年龄，这一代人口无法得到充分就业的问题逐渐显现出来。在农村，这一矛盾就具体地表现为，一些生产队因劳动力过多，而不得不采取轮流“上岗”的做法。可以说，在一定程度上，人多地少的矛盾加剧了。而在城市当中，这一矛盾同样存在。

如何改变计划经济体制下劳动力的充分就业问题，从而进一步扩大生产，提高生产规模和生产水平，这是摆在党和国家面前的一个新问题，也是一个难题。20 世纪 70 年代末，中国开始改革开放。改革开放对于中国的重大变革之一在于生产关系。具体地说，改革开放优化了生产力与生产关系之间的关系，从而促进了生产力的发展，使生产的发展能够满足人民的物质文化需要。这个结果就是,解决人口极速增长导致的巨大的物质文化需求总量何以满足的问题。当然,这是在供给端进行的发力。然而,如果仅仅发力于供给端,而无视人口增长所具有的指数级增长特性,那么生产的发展速度恐怕无法赶上人口的增长速度。因此,需求端的治理必须要同步进行、紧紧跟上。与新中国成立之后第一代"婴儿潮"人口进入就业年龄相比,这一代人口逐步进入婚育年龄,则是需求端的治理表现出更强烈的紧迫性的主要原因。20 世纪 70 年代,我国逐步开始通过一定的生育政策来进行人口治理。事实上,20 世纪 70 年代,随着死亡率的大幅下降,控制生育的愿望已经先于生育政策在百姓之中萌生和蔓延。1970 年到 1979 年间,我国妇女总和生育率从 5.7 下降至 2.7,充分验证了这一意愿。可以说,这一时期全国陆续开始实施"晚、稀、少"的生育政策,既是顺应了社会上的这种普遍需求,也将此科学化和指导化,并在一定程度上加速了人口增长控制成效的达成。20 世纪 70 年代末开始,尤其是在 80 年代,全国陆续开始实施计划生育政策。经过一段时间的政策调整,在 80 年代中期,全国普遍形成了城市地区生育一孩、农村地区生育一孩半的计划生育政策。1991 年出台的《关于加强计划生育工作严格人口增长的决定》将此后十年内的人口控制目标定在自然增长率为 12.5‰以内。这个决定标志着我国稳定的计划生育政策的开始。计划生育基本国策的确立,标志着新中国成立以来我们党对于人口认识的科学化,标志着我们党在人口治理中走出的至关重要的一步。生育政策,可以说是伴随改革开放一同起步并一同发展的,对调节中国人口与经济社会各领域之间的关系,起到了非常积极和关键的作用。

(三)基于人口大规模乡城和区域流动而实施人口城镇化治理

改革开放给中国创造了极为有利的经济发展条件。在人口发展方面,与改革开放相伴随的是,从 70 年代开始,我国年轻劳动力规模有了极大的发展。根据国家统计局的数据,20—24 岁年轻劳动力的规模从 80 年代初的每年约 8 千万人增长至 90 年代初的每年约 1.25 亿人。这一数据结果表明,这一时期我国社会呈现出非常典型的人口年轻化。改革开放给中国创造出的极其有利的经济发展条件，为这一年轻化的人口带来了就业的机会、发展的机会。可以说，改革开放有效地避免了这些60年代初出生的年轻劳动力因“出生反弹”而成为个人、家庭乃至社会的“噩梦”，相反，改革开放所创造的有利的经济发展机会和空间，为大批年轻劳动力的充分就业提供了可能，使这一批年轻劳动力成为20世纪70年代至90年代中国经济发展的主要力量。

那么，改革开放究竟为这几代年轻劳动力提供了怎样的发展机会和发展空间呢？答案是多维度、多领域、多层面的。其中一个很重要的就是，改革开放逐步开始打破城乡二元的桎梏，我国人口开始了大规模的乡城迁移和区域流动。进入20世纪90年代之后，我国人口的城镇化进程走上快车道，发展规模与发展速度举世瞩目。人口城镇化率从21世纪伊始的36.2%迅速提高到2015年的56.1%，并于2011年首次突破50%（达到51.3%），这意味着我国首次出现农村人口少于城镇人口的人口分布格局。[①] 我国人口迁移在规模上和速度上来讲，都是举世瞩目的。人口的乡城迁移和区域迁移，促进了劳动力的市场化配置，提高了整个国家的经济活力和人民的收入水平，同时也产生了一系列发展中的问题与难题。这些问题就涉及人口布局、产业布局、社会和谐稳定等多个方面。应对和解决这些问题与难题，就成为这一时期我们党的人口治理的一项重要内容。

这一时期我们党人口治理的主要对象就是在快速城镇化过程中出现的妨碍经济社会可持续发展的因素。具体包括：影响劳动力进一步市场化配置的因素，影响城乡社会和谐发展的因素，影响农村可持续发展的因素，以及影响人口与资源环境和谐发展的因素等等。从20世纪90年代末到21世纪的第一个10年之间，我们党就城镇化进程中产生的一系列问题予以科学应对。从宏观层面的西部大开发战略，到微观层面的农民工市民化，无不彰显我们党对这一时期人口治理的重视和关切。以农民

① 数据来自中华人民共和国国家统计局网站，http://data.stats.gov.cn/easyquery.htm?cn=C01。

工市民化为例，这一项改革就涉及进城务工农民的户籍、社会保障、教育、就业等多领域问题。党的十八大以来，为了进一步巩固在城镇化进程中的重大治理成果，进一步解决新时代城镇化进程中的新问题新矛盾，我们党制定并实施了新型城镇化道路。党的十八届三中全会作出了《中共中央关于全面深化改革若干重大问题的决定》(以下简称《决定》)，指出“必须健全体制机制，形成以工促农、以城带乡、工农互惠、城乡一体的新型工农城乡关系”。这是新型城镇化道路的顶层设计。2013 年 12 月 12 日—13 日，中央城镇化工作会议在北京召开，会议明确新型城镇化要“以人为本。推进以人为核心的城镇化，提高城镇人口素质和居民生活质量，把促进有能力在城镇稳定就业和生活的常住人口有序实现市民化作为首要任务”。[①] 不难发现，从传统(粗放式)的城镇化走向新型城镇化，核心的转变在于注重“以人为本”。党的十八大以来，在大国人口迁移治理方面，我们党引领的新型城镇化道路，深刻把握了“以人为本”这一新型城镇化道路的中心要素。

党的十九大以来，在人口的迁移与人口流动问题上，我们党有了更加深入的认识。2018 年 9 月 21 日，习近平总书记在中共中央政治局就实施乡村振兴战略进行第八次集体学习时强调:“没有农业农村现代化，就没有整个国家现代化。在现代化进程中，如何处理好工农关系、城乡关系，在一定程度上决定着现代化的成败。”[②]这一认识，把农村的发展提高到了前所未有的高度。我们党对于城乡关系、农村现代化的认识的深入，与人口迁移与人口流动对城乡发展产生的深刻影响有密切关联。新时代，人口迁移与流动对城乡发展的影响更加突出地表现在发展中的不平衡上。应对发展中的不平衡，也就成为新时代我们党进行人口治理的一个重点任务。这里所说的城乡发展不平衡表现在诸多方面，其中一个比较突出的表现就是城乡劳动力资源配置的不平衡。在此之前，在劳动力城乡分配问题上，农村的角色常被形容为现代化建设的“蓄水池”和“稳定

① 《十八大以来重要文献选编》(上)，中央文献出版社 2014 年版，第 592 页。
② 《习近平关于“三农”工作论述摘编》，中央文献出版社 2019 年版，第 42 页。

器”：一方面，农村劳动力为城镇现代化建设提供劳动力源泉；另一方面，它为进城失败的农民提供了返乡返耕的退路。这两大功能更多地指向城镇经济发展和城镇现代化建设。随着“农业发展中农户兼业化、村庄空心化、人口老龄化等问题日益凸显”[①]，解决“农业后继者”[②]来源问题逐步显示出紧迫性。2018年，中共中央和国务院制定并印发了《乡村振兴战略规划（2018—2022年）》（以下简称《规划》），使职业农民制度由顶层战略部署转化为顶层制度设计。《规划》明确表达了要“让农民成为有吸引力的职业”的战略愿景，提出要“培养新一代爱农业、懂技术、善经营的新型职业农民”[③]的任务目标。全面建立职业农民制度的核心内容是建设一支与现代化农业相匹配的农业劳动者大军，将农业劳动者素质提升到符合现代化农业要求的水平。可以说，职业农民制度是一项“人才兴农”的制度，是应对因粗放式人口城镇化而产生的城乡劳动力资源配置不平衡的制度应对。在人口迁移和人口流动的治理上，乡村振兴战略是新时代我国人口治理的一个重要的顶层设计，它为新时代的人口治理提供了重要的遵循。

（四）基于“未备先老”的人口与经济发展态势而实施人口老龄化治理

判定一个国家或地区是否为人口老龄化社会，国际上有统一公认的标准：当一个国家或地区60岁以上人口占总人口比重超过10%时，这个国家或地区就处于人口老龄化社会。在这一标准下，我国于2000年便已进入人口老龄化社会。在此之后，我国的老龄化进程步入持续且高速的发展时期，其中从2010年到本世纪中叶的40年左右时间格外显著。根据国家统计局人口抽样调查样本数据，2016年中国60岁及以上老年人

---

① 叶俊焘、米松华：《新型职业农民培育的理论阐释、他国经验与创新路径——基于农民现代化视角》，《江西社会科学》2014年第4期。

② 朱启臻、杨汇泉：《谁在种地——对农业劳动力的调查与思考》，《中国农业大学学报》（社会科学版）2011年第1期。

③ 中共中央、国务院：《乡村振兴战略规划（2018—2022年）》，2018年。

口数量达到2.3亿人，占总人口比重约16.7%。[①] 联合国人口预测结果显示，到21世纪中叶，中国老年人口占总人口比重将翻一番(升至35%左右)，老年人口规模将增至4.5亿左右，其中80岁以上高龄老人将达到1亿人，并在随后的半个世纪持续在这一高位。[②]

我国进入老龄化社会，背后的原因是多方面的。其一，人口代际更迭效应。20世纪80年代中后期开始，我国出生人口已急剧下降。这也就意味着本世纪以来我国逐步进入婚育年龄的人口规模也相应地下降。其二，生育意愿、生育模式和生育行为已进入低生育模式。人们在生育上的转变，是经济社会文化发展进步的结果，其中包含了我国妇女的社会地位和家庭地位的提高这一重要因素。同时，也要注意到计划生育政策对生育意愿、生育模式和生育行为转变所起到的加速和促进作用。其三，我国人口健康水平，尤其是平均预期寿命的大幅提高。这一提高的结果是老年人口的规模及其占总人口的比重均表现出上升态势。

与当今世界上其他老龄化国家相比，我国的老龄化进程具有独特性。中国老龄化进程大体具备四大基本特征：老年人口规模大、老龄化进程快、高龄化显著和老龄化地域差异大。可以说，人口基数大和人口老龄化构成了新时代中国人口基本国情的主要内容。中国在应对人口老龄化挑战之时，必须结合自身的基本国情予以应对。仅就当前而言，如何让现有的2.3亿老人安度晚年，已是世界上绝无仅有的大工程。而到21世纪中叶，中国80岁及以上高龄人口的数量相当于届时发达国家高龄老人数量的总和。老年人以及高龄老年人规模之大，可以预见中国进行老龄社会治理的挑战之大与难度之高，并非发达国家的治理经验所能照搬套用，中国必须有老龄社会治理的自我主张。

也正是基于我国老龄化进程的独特性，在我国人口老龄化与经济社会发展的关系上，也表现出世界其他老龄化国家所未曾有过的特殊性。

---

① 国家统计局人口抽样调查样本数据，http://data.stats.gov.cn/easyquery.htm? cn=C01。

② 预测数据来自联合国人口预测中等生育率方案，http://esa.un.org/unpd/wpp/index.htm。

这种特殊性形象地表现为，我国的人口、经济、社会的发展关系处于“未备先老”的阶段。其一，经济上的“未富先老”。在中国人口老龄化进程最快的2010—2050这40年里，中国的经济实力和财富积累远远低于发达资本主义国家经历同等老龄化水平之时的富裕程度。而在当下，中国经济实力和财富积累的缺口更为明显。当前70岁以上的中高龄人口出生在中华人民共和国成立以前，因出生和成长的时代背景所致，这几代老人的财富积累极其薄弱，养老所需的种种资源将更多地依赖于社会、政府和家庭。继续保持稳定的经济增长是缩小“未富先老”缺口的关键途径[①]，而要在全球经济下行压力的背景下做到这一点，中国面临的治理难度相比先期老龄化国家更大。其二，老年人日益增长的美好生活需要同不平衡不充分的老龄事业和老年产业发展之间矛盾显著。具体表现为：养老、医疗和长期照护等基本公共服务方面处于资源短缺、供不应求的现实处境；老年产业处于萌芽阶段，老年消费水平的提升受制于老年产业发展的滞后[②]；全社会的老年观普遍落后，在构建养老、孝老和敬老政策体系和社会环境方面还有很大的提升空间。这些是中国开展老龄社会治理必须清醒认识的现实问题。其三，社会制度和社会运转方式滞后于人口转型。以社会保障制度为例，中国从20世纪90年代中期才开始建立现代意义的社会保障制度。在此之前，中国的社会保障依托并承载于单位雇佣关系和家庭血缘关系。德国俾斯麦政府早在19世纪就设立了社会保障制度，英国实施贝弗里奇计划距今已70多年，中国的社会保障制度远远落后于西方。中国将在21世纪中叶建成富强民主文明和谐美丽的社会主义现代化强国，高质量的社会保障将是中国作为社会主义现代化强国的“标配”，这是未来30年中国老龄社会治理的任务目标。作为一个发展中国家，中国要在如此短的时间内走出“未备先老”和“慢备快老”的发展阶段，要把整个国家的社会制度建立和完善起来，要把整个社会的运转方式调整为“适老模式”，必须要在治理创新、治理速度和治理智慧中体现中国

① 蔡昉：《人口转变、人口红利与刘易斯转折点》，《经济研究》2010年第4期。
② 乐昕：《老年消费如何成为经济增长的新引擎》，《探索与争鸣》2015年第7期。

选择。

党的十八大以来，我们党对于老龄化社会的人口治理高度重视，采取了一系列符合国情、科学有效、高瞻远瞩的应对措施。具体包含了以下几个重要的方面。一是计划生育政策的调整与优化。我国从2013年开始正式启动对计划生育政策的调整，至今为止已经进行了两次重大的调整。第一次调整是在2013年中共十八届三中全会上，会议决定实施“单独二孩”政策，即夫妻双方只要有一方是独生子女即符合生育第二个孩子的条件。第二次调整是在2015年中共十八届五中全会上，会议提出“全面二孩”政策，即全面实施一对夫妻可生育两个孩子。随着这两项重大改革在各省市的具体落实，我国计划生育政策的调整也进一步得到完善，这是党中央在基于我国人口发展形势和社会经济发展形势的基础上做出的重大战略决策。二是延迟退休年龄政策的研制与实施。2013年11月党的十八届三中全会通过了《中共中央关于全面深化改革若干重大问题的决定》(以下简称《决定》)，《决定》指出要“研究制定渐进式延迟退休年龄政策”。[①] 此后，国家人力资源和社会保障部出台并阐释了延迟退休年龄政策的总体方案。此外，还包括健康中国战略的开发与实施，以及基层社区老龄社会治理体系的建立等等。这些重要的制度举措，为应对人口老龄化所产生的经济社会发展挑战起到了行之有效的作用，是新时代我国人口治理取得的新成果和新智慧。

三、中国共产党人口治理的基本经验

大国人口治理是一门大学问。对于这个大学问，中国共产党带领全党全国各族人民进行了长期的探索和不断的总结，走出了一条符合中国基本国情的人口治理道路，形成了一套极具中国智慧的人口治理经验。归纳而言，新中国成立以来，中国共产党人口治理所取得的基本经验可以用“三个同步”来描述。

---

① 《中共中央关于全面深化改革若干重大问题的决定》，《人民日报》2013年11月16日。

第一，人口治理与国家发展战略相同步。综观上述演变历程，我们不难发现，新中国成立以来，我们党的人口治理充分体现国家发展的时代需要，充分满足国家发展的战略需求。我们党在人口治理问题上的思路是一脉相承的，即各个时期我们党的人口治理都是为了顺应时代需要，为了解决时代问题，其最终目的都是为了让人口发展与经济社会资源环境的发展形成和谐关系和互促关系。

第二，人口治理与人民美好生活向往的实现相同步。我们党治国理政，归根到底是为了实现人民对美好生活的向往。人口治理作为治国理政的重要组成部分，同样以实现人民对美好生活的向往为治理目的。新中国成立以来，我们党的人口治理在目标、宗旨和原则等方面均体现出“为人民谋幸福、为国家谋富强、为民族谋复兴”。

第三，人口治理与国家治理体系和治理能力的现代化相同步。在新中国成立以来的各个发展阶段之中，我国面临的人口问题是不断变化的，也日趋复杂。人口问题本身的这个特征属性决定了我们党的人口治理也要与时俱进，要不断探索新方法、新思路、新对策。新中国 70 多年的人口治理历程充分表明，人口治理是国家治理体系和治理能力现代化的一个重要标志。举例来说，我国能否在 21 世纪成功应对老龄化社会所带来的一系列经济社会挑战，就是考验我们党人口治理能力的一个具体体现。在老龄化社会作为新时代社会发展新常态的背景下，我们党如何带领全党全国各族人民解决劳动力的结构性短缺，克服养老金可持续运转的压力，以及实现“老有所养、幼有所育”的愿景，都是体现和考验我们党的人口治理能力的，都是体现和考验人口治理体系发展水平的。

总而言之，人口治理事关国家和民族的前途和命运，事关家庭和个人的幸福感和获得感。对于这样一个重要的领域、重要的问题，我们要深入理解和把握它，要结合我们党执政的历程、国家的发展历程、经济社会各个方面的发展历程等来系统地学习它和科学地认识它。

文化篇

第十三专题　中西文化论争与中国文化建设

改革开放以来的40多年，也是中国共产党不断探索国家发展道路的40多年。从参照如南斯拉夫模式、匈牙利模式、日本模式、“亚洲四小龙”模式等发展模式的起步阶段，通过渐进改革实践之中的不断试错与纠错，中国逐渐地形成了适合本国国情的发展模式，进而步入具有自觉自主意识的相对成熟阶段。在1997年的亚洲金融危机之中，同深受西方新自由主义影响的一些东亚和东南亚国家所遭受的重创相比，中国经济独树一帜，并未受到太大冲击。在进入新世纪之后的2008年，世界大部分国家深受爆发于美国次贷危机的全球性金融危机的打击，中国在及时有效的应对之后，也很快摆脱外部不利影响，继续维持高速发展。在这两次挑战带来的考验之中，中国发展模式的总体正确性得到了印证，虽然在局部方面需要不断完善，但无论是执政者，还是普通民众，拥有了越来越多的自信。由此，在2008年前后，有关“中国模式”“中国道路”提法的出现以及围绕这一提法进行的讨论，是中国探索自身发展道路的自然结果。在今日，如何规划下一步的中国发展方向？是继续简单地模仿“西方”，还是坚定自信，探索适合不同于欧美、适合中国自身的“多元现代性”，乃是中国不得不面对的重要问题。

由此，以“中国模式”“中国道路”的讨论为契机，如何研判当下中国的发展经验和发展模式，是中国共产党治国理政所涉及的重要理论问题。然而，特定的发展经验和发展模式都是在一定的文化脉络和文化背景之中展开的，既受到诸多承继性文化因素的潜移默化影响，同时又有进一步引导和塑造文化发展的迫切需要。因此，分析国家发展经验和发展模式的积累和形成，也就非常有必要厘清其所处的文化脉络和文化背景，在彰显出潜在的承继性文化因素的同时，根据当下文化讨论和实践问题，挖掘出新的文化因子，用以满足国家文化建设的现实需要。结合人们对中国发展经验和发展模式的讨论，来反思背后的宏观文化脉络和文化背景，并尝试从中提出具有启发意义的新资源，也是理解和研究中国共产党治国理政工作的应有之义。尤其是，为了探索“多元现代性”的可能性，理解“中国道路”的正确性，我们可以从具体案例着手，从百余年前有关中西方文化论争开始谈起，分析中国文化变迁的内在脉络，并基于这一脉络，来理解改革开放以来的若干文化讨论和文化现象，寻找新的文化因素和文化方案。

一、梁济之死及其东西方文化论争

在民国初年的思想文化界，梁济自沉是一件引起舆论界广泛讨论的事件。1918 年 11 月 10 日，在 60 岁生日前夕，梁济投北京城北积水潭（现今的静业湖）自尽，他的遗书《敬告世人书》在公布之后，引发社会公众对“国性”、东西方文化和中华文明前途命运的思考。民国初年的著名文人，如梁启超、陈独秀、胡适、徐志摩等，都在报刊上发文讨论、争辩梁济之死的思想文化意义。

梁济，蒙古族，1859 年生于北京。在 8 岁时，他的父亲病殁，此后家道中落，最终是在嫡母的抚养下长大成人。他的嫡母是一位出身官宦、精通诗文的大家闺秀，承担了梁济的所有童蒙教育。相对而言，梁济的天资平平，到 27 岁方才考中举人，两次参加会试，但都未能上榜。由于家庭条件比较差，梁济做了十几年私塾先生，到 40 岁才进入官场，担任过晚清政府时期内阁中书和候补员外郎（这两个职务的级别比较低）。梁济自小接受儒家经典教育，不但坚信传统儒家价值，而且养成了端正、笃实、坚毅、入世的儒家知识分子的气质和品格。面对晚清政府的腐败无能，梁济深深地鄙视故步自封的保守派，在思想上产生强烈的变革愿望，呼吁人们学习西方和西学，曾劝自己教授的学生出洋学习。早在甲午战争之前，梁济就表示出要求改革变化的态度和立场，甚至比后来的康梁改良派更加热衷于学习西方的改革运动。在孩子的教育问题上，他也有非常开明的立场。作为梁漱溟之父，梁济一反当时习俗，并没有把他送到那时仍旧普遍的传统私塾，学习背诵《百家姓》《千字文》《论语》《孟子》，而是将其送进新式学堂，学习《地球韵言》、英文字母。梁漱溟晚年回忆道，他是到了高中阶段在年长同学的影响之下才开始诵读、研究四书五经等儒家经典的。尽管在清帝逊位之后，梁济曾深感不安，但他最初还是对辛亥革命后的民国宪制具有一定的期待，认为从西方引进的先进制度存在着改变积贫积弱中国面貌的可能性。他说："(余)决非反对共和，而且极赞成共和。"

如果说，梁济并不排斥学习西方的潮流和运动，甚至拥护、参与其中，但为什么又会在"殉清"的迂腐名义之下抗拒时代潮流、选择自杀？他的自杀又存在何种意义？梁济的自沉引起民国舆论界的争论。社会学家陶孟和认为，梁济自杀是出于两种误谬思想，一是拿清朝当国家，二是错误认为自杀能唤醒国民。陈独秀认为，梁济是想用对清殉节的精神来提倡中国的纲常名教，拯救民国初年社会的堕落，其为理念献身的勇气值得称赞。梁漱溟认为，其父的自杀部分是因为年老"精神先衰"，未能跟上时代潮流。胡适则认为，梁济跟不上时代大潮的例子警醒人们要养成欢迎新知识新思想的习惯。徐志摩则认为，梁济不是因为被旧礼教的迷信束缚做出自杀的选择，而是为了高于个人的民族精神的担当去从容赴死，因而是值得尊重的。无论怎样，这些评论相对于梁济自杀只是旁观的注脚而已，最值得重视的是梁济本人的解释。

尽管梁济本人宣称，"梁济之死，系殉清而死也"，但他并非顽固的清朝遗老，所谓"殉清"的说法其实有着更加复杂的考虑，并不简简单单地就是恋旧主的愚蠢行为。在遗书中，梁济这样解释了自杀的深层动机：

吾因身值清朝之末，故云殉清。其实非以清朝为本位，而以幼年所学为本位。吾国数千年，先圣之诗礼纲常，吾家先祖、先父、先母之遗传与教训，幼年所闻，以对世道有责任为主义。此主义深印于吾脑中，即以此主义为本位，故不容不殉。

今人为新说所震，丧失自己权威。自光、宣之末，新说谓敬君恋主为奴性，一般吃俸禄者靡然从之，忘其自己生平主意。苟平心以思，人各有尊信持循之学说。彼新说持自治无须君治之理，推翻专制，屏斥奴性，自是一说。我旧说以忠节孝义范束全国之人心，一切法度纪纲，经数千年圣哲所创垂，岂竟毫无可贵，何必先自轻贱，一闻新说，遂将数十年所尊信持循者弃绝，不值一顾，诟辱自家学理。

从梁济的自述之中，我们可以看出，他的自杀的确是为了自己所坚信的儒家纲常伦理——“国性”。在梁济自杀之时，正值新文化运动的初期，先进知识分子为了使来自西方的“人权”“民主”“自由”“科学”等新价值和新学说更快地、更彻底地引入中国，改造旧中国的社会、文化，培养新的国民，从而对被视为革新障碍的封建礼教展开了激烈批判。其实，新文化运动并不一般地反对所有传统思想与文化，其主要针对的是在漫长中国历史上形成的儒家礼俗制度与观念，但新文化运动不可避免地否定了作为儒家礼俗思想来源的孔子及其思想。如新文化运动主将陈独秀所说：

“我们中国多数国民口里虽然是不反对共和，脑子里实在装满了帝制时代的旧思想”；“如今要巩固共和，非先将国民脑子里所有反对共和的旧思想（孔教），一一洗刷干净不可”。

“妄欲建设西洋式之新国家，组织西洋式之新社会，以求适今世之生存，则根本问题，不可不首先输入西洋式社会国家之基础，所谓平等人权之新信仰，对于与此新社会、新国家、新信仰不可相容之孔教，不可不有彻底之觉悟，猛勇之决心，否则不塞不流，不止不行！”

倡导学习西方文化的启蒙知识分子的理论批判在社会层面形成了强劲的反传统运动，他们宣扬的西方个人主义、权利主义思想也在青年中得到普遍流行，造成了中国社会在较短时期中新旧伦理之间的尖锐、激烈冲突，并最终沉重打击了儒家礼俗和价值观的往日权威。然而，由于缺少充分的理论讨论和相应的制度规范，急速引入的民主平等、个人独立、思想解放等新思想不但难以在短时间之内塑造出优秀的国民品质和良好的社会政治秩序，反而为在这些价值观的名义下施行的不道德、不体面的末流行为打开了闸门。

在这一背景下，笃信儒家伦理的梁济自然感到深深受挫和失望。美国学者艾恺(Guy Salvatore Alitto)评论说，“他在慈母膝下接受的儒家信条和这个礼崩乐坏的现实形成了鲜明的对照”。因此，他是为“国性沦丧”(中国立国之道、孔孟之道)而自杀的，一方面表达对时下潮流的激烈反抗，另一方面以此惊世之举来警醒国人对“国性”的深思与维护。维护儒家伦理价值是他选择自杀的核心因素。面对清末至民国初年快速又巨大的动荡的社会现实，他以往抱有的救国与建国构想几无实现的可能，新的国会政治又令他深深失望：“一般议员乃全非素日心中想望之议员，全不以救民救国为心，不成事体，凡吾国所最尊重之道德，皆彼辈之所贱视……私欲迷心，躁嚣悖谬，除党争兼纵欲外，一无所知……议员大失人望。”在自沉前几日，梁济曾问梁漱溟说：“这个世界会好吗?”基于对民国政治和新文化运动的观感和判断，他对中国社会发展的方向和前途表现出了浓重的悲观主义情绪，这一悲观情绪是他做出自杀选择的间接原因。

梁济为了捍卫“国性”而自沉，向人们提出的更关键的问题是，中国如何在东西方文化之间进行选择？或者，东西方文化的关系是什么？在新文化运动伊始，民国思想界关于东西方文化关系的讨论就已经如火如荼地展开了。代表新文化运动的思想者显然是站在坚持西方文化优越论的立场之上的。在《东西民族根本思想之差异》一文中，陈独秀认为，“西洋民族以战争为本位，东洋民族以安息为本位；西洋民族以个人为本位，东洋民族以家族为本位；西洋民族以法治为本位、以实利为本位，东洋民族以感情为本位，以虚文为本位”。从当下竞争激烈的世界大势来看，陈独秀认为，学习西方文化显然是救国救民的唯一出路。其他主张西化的学者，也大都持有类似看法。相对于陈独秀等西化派，杜亚泉等中间偏保守的思想者则持中西调和论，认为东方文化在现代社会之中仍有自身价值，可以被发扬用以弥补西方文化的不足之处，而第一次世界大战对欧洲文明的摧毁性后果已经暴露了一味崇尚“理性”“科学”的近代西洋文明的缺陷。杜亚泉说，“以为西洋文明与吾国固有之文明，乃性质之异，而非程度之异；而吾国固有之文明，正足以救西洋文明之弊，济西洋文明之穷者……至于今日，两社会之交通，日益繁盛，两文明互相接近，故抱合调和，为势所必至”，面对杜亚泉排斥西方现代文明而弘扬中国固有文明的主张，陈独秀质疑说：“今后果不采用西洋文明，而以固有之文明与国基治理中国，他事之进化与否且不论，即此现行无君之共和国体，如何处置?”杜亚泉担心来自西方的现代文明导致中国的“国基”丧失，因而要维护固有的“国基”。陈独秀却恰恰为这样的“国基”阻碍民主共和的健康成长而痛苦，进而要全力破坏的，正是这几千年专制政治得以维系的思想文化基础。《新青年》和《东方杂志》围绕着东西方文化关系展开的争论，把梁济自杀所触及的中国问题推向了深处。时至今日，中国在选择发展道路之时，也需要回过头来重新思考这些先驱者们遭遇到的大问题。

二、儒家传统复苏与生机：读经运动

在 80 年代后期，中国的改革开放已经进入社会经济结构的深层调整阶段，一波波的改革举措在推动社会向前发展的同时，也对旧有的生活方式和利益结构造成很大冲击，不可避免地给社会带来阵痛。处于急速转型的节奏之中，普通民众的价值观也不得不经历动摇、瓦解和重构的过程，因而无论是对于个体，还是整个社会，在价值真空和行为失范的背景下，都显得日益迷失，没有明确的方向。在这一处境中，一些富有使命感的知识分子为伦理秩序的紊乱和价值观的危机感到忧心忡忡。出于传统的“以正人心为大根本”的现实关怀，一些知识分子纷纷倡言重建社会价值信仰体系建设的必要性和迫切性，由此拉开了再造文化规范的序幕。在这一时期，针对作为中国传统的儒家伦理和文化，出现了同五四以来反传统主义观点不同的声音，甚至一些学者转身成为儒家思想复兴的"代言人"。到了90年代，儒家思潮开始汹涌而来。一些对于传统文化不以为然的学者，也开始认为儒家传统是当代中国社会之中的客观实在，应该予以严肃对待。然而，关于儒家伦理与现代性之间的关系，学者们众说纷纭，产生了较为激烈的争论，但也因此扩大了儒家思潮的影响。如果说，1980年代初期仍然持续着对于西学的追捧和热爱，到了80年代末、90年代初期，传统的国学文化热便成为越来越响的声音。

自1980年代至1990年代，对于儒家传统文化的争论确实已经突破了狭隘的文化圈，逐渐从理论的殿堂走向民间社会，并且掀起了以传统文化教育为核心的文化浪潮，基层社会兴起了"读经运动"。[①]"读经运动"较早的倡导者为国学大师牟宗三的弟子、台湾新儒学者王贵财。1994年，王贵财博士针对"重知识、轻文化"的少儿教育观，结合儿童长于记忆、弱于理解的特点，倡导"儿童读经"，即从我国传统文化中选取诸如《三字经》《弟子规》《论语》《大学》等四书五经以及《道德经》等经典读本，不做讲解，只要求儿童诵读。因其方法简单易学，效果也好，旨在通过经典诵读，提高少年儿童的文化底蕴和道德修养，一时在大陆反响很大。1998年，在著名社会活动人士南怀瑾先生、中国青少年发展基金会、中华孔子学会、ICI国际文教基金会（香港）与社会各界人士的共同推动下，中国的少年儿童"读经运动"逐渐形成。据《中华读书报》载，目前中国已有近两千万少年儿童参与读经，四书五经正逐步走向中小学课堂。另外，在中国有些地区，还兴起了一种以儒家的《论语》《孟子》《大学》《中庸》《三字经》《百家姓》《千字文》等作为基本教材的教育机构，被人们称为"现代私塾"。[②]

从西方哲学研究转向阳明学研究的蒋庆先生，也是"读经运动"的支持者。他编纂了"中华文化经典基础教育诵本"丛书（含12册诵本），并积

① 石大建：《当代民间读经运动兴起的几种解读视角》，《孔子研究》2010年第2期。

② 参见叶飞：《现代性视域下的儒家德育》，北京师范大学出版社2011年版。

极推广教材的使用。但是,“读经运动”让人联想起民国初年的“尊孔复古”运动,开始引起越来越多的争议,赞成者有之,批评者也不少。留美学者薛涌撰文《走向蒙昧主义的保守主义》,激烈抨击蒋庆先生的主张。另外一些大陆学者则撰文支持“读经运动”。蒋庆回应认为:“西方自由主义的教育理论,即要启发儿童的理性与自主精神……这是几百年西方自由主义教育理论的老调。但是,这种自由主义的教育理论没有看到,在现实层面圣人的理性与凡人的理性是不平等的。所以,圣人讲的话、编的书——经典——就具有先在的权威性,凡人必须无条件接受,因为凡人的理性没有资格审查圣人的理性,相反只能用圣人的理性来审查凡人的理性,来要求凡人接受。……对儿童来说,经典的学习必须进行某种强制,家长老师的严厉要求与督促就是强制。用中国的话来说,经典的学习不能让学生‘放羊’,自由主义的教育理论就是让学生‘放羊’。”[①]他对读经必要性的论证,实际上批判了自由主义关于个人自主性的假设。

学者刘海波以同样的口吻认为:“经验和历史却告诉我们,道德习惯和修养,不是自然而然形成的,而是教化的结果。正确的是非观念,良好的习惯,不是儿童的天性,而是日积月累的灌输甚至适度惩戒的结果。要培养孩子成为有用的、品行良好的社会成员,不是使他从小就怀疑一切,以自己为中心成为裁量一切的尺度,而是不加怀疑地学习和继承一个源远流长的伟大传统。只有在传统中,才有进行边际批评的资格和可能。知识的获得不是起始于怀疑,而是相信。不一定是理解了才相信,也是相信了才有可能理解。”[②]

学者秋风认为,“唯理主义者相信,理性就是要怀疑一切,当然包括传统和经典,只有通过怀疑,才能取得进步。但是,唯独理性、进步本身是不可被怀疑的,因而,被尊奉为至高无上的价值,成为一种拜物教……由此,那些唯理主义者和进步主义者,便在不知不觉间堕入了他们声称正在反

---

① 蒋庆:《读经与中国文化的复兴——谈儿童读经面临的问题》(2003 年 7 月 7 日),儒家网,https://www.rujiazg.com/article/524,最后浏览日期:2024 年 4 月 1 日。

② 刘海波:《蒙昧的教育理念与传统观》,《南方周末》2004 年 7 月 22 日。

对的'蒙昧主义'之中。他们宣布自己……可以对一切价值进行重估：一切不能经受他们的理性审判的东西，都应当被抛弃"。[①]

可以看出，以蒋庆为代表的"读经运动"的倡导者认为，经典尤其是儒家的经典，是中国传统文化的精华，是中国人安身立命的根本。现代教育的缺点在于"以末为本""以变为常"，忽视传统教育中的智慧，也没有意识到学习经典会在潜移默化中使受教者养成优美人格。在蒋庆等学者看来，孩子背诵儒家童蒙经典作品，将会终身受益。因为少儿时代记诵的内容，会伴随一个人一生，在孩子成人之后自会理解、领悟经典的内容和妙用。儒家的经典教学被认为占据了中国传统教育的主流，造就了中国历史上的精英分子，铸就了中国文化的辉煌。他们也承认，在中国历史上，儒家礼制带来了男女不平等、知识固化、压抑人性等局限。但是，他们尝试把儒家礼制导致的社会政治问题同儒家经典、原始儒家思想区分开来，强调儒家伦理精神价值的恒久性与普遍性，认为儒家伦理仍旧能够为当下中国现实所用。虽然，近年来，"读经运动"和儒学思潮已经大大降温，但是，人们对儒家伦理的真正重视，才刚刚开始。我们认为，对于"读经运动"之中迂腐的、同现代价值相冲突的一面，应该坚决予以摒弃，但是对于其中学习传统文化、历史知识以及有助于增强文化认同、民族认同的那一面，应该予以认可和保留。

三、主流价值观面临的冲击

20 世纪 80 年代初期，是中国知识分子面临思想解放机遇的时代，多种社会思潮争奇斗艳、百花齐放。而这一时期，西方的现代文学思潮开始在我国盛行。中国的知识分子在这一思想异常宽容的时代，将迫切的目光投向西方，西方的"人本主义"和"科学主义"这两大思潮由于"新启蒙"的精神与文化思潮的迫切需求而得以翻译并广泛传播，成为当时启蒙知识分子进行论战的重要话语体系和理论依据。同时，也使得理论家抛弃

---

① 秋风：《为什么不能读经》，《南方周末》2004 年 7 月 22 日。

旧有的范式，竞相提出新的理论范式和研究假说。在这一时期，各种新的方法观念层出不穷，波澜壮阔地涌现出来，甚至“人本主义”和“科学主义”这两大思潮也出现了紧张的对峙、竞争和融合。与此同时，科学理性原则与人的主体性原则也开始成为人们关注、思考的对象，二者之间的冲突与融合也凸显出来。相比之下，浩浩荡荡的西方学术思潮，使思想家们看待世界的方式发生了巨大的变化，它们的出现对我国传统文化观念带来了强烈的震撼，使我国传统的主流价值观直面冲击。

但是，西方对我国主流价值观的冲击不仅仅局限于社会思潮方面，而是在经济、文化等领域的全方面冲击。在这一全球化时期，改革开放的浪潮势不可挡，融入全球化是所有发展中国家的必然选择，在创造经济利益的同时，面临的是西方国家凭借其经济发展上的强大优势，对我国实施文化霸权主义和经济霸权，藉以达到以西方文化为中心统治和操控全球的目的，致使我国的文化主权和经济主权独立性受到巨大冲击。

首先，是文化领域的巨大冲击，西方国家凭借消费文化向我国输出其价值观，进行文化渗透和扩张。比如，西方大众文化凭借电子传媒产品、游戏、社交等网络平台以及跨国公司等一系列的生活消费文化向我国大众输出其价值观，进行文化渗透和扩张。西方大众文化对中国大众文化在某种程度上影响很深，也对中国大众的文化生活和消费方式产生了巨大的影响。同时，大众文化的冲击也来自韩国、日本等周边国家，韩国影视、娱乐以及日本动漫等大众影视文化，很大程度上占据了中国的文化娱乐市场，对人们的人生观和价值观造成了潜移默化的影响，对我国社会造成了剧烈的冲击。新旧价值观面临不可避免的冲突，一方面是盲目对外来新事物（西方价值观）的认同甚至是全盘接受，与之相对的是对传统社会主流价值观的“遗忘”。

与此同时，社会大众普遍出现不正确的价值观，主要表现在：过分追求经济利益而产生的拜金主义；过分追求物质和娱乐而产生的消费主义；过分强调自我而产生的极端利己主义；过分强调物质欲望的满足，而忽略对精神世界追求的物质主义。这些不正确的价值观的传播和扩散，对我国社会造成了巨大的负面影响，使传统主流价值观面临强烈冲击。

我们可以把“范跑跑事件”作为一个典型案例。2008 年 5 月 12 日，我国发生了非常严重的汶川大地震，当时正在四川都江堰光亚学校上课的中学教师范美忠是这一事件的主人公。当发现课桌出现了晃动时，范美忠本以为是轻微的地震，因此叫同学们不要慌。但就在顷刻之间，地动山摇，出现了剧烈的震动。面对着生死危机，范美忠在没有丝毫迟疑的情况下丢下了整个教室的孩子自己逃出了教室，将孩子们的生死置之度外。此事件一出，引起一片哗然，造成了非常恶劣的社会影响，“范跑跑”这一称号便由此而来。5 月 22 日，范美忠本人在天涯发帖《那一刻地动山摇——“5・12”汶川地震亲历记》，该帖子细致地描述了自己在地震时所经历的心路历程以及自己的行为。范美忠写道：“这或许是我的自我开脱，但我没有丝毫的道德负疚感，我还告诉学生，‘我也决不会是勇斗持刀歹徒的人！’”这篇帖子的发表，在网络上一石激起千层浪，操纵着舆论的方向标，造成了非常恶劣的社会影响。“范跑跑”这种面临危机置孩子们生命于不顾的行为，是典型的利己主义的表现，理应受到社会大众的强烈谴责。这一事件的发生，也从侧面反映出，西方大众文化的出现对我国社会中积极向上的主旋律造成的冲击。随着改革开放向纵深推进，不同于社会主流文化的大众文化具有商品性、消费性和娱乐性的特点，经济的纵深发展以及市场体制的转型，使得这一时期个人主义和利己主义兴起，对个人的道德底线造成了严重的侵蚀。

其次，经济领域也面临巨大冲击。改革开放所带来的巨大经济效益，特别是互联网产业的发展，更是把每一个国家，每一个城市，甚至每一个家庭和个人连接在一起。这些改变深深影响着人们的生产方式和生活方式，广大人民群众不但在物质生活水平上得到了极大的提高，家庭财产从无到有、从少到多，同时在思维方式、意识形态等各个领域都产生了极大的转变。

但是，在这一时期，随着我国改革开放的深入，面临着越来越多西方经济霸权上的影响和冲击，对我国民众的生活消费造成了巨大的影响，使得新旧体制之间的矛盾也渐次暴露。从1985年开始，社会中便出现了提倡高指标、强调高消费，甚至是超前消费的思潮。“能挣会花”作为现代人评估标准的观念在社会上成为流行趋势。经济发展的不稳定和不平衡，再加上新旧体制一时之间不可调和的矛盾，导致不间断的摩擦和错位，几度引起经济上的混乱。[①] 置身于改革开放和西方消费文化洪流中的人们，一时间难以形成正确的认识，找不到正确的方向。要么试图成为时代的“弄潮儿”，盲目激进，在金钱至上价值观的主导下，不计任何后果地创造经济利益；要么试图摆脱这一洪流的束缚，盲目悲观，出现强烈的不满情绪，对一切价值追求都存在失落心理。人们的价值意识发生错乱，精神危机严重，再次陷入价值观上的困惑。因此，在这一时期，中国传统的社会主义主流价值观面临着深刻的挑战。

我们可以把三鹿奶粉事件作为一个典型的案例。由于改革开放所带来的经济的迅速发展，乳制品市场转变成一个很大的市场。但是海外的乳制品市场在国内占据着很大的市场份额，在面临海外乳制品市场竞争的大背景下，三鹿奶粉纯粹为了自身的经济利益，不顾产品质量大打价格战，推出了价格不到进口奶粉一半的乳制品，以应付大规模的奶业市场，之后成为国内重要且知名的婴幼儿奶粉品牌，多年蝉联国内自制乳品市场的首位。直到2008年，很多食用三鹿乳制品的婴儿被查出患有肾结石，在随后的三鹿乳制品检测中查出有三聚氰胺。此事件造成因食用三鹿奶粉入院治疗的婴儿近4万人，造成了比较恶劣的社会影响。三鹿奶粉事件，便是无良商家在面对金钱至上的价值观的主导下，丝毫不考虑对消费者所造成的伤害，不计任何后果地追求最大的经济效益，在价值观上发生错乱，造成了严重的社会危害，甚至使一些婴儿付出了生命的代价。

80年代是中国各种思潮相互碰撞、对峙和交融的时期，我们也就不得不面对西方人本主义思潮的冲击。同时，我国改革开放自身所带来的新旧体制间的矛盾渐次暴露，社会不满情绪加剧，金钱至上观念逐渐凸

---

① 严翅君：《八十年代以来我国社会价值体系的转换》，《江西社会科学》1994年第2期。

显，对传统社会主义主流价值观带来了严重的挑战。但是，这一挑战只是暂时性的，在这样的阵痛之后，迎来的便是改革的显著成效和传统主流价值观的复归。

四、寻找多元现代性

一般认为，中国的现代化进程是由于西方资本—帝国主义的入侵而引发的。在西方冲击及其带来的内部变动的挑战之下，传统国家和传统社会旧有的运行逻辑难以为继，社会精英和政治精英不得不改弦更张，开启国家现代化事业，向西方进行学习，来调适和应对内外部新变化。此时，西方列强作为既有的现代化国家，是中国现代化所能学习和模仿的唯一对象。也就是说，由于现代性的普遍因素体现在早发现代化的西方国家之中，我们若要进行现代化，就只能通过学习西方来把握现代性的秘密（科学技术、市场经济、工业化、城市化、教育普及等）。因此，现代化和学习西方成为近代以来中国社会政治发展的核心线索。可以说，自鸦片战争之后的历次救国救民的运动，莫不是以学习西方的形式展开的，所不同的是，在哪些层次上学习西方（器物、制度和文化），以及学习西方的哪些方面。然而，学习西方的确让中国在曲折之中发生了变革，但是也在这个过程中把欧美国家现代化进程的特殊经验和发展模式不自觉地当成了普遍标准和规范，把特殊国情、传统文化等固有的东西看作现代化的绝对障碍。另外，对于西方人来说，他们在早发现代化进程中获得的诸多优势，不但让他们在政治、经济、文化甚至人种上获得相对于非西方世界的优越意识，而且还将欧美现代性中的发展模式扩展为霸权性的、同质化的普遍道路，认为所有正在现代化的社会都将以某种细微差异的形式走到这条道路上来。

然而，无论是 20 世纪发展中国家的发展经验，还是 21 世纪中国历经改革开放 40 多年所发生的变化，都证明现代化的社会并没有走向趋同，并不是所有现代社会都是通过照搬欧美模式实现现代化变革的。正如学者所言："虽然西方初始的现代性计划构成了不同社会现代发展过程的重要出发点和参照点，这些社会却远远超越了现代性原初文化规划的同质化和霸权性的各个层面，远远超越了这一计划的具体轮廓和原初的诸多前提，也超越了在欧洲得以发展起来的哪些制度模式。”[①]因此，开始有学者提出多元现代性的理论，认为现代性都是基于特定社会的历史条件和文化传统，在价值体系、制度和社会运行方式上存在重大差异，现代性是多元变化的、相互竞争的，而且处于不断形成、不断构建的过程之中。中国共产党在改革开放过程中探索出的中国道路或中国模式正是多元现代性的一个范例，它同欧美发展模式是平行的、存在差异的，但同样也是现代性的实现形式。在今天，我们应该摆脱近代以来学习西方过程中形成的中西对立、非此即彼的僵化思维，把现代化理解成基于特殊国情和文化条件不断创造的生成过程，着眼于从中国发展的内在因素来完善中国道路或中国模式。

---

① ［德］多明尼克·萨赫森迈尔、任斯·理德尔，［以］S. N. 艾森斯塔德编著：《多元现代性的反思：欧洲、中国及其他的阐释》，郭少棠、王为理译，商务印书馆 2017 年版，第 13 页。

第十四专题　文化自信与民族复兴

文化兴国运兴，文化强民族强。没有高度的文化自信，没有文化的繁荣兴盛，就没有中华民族伟大复兴。一个民族的复兴需要强大的物质力量，也需要强大的精神力量。没有先进文化的积极引领，没有人民精神世界的极大丰富，没有民族精神力量的不断增强，一个国家、一个民族不可能屹立于世界民族之林。文化自信是一个国家、一个民族对自身拥有的生存方式和价值体系的充分肯定，是对自身文化生命力、创造力、影响力的坚定信念，关乎民族精神状态和社会精神风貌，关乎国家发展进步的动力与活力。随着全球化的不断深化，尤其是面对近代以来西方中心主义及其文化霸权扩张长期占据人类历史和世界秩序中心位置的现实境遇，中国需要更加注重以文化自信为前提和引导的文化软实力建设。

案例：科学技术发展的思想文化条件

科学技术是社会历史的产物，其发生和发展只有在一定的社会背景中才能得到阐释。也就是说，决定一个国家或地区的科学技术产生、发展和变革的原因既有经济和政治制度方面的因素，也有哲学思想、宗教信仰、文化传统以及教育水平方面因素。

在历史上，先进的哲学思想推进了科学技术的发展，而保守的哲学思想却常常起阻碍作用。17 世纪英国和 18 世纪法国的唯物主义思想，为近代欧洲的自然科学提供了崭新的世界观和有效的方法论，有力促进了近代科学的发展。而与此同时中国明清时期的文化专制主义，则在很大程度上是导致中国相对于欧洲科学技术整体衰落的思想原因。科学家所从事的研究活动，总是在特定的哲学文化背景下进行。从古希腊亚里士多德开始，西方哲学就被划分为自然哲学、伦理学和逻辑学等等，这也为(自然)哲学与科学刻画了相对独立又难解难分的“问题域”。文艺复兴时期，培根对科学的性质、结构和功能的论述以及对科学技术社会建制的设想，表明欧洲人对于发展科学技术有着深刻的自觉，为近代科学在欧洲的兴起奠定了坚实的思想和方法论基础。而在以“泛道德主义”的儒家思想居主导地位的中国传统文化中，“修身齐家治国平天下”是最基本的价值追求，这就决定了中国哲学关于自然界的论述都是以隐喻人生为目的的，结果使中国哲学有关自然现象的讨论与研究充满了思辨性、模糊性、神秘性，对探索和利用自然的知识不能做出比较深入的说明，形成比较系统的理论，我们祖先相当丰富的工艺技术知识也就不能提炼成反映规律性的知识。

在欧洲思想文化背景下，宗教是近代科学产生的一个内生性因素。根据默顿的说法，清教主义在信仰与现实之间架起了一座桥梁，因为它隐含着一种世俗的或入世的禁欲主义，将“颂扬上帝”作为思想情感的汇聚中心，清教主义厌弃文学艺术和充满虚假教义的经院哲学，而注重可以获得实用知识的学科，尤其是物理学，一直被认为是从上帝的作品中去理解上帝。正是在新教伦理的引导下，科学研究逐渐变得尊严，变得高尚，成为神圣的事业。重视理性和实验的清教也就这样成了新科学发展的动因。正如默顿指出的：“清教的不加掩饰的功利主义、对世俗的兴趣、有条不紊坚持不懈的行动、彻底的经验论、自由研究的权利，乃至责任以及反传统主义，——所有这一切的综合都是与科学中同样的价值观念相一致的。”

科学技术的发展与文化传统是分不开的，在西方是如此，在中国也是如此。17 世纪近代科学革命为何发端于欧洲？17 世纪至 19 世纪末，经过两次西学东渐，中国为何不能很好地学习、吸收西方近代科学，使中国近代科学落后于西方？对于这些问题的解读，必然涉及一个国家科学发展的社会文化生态。科学与文化之间存在着一种互动的关联机制，一个国家或民族的科学发展受社会文化的影响既久远而又深刻。以牛顿经典物理学的创立为标志的近代科学革命之所以发生在17世纪的英国，这绝非偶然的，与当时英国的经济、政治和文化状况有着密切的关系。就文化传统而言，英国人崇尚实证精神，英国是近代西方哲学“经验论”的故乡，培根、洛克、贝克莱和休谟都是著名的经验论者，英国人的民族心理文化结构可以概括为“经验理性”。英国人在民族心理文化结构上的这一特征，是英国近代经验科学发达的重要原因之一，波义耳、牛顿、哈维、法拉第、达尔文都是以善于观察、实验而著称的科学家。相对于英国人来说，德国人更崇尚思辨精神，其民族心理文化结构可以表征为“理论理性”。康德、黑格尔、马克思、尼采、叔本华以及海德格尔都是作形上之思和建立思想体系的大家，20世纪初出现的爱因斯坦相对论、希尔伯特数学公理化理论、弗洛伊德潜意识理论都带有明显的思辨特征，德国理论科学之发达与德意志民族崇尚思辨的文化传统不无关系。中国传统文化以儒家文化为正统，崇尚道德实践，强调对现实的关怀。海德格尔讲“知死，方知生”，西方人重来世，有着强烈的宗教信仰。孔子曰“未知生，焉知死”，中国人重今生，无真正意义上的宗教。在中国人的生活中似乎并不需要一个超验的、人格化的、全知全能的上帝来求得灵魂的安宁，在对现实的追求中就足以使心灵得到安顿。在儒家思想中，这种肯定现实生活的世界观所关注的是伦理实践。但实用理性并不只是伦理实践，它也同思辨的思维模式形式对照，中国的思维乃至整个中国文化都与实用的东西联系得比较密切。中国文化精神的核心是“实用理性”，而中国的实用理性又与中国四大实用文化即兵、农、医、(技)艺有密切关系。物理学家吴大猷于在《科学技术与人类文明》一文中指出：“一般言之，我们民族的传统，是偏重实用的。我们有发明、有技术，而没有科学。”他认为，中国人引以自豪的“四大发明”是技术而不是科学。中国科学落后西方者，不是个案的技术发明，而是科学探索的动机、视野和方法。

教育是一个国家文化事业的重要组成部分，而教育的发展状况和水平决定了一个国家科学家队伍的质量和数量，决定了科学家队伍后备力量的培养。从事科学技术活动的主体科学技术劳动者，是通过教育造就出来的。教育发展状况的好坏，不仅决定着科技队伍的质量、数量和结构，还决定着科技队伍知识更新的能力及其后备力量的培养。在很大程度上，获诺贝尔科学奖的人数是衡量一个国家拥有做出世界一流原创性成果能力的重要指标。迄今为止，获得诺贝尔科学奖人数最多的前三位国家分别是美国、英国和德国。据统计，1901—2008 年，考察物理、化学、生理或医学的获奖者的国籍情况，其中美国遥遥领先，三大奖项均居世界各国之首，共有 194 人获奖，占世界三分之一以上。英国和德国是第二层次，占世界的 15%左右。美国为何“盛产”诺贝尔奖得主？除了充裕的经费和优越的研究条件、激励创新的科研体制、宽松自由的学术环境以外，就是美国具有一批优秀的科学家队伍，以及培养这个队伍的优良教育传统。早在独立之前，美国就有了哈佛大学、耶鲁大学、普林斯顿大学、布朗大学、哥伦比亚大学等高等学校，1855 年已有大专院校 150 所，到 1885 年猛增至 500 多所，这些教育资源为 20 世纪美国的科技发展和经济起飞准备了充分的人才资源。教育的普及程度决定了科学知识、科学精神和科学方法在社会中的传播、接受和应用，决定了一个民族科学文化素质的水准。科学技术就其本质是没有国界的，任何科学技术成果都可以超出国家和地区的界限，为整个人类所共享。但每个国家和民族享用这些科技成果的能力，取决于该国家和民族的教育水平、教育普及程度，一个国家和民族的教育水平和教育普及程度越高，它接受、消化、吸收和应用这些成果的能力就越强，反之则越弱。教育支持系统可以通过普通教育、继续教育、终身教育等模式，提高民众的整体科学素质，以提高全社会的科技创造能力。

一、文化及其在国家发展中的地位和作用

汉语中“文化”一词的起源可追溯到《易经》，其中有“观乎天文，以察

时变;观乎人文,以化成天下”的说法。古语中“文”这个字原指“纹理”,引申为事物的“道理”;“化”就是“变、改变”。以“人文”,而“化成天下”,用现代用语诠释,就是指用礼仪、风俗、典籍教化天下苍生;就是用人文的道理来教化人、培育人,造就人的世界。英文中 Culture 一词来自拉丁文,它的原始含义是“耕作”“培养”“培育”。“文化”最初是一个用来区别于“自然”的概念,德国哲学家李凯尔特(Rickert)曾说过,“自然事物是自然而然地从土地里生长出来的东西。文化事物是人们播种之后从土地里生长出来的”。“文化”一词后来被用于指称人工的、技艺的活动及其成果,并扩展到风俗习惯、文明制度等。虽然“文化”一词在中西方有着不同的来源,但却显现了共同的内涵,即文化与人的活动有关。文化是人创造的,有了人才开始有文化。因此,文化的实质性含义是“人类化”。说到底,文化就是“人化”和“化人”。“人化”是按人的方式改变世界,使任何事物都带上人文的色彩;“化人”是反过来,再用这些改造世界的成果来培养人、教育人,使人的发展更全面、更自由。

“文化”这个词在当今使用的频率非常之高,但学术界关于文化概念的定义则存在比较大的分歧。在国外学界,据说,在 1920 年之前只有 6 种文化的定义,可是到 1952 年,文化的定义已经多达 160 余个。但总的说来,在这些林林总总的定义中,当属英国文化人类学家泰勒(Tylor)在 1871 年发表的《原始文化》一书中给出的文化定义影响最大,他认为:“文化或文明,是包括全部的知识、信仰、艺术、道德、法律、风俗以及作为社会成员的人所掌握和接受的任何其他的才能和习惯的复合体。”泰勒的定义倾向于文化精神方面的界说,对后世产生了巨大的影响,被视为文化的经典性的定义。改革开放以后,在我国兴起的文化研究热潮中,多数学者认为文化是社会现实在观念形态中的存在方式,是人类社会活动的表现和产物。广义上的文化,是包括知识、思想、信仰、价值、审美、道德、风气、态度、制度等在内的一个十分复杂、相对稳定的精神整体,是人的思维方式、价值尺度、生活方式、制度规范的总和,是决定人的行为及发展的精神力量。

文化具有三个显著的特征，即多元性、民族性和时代性。文化的多元性是指，文化的起源是多元的，不能说世界上的文化是一个民族创造的。世界上存在相对独立的文化体系，说的就是文化的多元性。所谓文化体系是指具备“有特色、能独立、影响大”这三个基本条件的文化。从这一前提出发，季羡林先生认为，世界文化共分为四个大的文化体系：中国文化体系、印度文化体系、阿拉伯伊斯兰文化体系、希腊罗马文化体系。当今世界的人类文化可以概括为西方文化与东方文化两大体系。从宏观上来看，希腊罗马文化延续发展为西方文化，欧美文化都属于西方文化的范畴。而中国文化、印度文化、伊斯兰阿拉伯文化则构成了东方文化。文化的民族性是指，各个民族文化有其共同点，也有不同之处。既然同为文化，当然有其共同点，如内聚性、继承性、变异性等。各民族文化的不同之处也颇为显著，例如，东西方文化在思维方式上就存在着极大的差异，东方主综合，西方主分析。一个民族自己创造文化，并不断发展，成为这个民族的传统文化。各个民族的文化系统包含若干要素，其中包括规范的、认知的、艺术的、器物的、精神的各个方面，体现着本民族传统文化的特色。文化的时代性是指，一个民族创造了自己的文化，同时在发展过程中它又必然接受别的民族的文化，要进行文化交流，这就是文化的时代性。民族性与时代性有矛盾，但又统一，缺一不可。继承传统文化，就是保持文化的民族性；吸收外国文化，进行文化交流，就是保持文化的时代性。文化一旦产生，其交流就是必然的。没有文化交流，就没有文化发展。从古至今，世界上还找不到一种文化是不受外来文化影响的。因此，文化的民族性与时代性这个问题是会贯彻始终的。

当今时代，国家核心竞争力中的文化因素越来越突出，谁拥有了强大的文化软实力，谁就能够在激烈的国际竞争中赢得主动。可以说，提高文化软实力，不仅关系一个国家在世界文化格局中的地位，而且关系一个国家的国际影响力、感召力、塑造力。

文化是一个国家、一个民族的灵魂。对于一个国家、一个民族来说，文化始终是血脉和纽带，铭刻着一个民族的集体记忆，寄托着一个民族的共同追求，民族和国家的认同从根本上说就是文化的认同。文化是引领国家和民族前进的旗帜，民族的觉醒首先是文化的觉醒，社会的进步总是以文化的进步为先导。近代欧洲一批国家的崛起可以说是源自文艺复兴，正是这场思想启蒙运动将欧洲推向了世界文明发展的前列。近代中国重新踏上民族复兴之路，也正是从新文化运动的兴起开始的。历史证明，文化深刻体现着一个民族和国家的创造力、生命力，是民族生存发展、国家繁荣兴盛的精神支柱和力量源泉。

文化是社会文明进步的标识。物质财富和精神文化共同繁荣是社会文明进步的重要特征，经济、政治、文化、社会、生态协同发展是现代化国家的必然要求。随着人类实践的不断深化，人们对文化的地位作用的认识大大提升，文化不仅是现代化建设的重要保证，而且是经济社会发展不可或缺的重要内容和重要目标。比如，从文化在经济发展中的作用看，文化不仅直接贡献于经济增长，而且在提升发展质量中发挥着越来越重要的作用。文化资源日益成为经济发展的基础资源，文化消费日益成为拉动经济增长的重要引擎，文化产业日益成为经济结构调整和转变经济发展方式的重要着力点。

文化是综合国力的重要组成部分。当代世界，文化在综合国力竞争中的地位和作用更加凸显，文化与经济相融合产生的竞争力越来越成为一个国家最根本、最持久、难以替代的竞争优势。许多国家都把提高文化软实力作为重要战略，利用文化展示本国形象、拓展国家利益。美国制定了《国家战略传播构架》，欧盟 20 多个国家发表了各自的文化政策官方文件，日本和韩国也都提出了文化立国的战略。目前，一些发达国家文化产业增加值已占到 GDP 的 15%以上，不仅给他们带来了丰厚的经济利益，而且传播了他们的价值观念，文化软实力成为实实在在的硬实力。

二、中国崛起的文化准备

一个大国的崛起，从根本上说，在于它综合国力的全面提升。按照美国哈佛大学教授约瑟夫·奈(Joseph Nye)的观点，一个国家的综合国力，既包括由经济、科技、军事实力等表现出来的“硬实力”，也包括以文化、价值、意识形态吸引力体现出来的“软实力”。“国民之魂，文以化之；国家之神，文以铸之”。文化是民族的灵魂和血脉，是民众的精神家园。文化兴则国兴，文化强则国强。今天，文化已越来越深刻地熔铸在民族的生命力、创造力和凝聚力之中，成为世界各国综合国力竞争的重要因素，经济社会发展的重要支撑。李洪峰在《大国崛起的文化准备》[①]一书中强调指出：“大国崛起，要有经济准备、政治准备、军事准备，也要有文化准备”，“先进文化在各世界性强国崛起过程中起着根本作用”，“只有创造了领先世界的文化，中国才能走在世界前列”。从历史上看，自哥伦布发现新大陆以来，文化在葡萄牙、西班牙、荷兰、英国、法国、德国、日本、俄罗斯、美国等大国崛起过程中发挥着至关重要的作用，大国崛起须具备四个文化条件，即强化国家意识、增强文化感召力、培养开放的民族心态、坚持思想引领和制度创新。建设社会主义文化强国，必须将文化建设置于经济社会发展大局和世界历史发展脉络下来审视，将新时代中国文化事业发展置于当今世界发展局势和中华民族伟大复兴的时代背景下来思考。当前我国文化“软实力”建设面临着三个历史性挑战，即传统文化现代化问题、民族素质和民族自信心问题、中国文化的国际影响力问题。

进入 21 世纪以来，日益深入的全球化进程将世界更为紧密地联系在一起，中国作为世界上最大的发展中国家，正在向富强民主文明和谐美丽的社会主义现代化强国迈进，中国人民正在积极致力于实现中华民族的伟大复兴。有西方战略学家认为“中国崛起成为一个大国，将是 21 世纪国际关系中最为确定的发展趋势之一”。然而，从历史和现实看，中国真正崛起成为一个世界文明大国，前面还有漫长崎岖的征程。从深层上说，中国现代化道路所面临的未来挑战，还表现在自身文化、文明是否为世界认同的问题。当一个文明的主流文化不能为外人所融入、所认同时，这个文明就不会成为一个世界性的文明，这个国家也不会成为世界性的国家。

---

① 参见李洪峰：《大国崛起的文化准备》，文化艺术出版社 2011 年版。

中国的崛起必然要求中国话语的崛起，中国要成为真正意义上的世界大国，中国文化就要有更多的普适性。中国作为一个有世界影响的大国，所要重建的不是适合于一国一族的特殊文化，而是对人类具有普遍价值的文明。[①] 客观地讲，今天中国文化对世界的影响与中国实际的国际地位不符，中国文化还缺乏世界性的影响力。

英国学者佩里·安德森（Perry Anderson）在讨论全球历史中的霸权演变时，提出要区别两种不同的权力：支配权与霸权。支配权是一种通过强力（force）的权力，而霸权则是一种通过合意（consent）的权力。霸权不仅建立在强力基础上，而且也是建立在文化优势之上的权力体系。霸权的真正内涵在于知识与道德的领导权，即所谓的话语权。在全球政治舞台上，一个国家假如只有经济实力，只是一个 GDP（Gross Domestic Product，国内生产总值）大国，它可以拥有支配权，但未必有让其他国家心悦诚服的道德权威。唯有文明大国，拥有话语领导权或文明竞争力的大国，才有可能得到全世界的尊重。英国在 19 世纪称霸全球长达一个世纪之久，这个日不落帝国除了工业革命提供的强大经济力，最重要的乃拥有近代资本主义文明的核心元素：古典自由主义理论及一整套社会经济政治建制。到 20 世纪美国替代英国称霸世界，也同样如此：领先全球的科学技术、高等教育以及典范性的美国价值。而与此相比较，现在的中国文化在世界上的影响力还不强，中国文化在普适性方面还没有达到西方文化的水平，还不能被普遍认同并有效影响世界。世界最终能否接受中国和平崛起、认同中国文化和文明，既取决于中国现代化发展道路能否成功，也取决于中国文化和文明在伦理价值层面能否得到普遍性的认同。

中国的崛起，在今天已不是一个愿望，而是一个事实。今天的中国已经走近世界舞台的中心，但是她将继续往哪个方向发展？吴建民说，中国现在走到世界舞台的中心，全世界都缺乏准备，我们自己更缺乏准备。本来邓小平制定的国策是韬光养晦，不出头，甘于边缘，一门心思搞建设。

---

① 许纪霖：《中国如何走向文明的崛起》，《今日国土》2010 年第 7 期。

而自 2008 年的金融危机以来，西方世界开始衰退，中国则继续高速发展，这一下子让全世界聚焦中国。中国成为与美国同样重要的世界大国，但这将是一个什么样的大国？中国从哪里来，又要往哪里去？这是一个无论如何也绕不开的问题。许纪霖认为，持续了一个半世纪的中国文明危机，至今没有获得解决。进入 21 世纪，中国虽然已经实现了富强的崛起，有了可以与西方媲美的综合国力，然而，文明依然没有崛起，在“改革已经到了深水区”的时刻，在文明抉择上依然在“摸着石头过河”，而且更要命的是不知彼岸究竟在何处。许纪霖在《中国崛起的背后：如何从富强走向文明？》一文中论述了三个问题[①]：第一，晚清以来的强国梦包括两个梦想，一个是富强，另一个是文明。然而，在近代中国大部分历史当中，一直是一个梦遮蔽了另一个梦，即富强压倒了文明。第二，在富强梦的背后，有一整套从上到下都信奉的意识形态，这就是 19 世纪末传入中国的优胜劣汰、适者生存的社会达尔文主义，它深刻地改变了中国的社会、人民的精神状态，也造就了中国的现实。第三，中国崛起之后，最核心的问题是如何从富强走向文明，即为了既不脱离世界的主流价值，又具有中国特色，中国需要一种什么样的文明？许纪霖认为，中国的崛起已经是无可置疑的事实，而文明的道路却依然漫长。

文化归根结底是一定社会政治经济的反映，但同时又具有自身的相对独立性。这种独立性不仅表现在特定的文化可以促进或者阻碍特定的社会政治经济的发展，而且最为集中地表现在文化作为人类精神的凝聚与历史文明的积淀，可以在满足人的内在精神需求、引领社会发展方向等方面发挥不可替代的重要作用。正如恩格斯指出的：“文化上的每一个进步，都是迈向自由的一步。”[②]在这个意义上，文化不仅是综合国力的重要标志，是经济社会发展的重要支撑，而且是民族的血脉，是人民的精神家园，是民族凝聚力和创造力的重要源泉。[③] 历史和现实都告诉我们，要实

---

① 参见许纪霖：《中国，何以文明》，中信出版社 2014 年版。

② 《马克思恩格斯选集》(第三卷)，人民出版社 1995 年版，第 456 页。

③ 李翔海：《中华民族伟大复兴需要中华文化发展繁荣——学习习近平同志在山东考察时的重要讲话精神》，《求是》2013 年第 24 期。

现我国社会主义现代化建设和中华民族伟大复兴的宏伟目标，必须大力加强文化建设，坚持用社会主义先进文化引领全国各族人民奋勇前进。发展社会主义先进文化，是建设中国特色社会主义的应有之义，是马克思主义政党思想精神上的旗帜，是推动我国经济社会发展的必然要求，是实现中华民族伟大复兴的显著标志。一个国家的繁荣昌盛，一个民族的发达振兴，不仅要依靠经济繁荣、政治发展来推动，还要依靠文化力量的提升。在实现民族伟大复兴的过程中，先进的思想文化发挥着不可缺少的支撑和引领作用。

改革开放以来，中国已经创造了经济奇迹，中国的经济崛起已经是不争的事实。但大国崛起离不开文化的崛起，我们要在经济奇迹、经济崛起的同时，实现文化繁荣兴盛，建设中国特色社会主义文化强国。党的十八大以来，习近平总书记在深刻阐释民族复兴中国梦的同时，多次论述了精神文明建设和文化改革发展的重大意义及相关问题。他强调，实现中华民族伟大复兴，需要物质文明极大发展，也需要精神文明极大发展。只有物质文明建设和精神文明建设都搞好，国家物质力量和精神力量都增强，全国各族人民物质生活和精神生活都改善，中国特色社会主义事业才能顺利向前推进；中华民族创造了源远流长的中华文化，中华民族也一定能够创造出中华文化新的辉煌。“文化是一个国家、一个民族的灵魂。文化兴国运兴，文化强民族强。没有高度的文化自信，没有文化的繁荣兴盛，就没有中华民族伟大复兴。”①文化建设在实现中华民族伟大复兴的历史进程中承担着重要的使命，必须以文化改革发展的新举措创造中华文化的新辉煌，推动精神文明与物质文明全面发展，夯实实现中华民族伟大复兴的文化基础。

三、从文化自觉到文化自信

2014 年 10 月，习近平总书记在文艺工作座谈会上的讲话中就提出

---

① 习近平：《决胜全面建成小康社会 夺取新时代中国特色社会主义伟大胜利——在中国共产党第十九次全国代表大会上的报告（2017 年 10 月 18 日）》，人民出版社 2017 年 10 月版，第 40—41 页。

了文化自信和自觉，他说，“增强文化自觉和文化自信，是坚定道路自信、理论自信、制度自信的题中应有之义”。习近平总书记为什么要强调文化自觉？这是因为要实现文化自信首先要有高度的文化自觉。换言之，我们要以高度的文化自觉来推动文化自信。伴随着近代中国的衰落，是国人文化自觉与自信的逐渐丧失。痛定思痛之后，我们开始找回自觉与自信。民主革命的先行者孙中山第一个提出“振兴中华”的口号。也正是中华民族仁人志士的文化觉醒，中华民族伟大复兴的百年宏愿才开始启航。中国共产党从成立之日起，就以高度的文化自觉成为新民主主义文化的引领者和实践者、中华优秀传统文化的传承者和弘扬者、中国社会主义先进文化的倡导者和发展者。正是靠高度的文化自觉，我们才实现了马克思主义中国化的两次历史性飞跃，形成了毛泽东思想和中国特色社会主义理论体系。

“文化自觉”是费孝通于1997年首次提出的一个重要概念，他说：文化自觉是指“生活在一定文化中的人对其文化有‘自知之明’，明白它的来历，形成过程，所具的特色和它发展的趋向，不带任何‘文化回归’的意思，不是要‘复旧’，同时也不主张‘全盘西化’或‘全盘他化’。自知之明是为了加强对文化转型的自主能力，取得决定适应新环境、新时代时文化选择的自主地位。文化自觉是一个艰巨的过程，首先要认识自己的文化，理解所接触到的多种文化，才有条件在这个已经在形成中的多元文化的世界里确立自己的位置，经过自主的适应，和其他文化一起，取长补短，共同建立一个有共同认可的基本秩序和一套各种文化能和平共处，各舒所长，联手发展的共处守则。”①费孝通为什么要提文化自觉呢？“我在提出‘文化自觉’时，并非从东西方文化的比较中，看到了中国文化有什么危机，而是对少数民族的实地研究中首先接触到了这个问题。”②“‘文化自觉’这个概念可以从小见大，从人口较少的民族看到中华民族以至全人类的共同

① 费孝通：《反思·对话·文化自觉》，《北京大学学报》（哲学社会科学版）1997年第3期。
② 费孝通：《关于“文化自觉”的一些自白》，《学术研究》2003年第7期。

问题。"[①]因此，文化自觉实质上是一个民族、一个国家乃至全人类生存发展的问题。1998年，费孝通在北京大学百年校庆时曾写道："在中国面向世界，要世界充分认识我们中国人的真实面貌，我们首先要认识自己，才能谈得到让人家认识我们和我们认识人家。科学地相互认识是人们建立和平共处的起点。人文学科就是以认识文化传统及其演变为目的，也就是我常说的'文化自觉'。在文化传统上说，世界没有一个民族有我们中华文化那么长久和丰富。我们中国人有责任用现代科学方法去完成我们'文化自觉'的使命，继往开来地努力创造现代的中华文化，为人类的明天做出贡献。"[②]

文化自觉作为是思想界对全球化的一种反应和表达，是全球化与本土化互动的必然结果。全球化本质上是现代性的世界性扩展过程及其空间形态，是美国社会学家沃勒斯坦（Wallerstein）所谓"现代世界体系"的扩展。"全球化"不是一个没有价值倾向性的中性概念，不是在任何文化背景下都能实现的。"全球化既源于人类有意识的对象性活动的自由向度，源于人类古老而常新的变革意识和超越精神，更是现代性的普遍效应，是由资本、市场和科技直接推动的。"[③]由资本所推动的世界体系的压力和示范作用，导致了包括中国在内的古老的东方社会一系列普遍而持久的社会矛盾的产生或激化，造成了东方人与西方人迥然不同的文化心态。由于文化的理想和现实的利益冲突纠缠在一起，现代意义上的文化自觉，不仅伴随着东西方"文明的冲突"，还会有各种误读、曲解的发生，形成东方社会对西方的某种情绪化的过激反应。我们今天所面对的全球化，是随着现代信息和电子技术的发展而形成的新一轮的全球化，它紧密联系着"地球村"的概念，因而也就有了"全球化"与"地方性"的相对性。全球化的趋势和性质不仅为各民族之间不同文化的交流和对话提供了前

---

① 费孝通：《关于"文化自觉"的一些自白》，《学术研究》2003年第7期。

② 转引自苏国勋：《社会学与文化自觉——学习费孝通"文化自觉"概念的一些体会》，《社会学研究》2006年第2期。

③ 张曙光：《国学争论与文化自觉》，《哲学动态》2011年第2期。

提，而且要求所有的民族文化彼此开放、取长补短，生成并开显出“共同价值”，为民族也为整个人类未来指示出路。

文化自觉是人类文化面临转型发展的内在要求。当前，整个人类社会正在面临着一个巨大的文化转型时期，这种文化转型不仅仅是针对经济落后的、文化传统的国家，也同样针对经济发达的现代化国家。西方人用现代科学技术制造了一个统一的人工化的物质环境，在这样的基础上出现了一个统一的大的新的文化环境。非西方国家如何去适应这样的一个环境，也就是如何走向世界一体化的问题，是非常困难的，因为各自的文化基础不一样，各自文化发展的初始条件也不一样。即使西方国家也未必适应它们自己造出来的这样一个新的人工的物质环境。也就是说，当今的物质文明和精神文明还并没有真正地协调一致，新的物质文明需要有一个新的精神文明、一个新的文化观念、一个新的道德标准，但迄今为止，这个新的精神文明还没有真正跟上来，还在探索和完善之中。因此，“文化自觉”这一概念的提出，不仅具有历史性的意义，也具有世界性的意义。现代化是一个整体性的社会变迁过程。文化自觉的目的就是为了加强对文化转型、文化取舍、文化选择和文化改造的自主能力，以适应新环境、新时代的发展要求。

文化自觉是加强社会主义核心价值体系建设、实现中华民族伟大复兴的客观需要。党的十七届六中全会要求，“培养高度的文化自觉和文化自信，提高全民族文明素质，增强国家文化软实力，弘扬中华文化，努力建设社会主义文化强国。”文化是民族的血脉，是人民的精神家园。生机勃勃和有活力的文化，应该是代表人类发展前进方向的文化，即无论是从生产力发展、政治制度还是思想文化上，都应该是代表人类发展的前进方向或历史演进的发展趋势。如果说一个国家非常进步、一个民族非常文明、一个政党非常先进，但却在文化上是落后的，这是不可能的，也是不可想象的。文化文明的核心，是价值观和价值体系。树立高度的文化自觉自信，是中华民族文化价值体系建设，尤其是培育和践行社会主义核心价值观的需要。改革开放以来，中国政治、经济、社会和文化的发展路径无不打上了中国传统文化的烙印，中国文化特色是所谓“中国模式”的主要特色之一。提出“加强社会主义核心价值体系建设”“积极培育和践行社会主义核心价值观”，既是中国高层强化国家意识形态认同感和凝聚力的战略性举措，同时也是对国际社会高度关注的“中国模式”的一种积极回应，是要在全面总结中国道路、中国经验的基础上，向世界澄明中国发展模式的核心价值理念。①

要实现以文化自觉为前提的文化自信，首先，要求我们加强对民族文化特征、民族文化传统的识别。文化传统是一个民族在历史发展过程中形成的精神价值成果的总和，它是一个民族的灵魂，是民族身份的重要特征，关系到整个民族的价值、行为和未来。全球化浪潮加速了各民族文化的交往与碰撞，使民族文化的认同问题变得更加尖锐和突出。如果没有对民族文化及其精神的自觉，民族文化就可能被淹没，而全球化中的个人也将失去文化归属感。在思想文化相互激荡的大形势下，防止民族文化被淹没，必须提高民族对文化精神的“自觉”，彰显民族的“文化身份”。其次，要求我们在文化建设上有更开放更宽广的情怀和视野。要走出“文明冲突”的阴影，消除文化中心主义心态，促进文化间的对话、沟通与理解，在各国家、民族、宗教互相尊重、欣赏的态度下，建立一种多极均衡、文化多元共生、各民族和谐共处的“和谐世界”。② “21 世纪人类的重大任务就是跨文化交流。要实现这一任务的前提是人类得有充分的‘文化自觉’。只有文化自觉，才能让人类学会‘对话’和交流，才可以张扬理解和宽容精神。平等的交流和对话能使彼此变成朋友，不同的文化可以互相取长补短，以谋求长久的共同发展。”③最后，还要求我们更加重视中华文明智慧的提炼与传播。2014 年 2 月，习近平总书记在中央党校的讲话中明确提出，“要加强对中华优秀传统文化的挖掘与阐发”，“把超越时空、跨越国度、富有永恒魅力、具有当代价值的文化精神弘扬起来”。中华文明积聚

---

① 吴海江：《中国的崛起：文化准备与核心价值构建》，《思想理论教育》2011 年第 7 期。

② 杜维明：《新轴心时代的对话文明》，《中国哈佛燕京学者 2005 年北京年会暨国际学术研讨会论文集》，北京大学出版社 2007 年版，第 11 页。

③ 阎纯德：《文化自觉与人类和平》，《文史哲》2003 年第 3 期。

了无数先人的聪明智慧和宝贵经验，蕴藏着深厚的社会思想和人文精神。当代中国和世界所面临的种种问题，可以从中华文明的历史遗产和现代成果中得到启发。中华文化精神上追求“天人合一”，政治上崇尚“礼乐教化”，文化上主张“和而不同”，像这样的思想和理念，不论过去还是现在，都有其鲜明的民族特色，都有其永不褪色的时代价值，并且越来越得到世界的认同。将富有中华民族特色和时代特征的智慧提炼、总结出来，以全世界都能接受的理论观点向世界传播，“在世界多元文化的语境下，充分发扬几千年来中国悠久传统文化的优势，对其进行现代诠释，参与到世界多元文化的新的建构之中，更是当务之急”。[①]

四、坚定文化自信，实现民族复兴

从党的十七届六中全会强调“培养高度的文化自觉和文化自信，努力建设社会主义文化强国”，到党的十八大报告指出“要坚持社会主义先进文化前进方向，树立高度的文化自觉和文化自信，向着建设社会主义文化强国宏伟目标阔步前进”，再到党的十九大报告提出“没有高度的文化自信，没有文化的繁荣兴盛，就没有中华民族伟大复兴”的科学论断，标志着我们党在文化建设领域的一次重大理论创新。这既充分体现了党对于文化价值深刻认识的理性升华，又空前彰显了我们党在文化建设上的高度自觉和自信。这种自觉和自信，来自一百多年来中国人对民族伟大复兴道路的探索和实践，体现了当代中国共产党人在价值激情时代所作出的伟大战略抉择。

文化自信是实现中华民族复兴的重要前提。民族文化是一个民族区别于其他民族的独特标识。习近平指出：“中国是有着悠久文明的国家。在世界几大古代文明中，中华文明是没有中断、延续发展至今的文明，已经有 5 000 多年历史了……2 000 多年前，中国就出现了诸子百家的盛况，老子、孔子、墨子等思想家上究天文、下穷地理，广泛探讨人与人、人与社

① 乐黛云：《文化自觉与文明冲突》，《文史哲》2003 年第 3 期。

会、人与自然关系的真谛，提出了博大精深的思想体系。他们提出的很多理念，如孝悌忠信、礼义廉耻、仁者爱人、与人为善、天人合一、道法自然、自强不息等，至今仍然深深影响着中国人的生活。中国人看待世界、看待社会、看待人生，有自己独特的价值体系。中国人独特而悠久的精神世界，让中国人具有很强的民族自信心，也培育了以爱国主义为核心的民族精神。”①“中华民族历来有很强的文化自豪感，只是到了鸦片战争时期，在西方的坚船利炮下，中国沦为殖民地半殖民地，文化自信被严重损害。”②今天，我们要实现中华民族的伟大复兴，就必须恢复我们的文化自信。一个民族的复兴需要强大的物质力量，也需要强大的精神力量。没有先进文化的积极引领，没有人民精神世界的极大丰富，没有民族精神力量的不断增强，一个国家、一个民族不可能屹立于世界民族之林。没有中华文化的繁荣昌盛，就没有中华民族的伟大复兴；没有坚定的文化自信，也不能算实现了民族复兴。

文化自信是实现中华民族伟大复兴的内在基础。一个民族的强盛，需要有共同的精神追求和文化理想。只有坚定文化自信，才能坚定对中华民族奋斗发展的主体地位和价值理想的坚守，才能为实现中华民族伟大复兴奠定坚实基础。我们的文化自信，既是在改革开放 40 多年伟大实践中建构起来的，也是在新中国 70 多年的持续探索中、在近代以来 180 多年的民族发展历程中、在中华民族 5 000 多年悠久文明传承中建构起来的。这从根本上确认了中国人民在选择和实现自身发展道路、坚定追寻民族复兴历史前景上的主体地位。中国共产党是有崇高理想和坚定信念的伟大政党，其所建构和追求的理想是对中华民族“天下为公”“和而不同”“协和万邦”等优秀传统文化的合理继承，是对共产主义远大理想和中国特色社会主义共同理想的坚定承诺，也是对倡导人类命运共同体的务实推进。由此而形成的文化自信，超越了西方中心主义的价值偏执与文

① 《习近平在布鲁日欧洲学院的演讲》，《人民日报》2014 年 4 月 2 日。
② 万群、赵国梁：《坚守发展和生态两条底线　切实做到经济效益社会效益生态效益同步提升——习近平总书记参加贵州代表团审议侧记》，《贵州日报》2014 年 3 月 10 日。

化局限，让中国的发展获得了能够推动人类社会进步、实现人类美好前景的价值和道义的制高点。

文化自信是实现中华民族伟大复兴的现实需要。在当今世界舞台上，不同国家之间的综合国力竞争，说到底是文化的竞争；当代社会及其日常生活领域，不论是共识凝聚还是思想引领，说到底在于文化凝聚和文化引领。要实现中华民族伟大复兴的中国梦，离不开文化自信的磅礴力量和坚实支撑。同时，文化自信也为实现民族复兴提供软实力建设与扩展的坚实支撑。随着全球化的不断深化，尤其是面对近代以来西方中心主义及其文化霸权扩张长期占据人类历史和世界秩序中心位置的现实境遇，中国需要更加注重以文化自信为前提和引导的文化软实力建设，需要更加积极展现具有主体性的文化形态和价值理念，构筑起以中国道路、中国理论、中国制度、中国精神、中国价值、中国方案、中国智慧等为内涵和标识的中国文化软实力的强大支撑。

文化自信是一个国家、一个民族对自身拥有的生存方式和价值体系的充分肯定，是对自身文化生命力、创造力、影响力的坚定信念，关乎民族精神状态和社会精神风貌，关乎国家发展进步的动力与活力。实现中华民族的伟大复兴，需要充分激扬文化自信的强大精神力量。中国人的文化自信从哪里来？当代中国人文化自信的来源主要有三个方面：中华文明的历史辉煌、当代中国的蓬勃发展、文化发展的正确道路。

一个民族的文化自信与其传统文化有着密切的关系。悠久的、丰厚的、创造过历史辉煌的文化遗产，是该民族文化自信的历史依据。中华民族拥有五千多年连绵不断的文明史，我们的祖先在漫长的历史岁月中，以其特有的勤劳和智慧创造了辉煌的文化，为我们留下了极为丰富的文化遗产。中国人独特而悠久的精神世界，让中国人具有很强的民族自信心，也培育了以爱国主义为核心的民族精神。这是身为中国人文化自信的重要来源。为此，我们要从中华民族源远流长、博大精深的优秀传统文化中，奠定我们的文化自信。要通过对中华传统文化的创造性转化来增进我们的文化自信。一方面，要不断提升文化转化的能力。文化自信不仅表现为对优秀传统文化内容与精髓的自信，还表现为对传统文化转化能力的自信。要鼓励大胆创新，营造创新创造的浓厚氛围，不断提升文化原创能力和综合创新能力，使中华传统文化焕发出蓬勃生机；另一方面，要为全人类面临的重大挑战提供中国智慧。坚持用辩证思维看待文化现象，既看到中华传统文化面临现代文化的冲击，又看到中华文化中包含着一些普遍价值，结合现代社会的语境，加以适度转化，提出开创性的理念，为人类文明的发展作出贡献。

文化自信不仅来自本国本民族的历史文化，更来自现实中社会生活的文明进步，来自国家当前发展的整体状态。纵观世界各国，并不是每个国家每个民族都有其漫长悠久的历史和文化，有的新兴国家历史短暂，说不上有什么固有的传统文化，但这并不意味着这样的国家和民族就没有文化自信可言。实际上，往往是那些传统文化虽不悠久但在现代社会发展较好的国家的人们文化自信较高，而那些虽具有悠久历史文化但在现代社会中发展不佳的国家的人们则缺少文化自信。这都说明，一个国家和社会的发展进步的状况是影响国民文化自信更强烈的因素，是更重要的文化自信的来源。经济飞速发展是所谓“中国奇迹”“中国模式”最突出和最令人赞叹的地方。改革开放 40 多年来，中国经济的增长速度和国民收入增长速度，远远超过了世界的平均速度，中国经济社会取得飞速发展，人民生活明显改善，这是举世公认的。这也更加坚定了中国特色社会主义道路自信、理论自信、制度自信乃至文化自信。

当代中国人的文化自信，更具体地讲，主要是指对中国特色社会主义文化的自信。我们要从中国特色社会主义文化建设在整个中国特色社会主义事业发展中的重要地位中，从中国特色社会主义文化发展道路的正确选择中，确立起文化自信。中国共产党历来高度重视文化建设，从革命时期的新民主主义文化建设，到新中国成立后的社会主义文化建设，再到改革开放以来的中国特色社会主义文化建设，可以说一以贯之。在这方面，我们党留下一系列重要的文献，体现了极为丰富的内容。中国特色社会主义文化为文化自信奠定了坚实基石。中国特色社会主义文化是中国共产党领导人民坚持以马克思主义为指导，在继承我国优秀传统文化、吸纳消化国外文化有益成分的基础上，经过综合创新形成的民族的、科学的、大众的社会主义文化。中国特色社会主义文化积淀着中华民族最深层的精神追求，代表着中华民族独特的精神标识，是中国人民胜利前行的强大精神力量，是文化自信最根本的支撑。

总之，我们要从中华文明的历史辉煌中奠基文化自信，从当代中国的蓬勃发展中形成文化自信，从文化发展的正确道路中确立文化自信。对当代中国人来说，树立和增强文化自信至关重要，关系到民族的精神状态和社会的精神风貌，关系到国家文化软实力的提升，也关系到两个一百年目标和中华民族伟大复兴中国梦的实现。我们一定要高度关注文化建设问题，在中国特色社会主义道路自信、理论自信和制度自信的基础上，进一步增强文化的自主性和自信心。

后记

本书是深入学习《习近平谈治国理政》系列著作，探索习近平新时代中国特色社会主义思想进课堂的成果。该辅导教材的编写与出版，得到上海市教委的支持，同时也得到教育部社科中心的支持。本书是教育部示范优秀教学科研团队建设项目，即“习近平总书记系列重要讲话精神和治国理政新理念新思想新战略进思想政治理论课有效机制研究”的阶段性成果。

本书是集体合作的成果。主编杜艳华；具体写作分工如下：序言、第一专题（杜艳华），第二专题（肖存良），第三专题（张晓燕），第四专题（李威利），第五专题（杜艳华），第六专题（薛小荣），第七专题（郝志景），第八专题（陈琳），第九专题（朱潇潇），第十专题（袁志平），第十一专题（宋道雷），第十二专题（乐昕），第十三专题（王涛），第十四专题（吴海江）。

治国理政是一门大学问，由于课程建设时间短以及学识有限，书中难免存在不成熟之处，敬请专家学者指正。

2022.7.1

图书在版编目(CIP)数据

大国治理经验与智慧/杜艳华主编. —上海：复旦大学出版社，2024. 4
ISBN 978-7-309-16896-9

Ⅰ. ①大… Ⅱ. ①杜… Ⅲ. ①国家-行政管理-研究-中国 Ⅳ. ①D630. 1

中国国家版本馆 CIP 数据核字(2023)第 184297 号

大国治理经验与智慧
Daguo Zhili Jingyan Yu Zhihui
杜艳华 主编
责任编辑/朱 枫

复旦大学出版社有限公司出版发行
上海市国权路 579 号 邮编：200433
网址：fupnet@fudanpress. com http://www. fudanpress. com
门市零售：86-21-65102580 团体订购：86-21-65104505
出版部电话：86-21-65642845
上海四维数字图文有限公司

开本 787 毫米×960 毫米 1/16 印张 16. 5 字数 229 千字
2024 年 4 月第 1 版
2024 年 4 月第 1 版第 1 次印刷

ISBN 978-7-309-16896-9/D · 1171
定价：76. 00 元
